COLLECTION POÉSIE

EMILY DICKINSON

Car l'adieu, c'est la nuit

*Choix, traduction et présentation
de Claire Malroux*

ÉDITION BILINGUE

nrf

GALLIMARD

Dickinson poems are reprinted by permission of the publishers and the Trustees of Amherst College from the following volumes : THE POEMS OF EMILY DICKINSON, Thomas H. Johnson, ed., Cambridge, Mass. : The Belknap Press of Harvard University Press, Copyright © 1951, 1955, 1979, 1983 by the President and Fellows of Harvard College; THE POEMS OF EMILY DICKINSON : VARIORUM EDITION, Ralph W. Franklin, ed., Cambridge, Mass. : The Belknap Press of Harvard University Press. Copyright © 1998 by the President and Fellows of Harvard College; THE POEMS OF EMILY DICKINSON : READING EDITION, Ralph W. Franklin, ed., Cambridge, Mass. : The Belknap Press of Harvard University Press. Copyright 1998, 1999 by The President and Fellows of Harvard College.

Pour les traductions françaises :
© *Éditions Belin, 1989.*
© *Éditions Corti, 1998.*
© *Éditions Gallimard, 2000 et 2007.*

*Pour la préface, le choix, le dossier et l'ensemble
de la présente édition :*
© *Éditions Gallimard, 2007.*

PRÉFACE

Celle qui a tant écrit sur l'adieu a dit adieu au monde il y a cent vingt ans, léguant à d'hypothétiques lecteurs, tandis qu'une mouche venue de ses propres poèmes cognait contre la vitre de sa chambre, « la part d'elle transmissible » : une longue lettre sans signature, composée de centaines de feuillets déposés dans un coffret au fond d'un tiroir de commode. Un tendre et solennel héritage à partager. Une énigme à résoudre par les générations à venir.

Ce mode de transmission suffit à lui seul à distinguer Emily Dickinson des autres poètes, et même d'un Pessoa qui a laissé la plus grande partie de ses œuvres à la postérité dans des circonstances un peu analogues. Le poète portugais jouissait de son vivant d'une certaine notoriété. Emily Dickinson, tout entière réfugiée dans ses écrits, n'en avait pour ainsi dire aucune. Elle livrait avec une rare confiance ce qu'elle avait de plus cher aux mains « aveugles » des générations futures.

Certes, l'époque est révolue où malgré le succès public rencontré par ses poèmes au lendemain de sa mort, les premiers critiques américains la jugeaient avec mépris, lui reprochant de « crocheter des appuie-tête » et d'inciter son lecteur au sommeil. Or s'il est un écrivain qui n'a cessé de manifester son éveil, d'ouvrir les yeux sur tout et même de regarder l'irregardable, c'est bien elle. De la comparaison avec une dentelle, on peut retenir en revanche la notion, involontaire de leur part, d'ajour[1], à condition d'en faire l'élément essentiel de l'ouvrage et de l'étendre à une béance à la fois intime et cosmique. C'est un tissu troué, lacunaire, que le poète ourdit devant nous, un filet qu'elle jette pour capturer l'absence et le vide et tenter de les recouvrir de ses mots : « Un refus de m'avouer la blessure / Et tant elle s'élargit / Que toute ma Vie s'y engouffra / Autour, ce n'étaient que failles – ».

Aujourd'hui, de l'état d'obscur poète de la Nouvelle-Angleterre, Emily se voit haussée au rang de fondatrice de la poésie américaine (mother Dickinson[2]) et de figure majeure de la poésie mondiale.

Cela ne signifie pas que le malentendu a été rapidement ni entièrement dissipé. Un peu plus d'un siècle a été nécessaire pour rectifier son image, la débarrasser des oripeaux du mythe et d'un halo de sentimentalité et de mysticisme. Les premiers éditeurs, deux femmes en l'occurrence, Mabel Loomis Todd et Martha Bianchi, nièce d'Emily — mais comment en vouloir à ces courageuses pionnières ? —, avaient choisi dans la masse de manuscrits (1 789 poèmes) dont elles n'avaient qu'une connaissance partielle une centaine de poèmes, groupés sans aucun souci de chronologie sous quatre grandes rubriques : Vie, Amour, Nature, Temps et éternité. Elles avaient retenu ce qui les touchait et pouvait toucher le public de leur temps : une fraîcheur, une innocence espiègle, l'art de dialoguer avec l'abeille, le papillon et l'oiseau, de faire reluire les meubles de la

---

1. Au sens où l'entend notamment André du Bouchet.
2. Formule récente du poète américain Annie Finch.

nature, le « salon du jour ». La dernière section était centrée de façon édifiante sur la Résurrection. Bref, on donnait à lire une Emily Dickinson en demi-teinte. La couverture de cette première édition, parue en 1890, s'ornait d'ailleurs d'une « pipe d'Indien », fleur frêle et pâle des sous-bois.

Un lent mais tenace renversement de valeurs s'est opéré depuis dans son pays d'origine grâce au travail de défrichement, et en premier celui de déchiffrement des poèmes manuscrits, auquel se sont livrés Thomas Johnson et son équipe dans les années 1950 et un demi-siècle plus tard Ralph Franklin, auteurs tous deux d'éditions complètes. Par recoupements et grâce à l'analyse d'une graphie (ou du papier utilisé) qui a varié au cours des ans, ils sont parvenus à établir une chronologie. Celle-ci se trouve malgré tout assez vigoureusement bousculée de l'une à l'autre édition, preuve que le travail d'exploration n'est pas achevé et peut ouvrir encore de nouvelles perspectives.

Ce labeur éditorial s'est accompagné d'un prodigieux foisonnement d'études et d'un renouvellement de la critique, initié en grande partie par le mouvement féministe au tournant des années 1970. Il reste cependant difficile encore de nos jours de s'orienter dans un massif dense, comme replié sur une Poésie au bois dormant qui devra attendre jusqu'à la fin des temps (mais tel est le vœu plus ou moins conscient de son auteur, il ne s'agit nullement d'une malédiction) d'être pleinement réveillée.

Ce ne sont pas des buissons, obstacles visibles, qui empêchent de s'en approcher, mais des nœuds d'ambiguïté, une absence de repères et de liens dans un ensemble qui n'a jamais eu à subir l'épreuve sévère du tri et ne peut être jugé, ou pas seulement, à l'aune de la critique littéraire. La lettre-testament en appelle davan-

tage à l'empathie du lecteur qu'à la rigueur de l'analyse : « *Tendrement jugez-moi* », demande le poète pour qui toute chose, du plus insignifiant brin d'herbe à la mort, ne s'explique pas : « *Dire la Beauté serait affadir / Déchoir qu'exprimer la Magie* ».

Emily Dickinson n'a jamais ouvertement revendiqué le statut de femme de lettres, à la différence de certaines de ses contemporaines qu'elle admirait. Non seulement elle n'a rien publié de son vivant, sauf une poignée de poèmes qui lui ont été plus ou moins arrachés, mais elle ne s'inscrit dans aucun courant, ne s'est exprimée sur son art nulle part ailleurs que dans ses poèmes. C'est dire à quel point la porte demeure ouverte à toutes les interprétations. Son seul acte littéraire a consisté à entrer en rapport vers l'âge de trente ans avec un critique influent, Thomas W. Higginson, pour lui demander si ses vers étaient « vivants » et, à l'exception de ses premières lettres où elle se dévoile un tant soit peu, à poursuivre avec lui des échanges sans grande conséquence. Encore cet acte avait-il une portée autre que simplement littéraire puisqu'elle devait écrire à son « maître » quelques années plus tard : « *Sans le savoir vous m'avez sauvé la vie* ».

Ennemie du temps (à l'âge de quinze ans elle ne savait toujours pas lire l'heure à l'horloge, ne savait ou ne voulait pas la lire), elle n'a jamais daté ses textes, ni constitué de recueil en vue d'une publication. Elle s'est bornée, au moment où elle a sollicité l'avis de T.W. Higginson, à introduire un semblant d'ordre dans les feuillets qu'elle accumulait, d'abord en les cousant ensemble de manière à former des *Cahiers* (Fascicles) pendant six ans, puis en les assemblant dans des *Liasses* (Sets) pendant une période équivalente, et enfin en cessant de les classer au cours des dix ans qui lui restaient à vivre, comme si elle en avait fini avec toute tentative ou tentation de séparer l'activité poétique de la vie.

10

Elle donne l'exemple d'une poésie écrite au gré des jours, sans schéma préconçu, selon l'éclair de la sensation présente ou la rumination d'une pensée s'obstinant à fouiller les pans jamais élucidés de l'expérience autant qu'à se projeter dans l'au-delà. Une poésie secrète, comme hors du temps, et dont la finalité se situe bien au-delà de son époque.

Si Emily est née le 10 décembre 1830, Dickinson le poète n'est venue au monde que près de trente ans plus tard, lorsqu'elle a commencé à élaborer ses Cahiers. Peu d'éléments extérieurs permettent de discerner son cheminement vers la poésie. Des indices intérieurs plutôt, la prise de conscience, par cette héritière d'une lignée de juristes, hommes d'affaires, gens réalistes pour la plupart, de sa singularité. Alors que son père, Edward Dickinson, avoué de son métier, est un homme public tourné vers la politique — il a été quelque temps membre de la législature du Massachusetts et du Congrès —, elle est pour sa part opposée à tout ce qui est public, allant jusqu'à sacrifier à cette aversion la gloire littéraire. Alors qu'Edward est un puritain, elle fuit le puritanisme. Si elle a néanmoins avec lui comme avec son frère aîné des affinités intellectuelles — on trouve dans sa poésie plus d'un écho de leur pratique juridique —, ses rapports avec la partie féminine de la maisonnée n'ont pas été sans exercer sur elle une influence négative. A-t-elle souffert d'un manque de chaleur et de compréhension maternelles ? Cela pourrait expliquer son sentiment aigu de solitude : « Enfant, confie-t-elle à Higginson, je courais toujours Chez moi auprès de l'Effroi, s'il m'arrivait quelque chose. C'était une Mère terrible, mais je la préférais à aucune[1]*. » Ce sentiment*

---

1. Lettre à T.W. Higginson (janvier 1874).

d'isolement s'est encore accru après des études qui ont tourné court, son père l'ayant rappelée au bout d'un an du Mount Holyoke Seminary, une institution pour jeunes filles où elle devait parachever son éducation.

Dans la correspondance entretenue avec son frère et ses compagnes d'école pendant son adolescence, elle apparaît comme une jeune fille affrontée à nombre de contradictions : remarquablement éveillée, vive et spirituelle, dotée d'un humour incisif, mais inquiète et encline au doute. Rompue à la réflexion et à l'auto-analyse, mais d'une sensibilité exacerbée. En quête d'absolu, et par ailleurs vulnérable dans ses relations avec autrui. Elle possède déjà sa vision propre : une conscience suraiguë de l'éphémère, une capacité d'émerveillement devant la vie, une adoration sensuelle du monde, contrariées par la réalité de la mort.

Dans ces lettres, elle ose à peine révéler sa nature ardente et rebelle, l'impossibilité où elle est de se « convertir » comme l'exige le puritanisme ravivé de son époque, et son attirance vers un versant opposé : « J'ai osé accomplir des choses étranges – des choses hardies, sans demander l'avis de personne – j'ai écouté de beaux tentateurs *–». La poésie, car c'est bien d'elle dont il s'agit dans cette lettre écrite à vingt ans, est d'emblée perçue comme une force rivale de la religion, un instrument de contestation et de révolte contre un ordre arbitraire. « La trame que tu auras tissée avec tous ces fils… ne vaut absolument rien si elle ne recèle pas un fil d'or, une longue, grosse fibre brillante qui cache les autres – et se fondra dans le Ciel tandis que tu la tiens, pour de là me revenir. J'espère que la foi que j'ai, l'assurance, la parfaite confiance n'ont rien de pervers – ni l'espèce de* sensation crépusculaire *avant l'apparition de la* *lune* – j'espère que la nature humaine s'y montre vraie –[1] ».

Si le mot « poésie » n'est pas prononcé, le climat en est révélé : une lumière poignante, fascinante, préludant à sa propre disparition. Emily Dickinson la nommera « évanescence ». Et le souci de vérité. Les deux moitiés complémentaires de son âme d'artiste se rejoindront lorsqu'elle sera en pleine possession de ses moyens, dans le poème 448 qui fait dialoguer le poète mort pour la beauté (héritier du romantisme) avec le poète mort pour la vérité (modernité).

Ce poète qu'elle ne faisait qu'entrevoir à vingt ans a émergé une dizaine d'années plus tard, après un ensemble d'épreuves mal connues. Dans l'intervalle, elle s'est formée par d'abondantes lectures. Sa poésie d'apparence naturelle et spontanée, parfois naïve (mais c'est une pose), est nourrie de références littéraires. À Higginson, Emily déclare : « Vous vous enquérez de mes Livres – Pour Poètes – j'ai Keats – et Mr. et Mrs. Browning. Pour Prose – Mr. Ruskin – Sir Thomas Browne – et l'Apocalypse[2]*. » Curieusement, elle ne mentionne pas Shakespeare, de loin son auteur favori et sa principale source d'inspiration si l'on se fie à un relevé des écrivains les plus fréquemment mentionnés dans sa Correspondance, non plus que Dickens, George Eliot, Longfellow, Emerson, les Brontë, notamment Emily, qualifiée de* gigantic Emily. *Crainte de trop se dévoiler ? Grande lectrice, elle apprécie les romanciers autant que les poètes, les classiques autant que la production littéraire de son époque, à l'exception notable de son contemporain, Walt Whitman. À son sujet, elle n'échappe*

1. Lettre à Jane Humphrey du 3 avril 1850. C'est moi qui souligne.
2. Lettre du 25 avril 1862.

pas aux conventions de son milieu : « Vous parlez de Mr. Whitman – je n'ai pas lu son Livre – mais on m'a dit que c'était un homme scandaleux –[1] *».*

Essentiel pendant cette période de maturation aura été un long tête-à-tête avec ce qu'elle nomme son « lexique ». Elle y a puisé et cultivé son goût très moderne pour les possibilités sémantiques du mot.

Des amitiés amoureuses, des rencontres où la passion s'allie souvent à l'excitation intellectuelle la stimulent, mais se soldent toutes plus ou moins par un échec. La connivence intellectuelle l'emporte dans ses relations avec Benjamin Newton, clerc dans l'étude de son père, une des rares personnes de son entourage à deviner son génie poétique. Dans le cas de Susan Gilbert, sa future belle-sœur, la passion prédomine au contraire, à en juger par les lettres enflammées qu'Emily lui adresse au début de leur amitié, quoique Susan soit devenue par la suite sa principale lectrice et, semble-t-il, conseillère. L'éloquence et la vision ténébreuse du révérend Charles Wadsworth, prédicateur entendu lors d'un bref voyage à Washington et Philadelphie, l'attirent ; elle noue des liens intimes avec le talentueux et éclectique Samuel Bowles, directeur d'un quotidien important. S'il y eut d'autres rencontres plus déterminantes encore, elles sont demeurées dans l'ombre[2]. *Les poignantes* Lettres au maître, *brouillons sans indication de destinataire ni de date mais que l'on situe à cette époque, font état d'un profond bouleversement intérieur, voire d'un traumatisme psychique subi dans le courant de l'année 1861.*

Quelle fut cette crise, quel fut cet amour ? Sont-ils un ou plusieurs ? L'amour est à double tranchant : d'un

---

1. Id.
2. Tout récemment, une thèse accrédite une intrigue avec un professeur de chimie, botanique et zoologie d'Amherst College, William Smith Clark.

même mouvement il fait fusionner les êtres et les brise : « *D'Étincelles notre rencontre... / Notre séparation, une Hache / Le Cœur de la Pierre clivé* ». *La séparation, cette brisure entre deux êtres qui entraîne une brisure de l'être en deux, cette* « *bissection* » — *étrange terme de géométrie qui revient aussi sous la plume du poète lorsqu'elle parle de la mort, ressentie comme une séparation d'avec les êtres aimés autant que comme une rupture entre deux états ou deux mondes* —, *est l'un des leitmotivs de sa poésie, sinon l'élément principal de cristallisation des idées poétiques. Plutôt que d'une déception amoureuse, elle paraît résulter d'un renoncement consenti par les amants de part et d'autre, et plus encore de la part d'Emily qui a peut-être mis là en balance sa destinée de poète. Au terme de ces épreuves successives, le poète a atteint d'un seul coup, semble-t-il, sa pleine stature.*

Après un trou noir *de quatre années où tout semble s'interrompre dans sa vie, mais qui constitue un tournant décisif, elle commence à rassembler ses poèmes dans des Cahiers. Qui mieux qu'elle peut se présenter telle qu'elle est à la date où, ayant franchi le pas, elle accomplit le geste délibéré, hardi, mûri en toute indépendance, d'écrire à l'homme de lettres T.W. Higginson ? Dans sa deuxième lettre, elle répond aux questions qu'il lui posait, comme chacun se les pose devant sa poésie énigmatique :* « *Vous me demandez quels sont mes Compagnons : les Collines — Monsieur — et le Couchant — et un Chien — aussi grand que moi — que mon Père m'a acheté — Ils valent mieux que des Êtres — parce qu'ils savent — mais sont muets — et le bruit dans la Mare, à Midi — surpasse mon Piano. J'ai un Frère et une Sœur — Ma Mère ne se soucie pas de la pensée — Père, trop absorbé par ses Dossiers — pour remarquer ce que nous faisons — Il m'achète beaucoup de Livres — mais me supplie de ne pas les lire — car il craint qu'ils n'ébranlent l'Esprit. Ils sont religieux — sauf moi — et chaque matin, s'adressent à une Éclipse — qu'ils appellent leur "Père"*[1]. »

Le portrait est tracé d'une main ferme. Solitude, dialogue entre permanence (les Collines) et disparition (le Couchant), primauté accordée à l'instinct et au silence (le chien) sur la parole humaine et à la nature (le bruit dans la mare) sur l'art (le piano), rejet de la religion (l'éclipse), l'irréligion ne signifiant pas pour autant la non-croyance en Dieu.

Mais de quelle Emily s'agit-il ? Alors âgée de trente-deux ans, elle adopte un ton primesautier, celui de l'adolescente qu'elle n'est plus, tout comme elle aura souvent recours dans sa poésie à la voix ingénue de l'enfant pour poser les questions existentielles fondamentales : « Y aura-t-il pour de vrai un "matin" ? / ... A-t-il des Pieds comme les Nénuphars ? » Le décalage trahit une propension au dédoublement, voire à une démultiplication de la personnalité. Il y a une infinité d'Emily dans Emily. Il y a ici celle qui s'accommode de son obscurité, mais ailleurs celle qui, tout en s'en moquant presque, revendique la gloire qu'elle se sait mériter : « Je ne sais pas danser sur mes Orteils / [mais] sans avoir de Robe de Tulle... / Ni qu'aucune Affiche ne me vante — / C'est plein comme l'Opéra ». Ces personnages prennent la parole à tour de rôle dans ses poèmes, d'où les surprenantes variations de ton et de registre et les non moins surprenantes contradictions qu'on y rencontre. D'où aussi l'impossibilité de dire avec certitude : « Voici Emily. » Chacun a la sienne[2].

Une autre vie commence pour elle, dans laquelle la

---

1. Lettre du 25 avril 1862.
2. Susan Howe : *My Emily Dickinson*, North Atlantic Books, Berkeley, 1985.

poésie occupe d'évidence la première place. Elle revêt alors la robe blanche (robe de la « Blanche Élection ») qui symbolise sa vocation. Vue de l'extérieur, son existence de plus en plus retranchée dans la maison familiale peut apparaître figée. De fait, elle ne connaîtra pas d'autres changements jusqu'à sa mort, le 15 mai 1886, exception faite d'un amour tardif à la fin des années 1870 pour le juge Otis Lord, un ami de son père rencontré longtemps auparavant, et de la perte de ses parents et amis.

Cette existence retirée, loin d'être un adieu à la vie, est le théâtre d'une création ininterrompue, accomplie dans des conditions analogues à celles de l'existence monastique, à l'abri des agressions temporelles, mais dans une incessante confrontation des tensions qui provoquent l'écriture. Tout se passe comme si Emily avait décidé par cette sorte de clôture de disparaître aux yeux de la société pour opérer la transsubstantiation de son être en poésie : « Ceci est ma lettre au monde », déclare-t-elle, s'offrant au lecteur avec l'assurance du Christ rompant le pain avec ses disciples et disant : « Ceci est mon corps. »

Un geste religieux, de défi pourtant à l'égard de la religion.

Elle écrit une lettre, se méfiant à tort ou à raison du livre (elle avait ses raisons, ayant vu ses rares poèmes publiés déformés par des interventions extérieures). « Un livre comme je ne les aime pas, ceux épars et privés d'architecture », aurait dit, s'il avait pu en prendre connaissance, Mallarmé qui jugeait ainsi ses propres Divagations. *À l'idéal mallarméen s'oppose chez Emily la création libre. Le livre, de surcroît imprimé, appartient à ses yeux au monde, contrairement au manuscrit qui demeure propriété et trace charnelle du scripteur. Il aliène le poète* : « *Je souris lorsque vous me conseillez de ne pas "publier" encore – cela étant aussi éloigné de ma pensée, que le Firmament de la Nageoire – Si la gloire m'appartenait, je ne pourrais lui échapper – sinon la plus longue journée me laisserait toujours à sa poursuite – et je perdrais l'approbation de mon chien –*[1] ». *Même s'il y a de l'emphase (un dépit refoulé ?) dans cette affirmation, voire une certaine rouerie (Emily donne la réponse qu'elle imagine être celle qu'attend T.W. Higginson afin de ne pas perdre son appui), elle est sincère. Peut-être, devant les difficultés qu'elle a pu rencontrer avant de se raccrocher à cette ultime bouée, fait-elle de nécessité vertu, selon sa morale stoïcienne du renoncement.*

Elle n'ambitionne ni d'« aboutir à un livre » selon les termes mallarméens, ni même de composer une « œuvre ». Les poèmes se succèdent selon l'humeur ou les sollicitations de l'instant. Ils forment un ensemble non concerté, sans articulations, qui n'a d'autre unité que la personnalité de l'auteur (car en vérité, Emily en est l'objet autant que le sujet) et qu'une écriture frappée dès le départ au sceau de l'originalité. Chacun d'eux existe comme une entité, a sa propre finalité en lui-même. Il contient l'essence du Tout, comme chaque étoile d'une galaxie possède son propre système tout en la reflétant dans sa totalité. Emily s'abstient non seulement de lui imprimer la marque du temps mais de le singulariser par un titre, et ne le considère pas, innovant là encore, comme un objet définitif. À partir des années 1860, lorsqu'elle s'engage décisivement dans la voie de la poésie, elle note des variantes au bas des feuillets sur lesquels elle transcrit ses poèmes. Elle reprend ses textes, parfois après de nombreuses années, en modifie la forme selon

---

1. Lettre à Higginson (7 juin 1862).

qu'elle les conserve dans ses Cahiers, Liasses ou papiers ou les adresse à ses correspondants, jusqu'à produire six versions ou davantage d'un même texte. Le poème, en constant devenir, se prête aux métamorphoses. Son sujet est rarement défini et s'il s'agit d'une personne, rarement évoqué autrement que par un pronom. Quelquefois le neutre it *ou le pluriel* they *s'applique à un individu. Des substitutions s'opèrent d'une version à l'autre. Ici, un prénom féminin est remplacé par un prénom masculin, ailleurs la « nature », de même que tous les éléments qui la composent, devient un être humain.*

Au livre, Emily préfère un autre moyen de communication : la correspondance. C'est par le biais de lettres que renonçant à la publication mais non à se faire connaître en tant que poète, elle a fait circuler une bonne partie — le tiers environ — de ses poèmes. Entre poésie et correspondance, il n'existe pas de césure. Les lettres denses, elliptiques, qu'elle écrit à partir de sa maturité, sont des poèmes. Les poèmes, dans leur registre si divers, sont des lettres qu'elle adresse à la diversité de ses correspondants et de ses lecteurs à venir, ainsi qu'au grand Absent, Dieu.

D'où vient que sa poésie nous touche aujourd'hui personnellement, comme si nous étions chacun l'un de ses correspondants privilégiés ? C'est que, allant au-delà des enjeux de l'écriture, Emily supprime toute barrière qui pourrait la séparer de son lecteur. Elle le prend à témoin, se confie à lui, lui parle dans l'intimité du cœur à cœur. Elle ne retranche rien du flux de sa vie intérieure. Désirs, révoltes, joies, dépressions, espoirs, triomphes et défaites d'une âme sont livrés dans la violence souterraine de l'émotion, mais aussi avec la lucidité acquise grâce à l'outil religieux qu'est l'examen de conscience et la distance que procure l'habitude de la réflexion. Il est donné à ce lecteur d'assister (mais elle a pris soin de dresser entre elle et lui l'écran du temps) au travail de longue haleine d'un être sur soi.

Elle est à la fois actrice et spectatrice de la représentation où à travers des personae *se joue la recherche d'un impossible équilibre entre la vie et la mort, la volupté et le néant. La capacité de dissoudre les limites du moi, de le pulvériser en une multiplicité d'éclats qui chaque fois se recomposent différemment, faisant alterner les éléments de ce théâtre intime qui mêle la contemplation de la nature, l'observation des créatures vivantes, les spéculations métaphysiques, les cris d'amour, les raisonnements (en redoutable logicienne qu'elle est), les méditations sur les épisodes bibliques ou l'histoire, les élégies, aphorismes et traits d'humour, les actes les plus insignifiants de la vie domestique comme les expériences les plus fondamentales, l'incite à outrepasser les normes de la poésie lyrique. Elle se hasarde — et là réside aussi sa modernité — dans des voies nouvelles, usant d'un matériau considéré comme non poétique. Elle tient une sorte de journal (influencée en cela par* Aurora Leigh, *d'Elizabeth Barrett Browning), où les événements qui auraient leur place dans un récit se voient transmués en des poèmes mystérieux, qu'elle revienne par exemple sur sa vocation : « C'était – disais-je – chose solennelle / Que d'être – une Femme – en blanc – » ou se laisse griser par son destin : « Mien – par le Droit de la Blanche Élection », transfiguration d'une réalité portée jusqu'à la transcendance.*

Le spectre des émotions culmine dans l'émotion métaphysique. Emily Dickinson ressent jusqu'au vertige la précarité de la condition humaine. Son sentiment d'effroi sous-tend ses poèmes, bien que persiste en eux l'éclat d'une théophanie héritée d'années de croyance religieuse. En ce sens, Dieu est pour le poète une présence négative, l'oxymore suprême, un soleil noir à l'emprise duquel elle ne peut échapper. Elle se tient en permanence en lisière de l'éternité, soumise à une double et contradictoire attraction, le désir du paradis (mais rien moins que religieux) et l'amour de la vie terrestre (mais bornée par la mort inéluctable), sans pouvoir opter tout à fait pour l'un ni pour l'autre.

À l'égard de l'univers qui l'entoure, elle manifeste un émerveillement inquiet. La nature est loin d'être rassurante. « Qu'un puits recèle de mystère ! » écrit-elle quelques années avant sa mort. De l'eau que l'on devine au fond, « voisine venue d'un autre univers / ... nul n'a jamais vu les bords, / Sinon ce couvercle de verre – / Par où contempler à loisir / La face d'un abîme ». La métaphore, en fait, la révèle elle-même dans son étrangeté, sa profondeur, et suggère en même temps la circularité de sa démarche. Elle est cette eau qu'elle contemple et interroge, se sentant venue elle aussi d'un ailleurs et à l'intersection de deux réalités, dont l'une reste à jamais inaccessible. La terre et le ciel. Le dehors et le dedans. Le connu et l'inconnaissable. La conscience qu'elle place au-dessus de tout et l'inconscient, dont elle éprouve la présence d'autant plus angoissante qu'elle ne peut le nommer.

Elle parcourt indéfiniment le tour du puits, qu'elle s'est donné pour mission d'explorer : « Mon affaire est la Circonférence », écrit-elle dans une lettre, se plaçant résolument en challenger *du centre, Dieu. Elle la parcourt penchée sur le double abîme, extérieur et intérieur, en projetant sur un fond insondable les scènes de la vie réelle. Ce fond, c'est le manque, la déchirure, l'inassouvissement du désir. Une blessure ontologique agrandie aux dimensions de l'univers. La nature entière partage le drame de sa vie, de toute vie, perdue dans un océan sans commencement ni fin, en attente d'un dénouement imprévisible. Derrière la vitre qui la sépare du monde, Emily s'efforce, en guetteuse des phénomènes, d'en déchiffrer les signes dans le spectacle des aubes et surtout des couchers de soleil ou dans la ronde des saisons, comme dans l'agonie des mourants, tendue vers une réponse qui ne lui parvient jamais. Le vol d'un oiseau ou d'un papillon s'évanouit irrémédiablement : « Nulle Trace – nulle Fiction de Ce / Qui Hier, éblouissait ». Les forces d'anéantissement pressenties provoquent un effroi religieux — le mot* awe *si souvent utilisé traduit le sentiment quasi sacré qu'inspire l'inconnaissable — et l'angoisse.*

Celle-ci est confortée par la vision héritée de la Bible, de l'Ancien Testament en particulier, où sous le coup d'une malédiction jugée incompréhensible l'humanité se trouve frappée d'interdits, vouée à l'impossibilité du bonheur et à la mort. De même qu'Emily récuse le Livre au sens mallarméen du terme, elle s'oppose au Livre en son sens religieux. Si elle en est profondément imprégnée et s'en inspire, comme matrice de métaphores et matrice d'écriture, c'est pour mieux se retourner contre lui, n'hésitant pas à mettre en parallèle les épreuves de la vie humaine avec les épisodes de l'histoire sainte : « Le Christ – certes – porta Témoignage Multiple – / Mais il est – Plus proche – plus fraîche Crucifixion / Que la Sienne – ». Elle érige l'homme face à la « légende » biblique comme les tragiques grecs ont dressé Prométhée contre les dieux de l'Olympe, et la parole du poète (« le sermon d'Orphée ») face au Verbe divin. Il y a chez elle, quoique étranglés, un souffle, une violence épiques. Elle se sent de plain-pied avec les grandes forces métaphysiques, « la Vie, la Mort et les Géants ». Peut-être cette proximité l'a-t-elle conduite à conférer à la parole un même statut, jusque dans sa graphie, puisqu'elle dote les mots, même les plus communs, de majuscules.

Sans cette vision qui persiste en image rémanente sur la rétine, la poésie d'Emily Dickinson perdrait son substrat et son relief, les instants de jouissance terrestre qu'elle exalte, les moments d'épiphanie qu'elle connaît ne pouvant mieux s'apprécier que par référence et opposition à un « leurre » d'immortalité. Les échos n'en parviendront malheureusement qu'affaiblis au lecteur français, moins familier de la Bible qu'un Anglo-Saxon et privé d'accès direct au vocabulaire qui lui est emprunté. Ainsi, par une subtile subversion du sens, le terme religieux bliss *(félicité) en vient-il à signifier délices terrestres, volupté.*

Malgré sa rébellion, elle apparaît incapable de renoncer à la foi. Dans une lettre adressée assez tardivement à son ami Samuel Bowles, elle résume son attitude une fois de plus par un oxymore, en évoquant le « Baume » d'une « Religion / Qui doute – aussi ardemment qu'elle croit ».

Autour de l'absence de centre, elle trace des cercles qui ne s'en approchent ni ne s'en éloignent.

La marche autour de la « circonférence » s'arrête le plus souvent sur l'amour et la mort. L'absence — il serait plus exact de parler de rupture — est le point central de la création : « Si le Départ était Séparation, il n'y aurait ni Nature ni Art, car il n'y aurait pas de Monde – », lit-on dans un fragment de prose. La création comble le gouffre, la poésie tente de recréer l'unité brisée.

De l'amour, les poèmes offrent une chronique qui se déroule sans tenir compte des lois du temps, une chronique éclatée dont l'épisode premier n'est pas la rencontre, mais l'adieu. Cette « scène capitale » resurgit à une date aussi tardive que 1884, deux ans avant la mort du poète, comme si l'événement était toujours présent. De fait, une grande partie de la poésie d'Emily Dickinson se fonde sur la remémoration, *souvent à des années d'intervalle. Arraché à son contexte brut et immédiat, l'événement acquiert une aura d'éternité, pareille à la vapeur « aussi impalpable que l'Iode / Sur la cascade ».*

*Quant à la mort, dont la présence est en revanche permanente, jamais poète ne l'aura scrutée avec autant de vigilance. Scandale contre lequel la femme proteste de toute sa sensibilité et sa sexualité blessées (la mort est symboliquement dotée par elle du sexe masculin), c'est en même temps l'énigme suprême, l'objet d'une insatiable quête. Les approches adoptées pour en élucider le mystère s'inscrivent dans la tradition, tout en participant aussi de la démarche scientifique et, avant la lettre, du surréalisme. Tantôt Emily s'appuie sur les poètes métaphysiques anglais du XVII*ᵉ *siècle afin de la personnifier : « Pour Mort ne pouvant m'arrêter – / Aimable il s'arrêta pour moi – / Dans la Calèche rien que Nous deux – / Et l'Immortalité », tantôt elle a recours à une observation rigoureuse (traquer sur le visage de l'agonisant les signes d'une « transaction » invisible). Ou encore elle pousse l'imagination, avec cette faculté de dédoublement qui est sienne, jusqu'à halluciner sa propre mort dans le poème 591, traversé par le « Bleu Bourdonnement » de la mouche, projection de l'instant suprême où la conscience abandonne peu à peu ses prérogatives, où les organes de la connaissance subissent la régression fatale de leur fonction. Rencontre frontale de l'« atrocement proche mort » côtoyée tout au long de l'existence.*

Il ne serait pas juste pourtant de voir dans cette obsession — on a relevé que la mort est le sujet d'un tiers des poèmes — un quelconque goût du morbide. Malgré les raisons affectives qu'elle a de déplorer la mort, Emily Dickinson en subit la fascination pour des motifs d'ordre spéculatif, ce qui en tempère s'il se peut l'horreur : «La Nuit est le canevas du matin – / Larcin – legs – / La Mort – rien que[1] *notre fascination / Pour l'Immortalité»*, écrivait-elle dans un de ses tout premiers poèmes. Si la mort fait l'objet d'une interrogation dont l'acharnement a de quoi étonner, c'est qu'elle seule semble détenir la clé du mystère auquel se heurtent en vain les forces de l'intelligence.

La déchirure amoureuse comme la hantise de la mort exacerbent une absence plus fondamentale au monde, une appréhension du néant qui soustrait à certains instants le poète à la réalité, pour la plonger dans un terrifiant face-à-face avec ce mystère. Emily traverse des états extrêmes, à la limite de la folie ou de la mort, des états de transe, de perte d'identité, d'affrontement solitaire du cosmos ou de la partie cachée d'elle-même. Cette expérience, au cœur de sa poésie et à l'origine de ses plus grands poèmes, préfigure les aventures de l'esprit poursuivies en France par des poètes tels qu'Artaud ou Henri Michaux et la propulse dans le XXe siècle. Elle s'engage en exploratrice sur le terrain de ce qu'elle appelle la «péninsule peu familière». Ainsi s'en va-t-elle accompagnée de son chien visiter la mer, symbole de l'inconnu, de cette étendue mouvante, dangereuse et insaisissable qui entoure l'île de la conscience et menace de «l'avaler tout entière».

À sa façon, en vraie descendante des pèlerins qui ont abordé les côtes sauvages du Nouveau Monde, elle est une pionnière. Ce n'est pas un hasard si à peu près au moment où éclate la guerre de Sécession elle décide d'en-

---

1. Je souligne.

treprendre de son côté la « *campagne incrustable de l'Intérieur* ». Plus que le pèlerinage d'un chrétien sur la terre, la vie devient pour elle un combat (« *Mes Guerres sont couchées dans les Livres* »), la seule arme à sa portée étant le fusil « *oublié dans un coin* », le langage qui tue ou qui sauve.

« *Oses-tu voir une Âme en "Incandescence"?* » demande-t-elle, mettant en scène le travail du poète. Selon une dialectique qui joue à tous les niveaux, elle connaît cet état, à l'opposé des précédents, même lorsqu'elle n'est pas engagée dans le processus d'écriture. Elle est fille du feu. Le pourpre est sa couleur emblématique. La métaphore de la foudre, associée à l'amour et à la création, traverse sa poésie à l'instar de celle du volcan ou de l'incendie. Et plus d'un poème révèle une braise encore brûlante ou la trace d'un orage intérieur.

Sa création est d'essence volcanique, d'une imprévisibilité qui se manifeste aussi bien dans chacun des poèmes, projeté sur la page avec la violence d'une déflagration, que dans le déroulement de sa production au cours des années. En même temps, elle traduit en sismographe des oscillations, des élans contradictoires, des sautes d'humeur, des oppositions extrêmes. On ne peut parler dès lors de parcours *poétique*, mais plutôt d'une activité à la fois continue et sporadique, avec des phases de latence et d'éruption. À une décennie correspondant à la période qui précède la transcription dans les Cahiers, durant laquelle les forces s'accumulent, succède d'abord une période d'intense créativité qui se maintient sans faiblir pendant cinq ans environ, puis un ralentissement pendant une quinzaine d'années, ponctué de reprises plus ou moins espacées. La distinction n'est pas toujours nette. La première période comporte des poèmes accomplis, dignes de figurer parmi ceux de la phase suivante.

La deuxième est prodigieuse : dans un embrasement général, les poèmes jaillissent à une cadence exceptionnelle — près d'un poème par jour en 1863, année d'apothéose —, dans le firmament poétique. La troisième période enregistre un lent déclin. La lave se fige, l'intensité décroît, la poésie se condense en fragments d'abstraction qui ont la dureté du minéral. Mais de merveilleuses éruptions se produisent encore, dont les quatrains-élégies des années 1880.

On aimerait saisir le moment précis où s'est imposée à Emily sa forme privilégiée : le poème bref, dense, elliptique, devenu pour ainsi dire sa signature. Il offre un curieux contraste avec ce que l'on connaît de ses toutes premières tentatives poétiques : deux poèmes de circonstance datant de sa vingtième et vingt-deuxième année, adressés à des correspondants à l'occasion de la Saint-Valentin. De facture classique, ils sont écrits dans le style d'Évangeline, le recueil de Longfellow fort prisé alors, avec des vers très amples. Sans transition que l'on puisse déceler, elle a adopté le quatrain et le rythme des hymnes de Watt entendus dans les offices religieux, mais ne néglige pas pour autant certaines formes traditionnelles. Le quatrain est un instrument souple, constitué en réalité de deux vers au lieu de quatre, divisés chacun en tétramètres et trimètres. La variation des groupes rythmiques à l'intérieur de ce moule, grâce au tiret et au nombre réduit par deux des rimes, souvent irrégulières de surcroît ou remplacées par de simples assonances, prévient le risque de monotonie.

Le tiret à la fois met en évidence la démarche haletante du poète et révèle la discontinuité d'une pensée comme agglutinée qui procède par bonds. Il confère à l'écriture un aspect visuel proche des recherches typographiques de la poésie du XXe siècle, et d'autre part renouvelle les lois musicales d'écoute héritées de la tradition poétique du XIXᵉ siècle. Il suspend le souffle ou le sens (pause pour reprendre haleine, réfléchir), tisse de nouvelles combinaisons entre les vers ou segments de vers qu'il sépare, jusqu'au dernier d'entre eux, point d'orgue qui prolonge à l'infini le poème ou cassure qui le brise net.

Le poème, composé de blocs assemblés sans tenon ni mortier (encore que certains aient été écrits prémonitoirement d'une seule coulée), se présente comme une portée musicale. Il se découpe dans l'espace qui le cerne et crée une impression d'écriture happée en plein vol.

Emily Dickinson a cherché à conjurer l'effroi métaphysique par le jeu même du langage. Le mot «jeu» n'est pas exagéré, car aucun poème, jusqu'aux vers qu'elle jetait sur des fragments de papier vers la fin de sa vie, n'est exempt d'une recherche qui en prolonge et parfois constitue la teneur. Son écriture, régie par une subtile rhétorique sous l'aspect de la spontanéité, est le fruit d'une intense préméditation. Elle a pressenti que l'écriture engendrait l'écriture : «Le Poète chercha dans la Philologie / Et il allait sonner / le Candidat en attente / Quand surgit sans qu'il l'appelle – / Cette part de la Vision / Que le Mot voulait recouvrir / Ce n'est pas par nomination / Que les Chérubins révèlent». Aussi a-t-elle mobilisé toutes les ressources du vocabulaire forgé dans son tête-à-tête avec son «lexique», tant celui (spatial, géographique, philosophique ou religieux) qui nourrit la rêverie et l'imaginaire que celui (scientifique, technique, juridique) qui affronte le réel. Mêlant des registres différents, le registre monosyllabique anglo-saxon, concret et familier, et le registre polysyllabique latin, noble et abstrait, elle obtient les effets les plus détonants.

Chaque mot, foyer où rayonnent et s'échangent des

significations multiples[1], *possède grâce au tiret son autonomie dans le vers, tandis que dans le corps du poème les mots acquièrent la possibilité d'entretenir des rapports à la fois précis et libres. Des glissements s'opèrent ainsi vers des significations toujours nouvelles, insoupçonnées : elles se dévoilent au fur et à mesure de la lecture ou plutôt de lectures successives et répétées, à la lumière d'autres textes. Plus qu'aucune autre, la poésie d'Emily Dickinson développe à l'extrême sa propre intertextualité.*

D'autres jeux de contrepoint interviennent : oppositions, parallèles, oxymores, miroirs renvoyant à nombre de références puisées dans les domaines les plus divers. Des stratégies obliques destinées à préserver l'énigme et solliciter l'attention vigilante du lecteur renforcent encore la concentration d'idées qui sature l'espace bref du poème. Les torsions et ruptures imposées à la grammaire et à la syntaxe préservent quant à elles l'authenticité de la voix, qui respecte, selon le mot du poète, le caractère « spasmodique » de l'émotion.

La métaphore, enfin, constitue un moyen de combler les failles, de ressouder les fragments de l'univers disjoint en rapprochant de façon inédite des catégories différentes. Il ne s'agit pas de faire surgir par des « correspondances » baudelairiennes les relations existant entre les « vivants piliers », mais d'en créer de nouvelles entre des réalités séparées et de lancer des passerelles entre le visible et le non-révélé, le concret de l'existence et le spirituel. Emily Dickinson frotte ces réalités les unes contre les autres et restitue en un impossible instant l'étoffe déchirée du Tout. Quoi de plus inattendu que d'envisa-

---

1. Le mot poétique « brille d'une liberté infinie et s'apprête à rayonner vers mille rapports incertains et possibles » (Roland Barthes : *Le Degré zéro de l'écriture*).

ger la tombe, non comme une maison (image somme toute banale), mais un salon où l'on prend le thé dans la vie éternelle ? Ou d'escalader le ciel à la recherche de la « résidence » de Dieu ? Ces métaphores, d'inspiration domestique pour une grande part, étendent sur le monde un voile de féminité et de douceur réparatrice. Par ce biais le quotidien fait irruption dans la poésie sans en altérer la noblesse et débouche tout naturellement sur le surnaturel.

Le pari de ce poète, de cette femme hantée par la rupture aura été, pour accéder à la seule plénitude qu'elle pouvait connaître, de se fier au pouvoir du langage, tissant sa toile, construisant son chant tenace et intermittent à l'imitation des plus humbles créatures. Les yeux fermés, elle a laissé ses feuillets s'envoler le moment venu et se poser librement selon leur dessein propre.

CLAIRE MALROUX

NOTE LIMINAIRE

Le titre de la présente anthologie, *Car l'adieu, c'est la nuit*, est emprunté au poème 586, écrit par Emily Dickinson à l'époque de sa grande créativité. Les poèmes réunis dans cet ouvrage — soit un cinquième environ du corpus — suivent l'ordre chronologique établi par l'édition la plus récente parue aux États-Unis, celle de Ralph W. Franklin (1998), dont ils adoptent la numérotation. Les numéros suivis d'un astérisque dans la version anglaise renvoient aux notes figurant à la fin de l'ouvrage.

Les poèmes sont répartis entre trois grandes périodes qui se dessinent d'elles-mêmes, selon la manière dont le poète a conservé ses manuscrits.

En 1858 s'ouvre la période des Cahiers (*Fascicles*), qui s'étend jusqu'en 1865. C'est la plus féconde, puisqu'elle totalise à elle seule la moitié des 1 789 poèmes recensés à ce jour. À partir de 1861, Emily Dickinson indique des variantes sur les feuillets où elle les transcrit, une vingtaine environ par cahier, démarche qui témoigne de l'intensité accrue de son travail poétique. Une période moins organisée, se prolongeant pendant une dizaine d'années, lui succède, celle des Liasses (*Sets*), durant laquelle les poèmes sont simplement groupés pour former des ensembles. Dans la troisième et dernière période, jusqu'à la mort du poète, en 1886, les poèmes, souvent écrits sur des fragments de papier lorsqu'ils ne sont pas envoyés à des correspondants, restent épars. On pourrait parler d'une période de «libre création», exempte de tout souci d'ordonnance et plus liée encore à la Correspondance.

Certains poèmes transcrits par Susan Dickinson, principale destinataire, et Mabel Todd, la première éditrice, n'ont pu être datés. Ils n'appartiennent pas pour autant, quelques-uns de façon évidente, aux dernières années du poète et risquent de fausser la vue d'ensemble si on les présente à la suite des précédents. C'est la raison pour laquelle j'ai choisi de les faire figurer en annexe.

À côté des versions inédites de près d'une centaine de poèmes, la traduction de ceux publiés dans de précédentes éditions a fait ici l'objet d'une relecture approfondie.

C. M.

CAHIERS

On this wondrous sea – sailing silently –
Ho! Pilot! Ho!
Knowest thou the shore
Where no breakers roar –
Where the storm is o'er?

In the silent West
Many – the sails at rest –
The anchors fast.
Thither I pilot thee –
Land! Ho! Eternity!
Ashore at last! (3*)

*

The feet of people walking home
With gayer sandals go –
The crocus – till she rises –
The vassal of the snow –
The lips at Hallelujah
Long years of practise bore –

Sur cette mer enchantée – voguant en silence –
Ohé! Pilote! Ohé!
Connais-tu le rivage
Où ne gronde nulle vague –
Où la tempête a cessé?

Dans l'Ouest silencieux
Voiles sans nombre – au repos –
Sûrs, les mouillages.
Vers ce lieu je te pilote –
Terre! Ohé! Éternité!
Enfin le port!

*

Les pieds des gens rentrant à la maison
Vont en sandales plus gaies –
Le crocus – avant d'éclore –
Simple vassal de la neige –
Des lèvres à l'Alléluia
Longue fut la pratique –

Till bye and bye, these Bargemen
Walked – singing – on the shore.

Pearls are the Diver's farthings,
Extorted from the sea –
Pinions – the Seraph's wagon –
Pedestrian once – as we –
Night is the morning's canvas –
Larceny – legacy –
Death – but our rapt attention
To immortality.

My figures fail to tell me
How far the village lies –
Whose peasants are the angels –
Whose cantons dot the skies –
My Classics vail their faces –
My faith that Dark adores –
Which from it's solemn abbeys –
Such resurrection pours! (16*)

*

Flees so the phantom meadow
Before the breathless Bee –
So bubble brooks in deserts
On ears that dying lie –
Burn so the evening spires
To eyes that Closing go –
Hangs so distant Heaven –
To a hand below. (27*)

Avant qu'un jour ces Bateliers
Ne marchent – en chantant – sur la rive.

Les perles sont la Monnaie du plongeur
Extorquée à la mer –
Les ailes – le chariot du Séraphin –
Comme nous – jadis pédestre –
La Nuit est le canevas du matin –
Larcin – legs –
La Mort – rien que notre fascination
Pour l'immortalité.

Mes chiffres ne peuvent me dire
Où se situe le village –
Dont les cantons pointillent les cieux –
Et les paysans sont les anges –
Mes Classiques voilent leur face –
Ma foi cette Ténèbre adore –
Qui de ses solennelles abbayes –
Répand une telle résurrection !

*

Fuit ainsi la prairie fantôme
Devant l'Abeille hors d'haleine –
Bruissent aux déserts les ruisseaux
À l'oreille du mourant –
Brûlent ainsi les clochers du soir
Pour des yeux près de se Clore –
Flotte ainsi le Ciel lointain –
Pour une main ici-bas.

*

Taken from men – this morning –
Carried by men today –
Met by the Gods with banners –
Who marshalled her away –

One little maid – from playmates –
One little mind from school –
There must be guests in Eden –
All the rooms are full –

Far – as the East from Even –
Dim – as the border star –
Courtiers quaint, in Kingdoms
Our departed are. (34*)

*

If I should die –
And you should live –
And time sh'd gurgle on –
And morn sh'd beam –
And noon should burn –
As it has usual done –
If Birds should build as early
And Bees as bustling go –
One might depart at option
From enterprise below!
'Tis sweet to know that stocks will stand
When we with Daisies lie –
That Commerce will continue –

*

Ôtée aux hommes – ce matin –
Portée en ce jour par des hommes –
Reçue par les Dieux avec bannières –
Qui l'ont enrôlée –

Une petite demoiselle – ôtée à ses compagnes –
Une petite cervelle, à l'école –
Il doit y avoir des hôtes en Éden –
Toutes les chambres sont pleines –

Distants – comme l'Est du Soir –
Pâles – comme l'étoile en bordure –
Désuets courtisans, dans des Royaumes
Sont nos disparus.

*

Si je devais mourir –
Et si tu devais vivre –
Et le temps gargouiller encore –
Et le matin resplendir –
Et midi brûler –
Comme à son habitude –
Si les Oiseaux devaient nicher aussi tôt
Et les Abeilles autant s'affairer –
On pourrait se retirer à sa guise
De l'entreprise ici-bas !
Il est doux de savoir que les stocks tiendront
Quand nous serons avec les Pâquerettes –
Que le Commerce continuera –

And Trades as briskly fly —
It makes the parting tranquil
And keeps the soul serene —
That gentlemen so sprightly
Conduct the pleasing scene! (36*)

*

I hav'nt told my garden yet —
Lest that should conquer me.
I hav'nt quite the strength now
To break it to the Bee —

I will not name it in the street
For shops w'd stare at me —
That one so shy — so ignorant
Should have the face to die.

The hillsides must not know it —
Where I have rambled so —
Nor tell the loving forests
The day that I shall go —

Nor lisp it at the table —
Nor heedless by the way
Hint that within the Riddle
One will walk today — (40)

*

The Guest is gold and crimson —
An Opal guest, and gray —

Et que les Affaires iront toujours bon train –
Cela rend la séparation aisée
Et garde l'âme sereine –
Que des messieurs aussi fringants
Régissent l'agréable scène !

*

Je ne l'ai pas encore dit à mon jardin –
De peur d'y succomber.
Je n'ai pas tout à fait la force à présent
De l'apprendre à l'Abeille –

Je ne le nommerai pas dans la rue
Les boutiques me dévisageraient –
Qu'un être si timide – si ignorant
Ait l'aplomb de mourir.

Les collines ne doivent pas le savoir –
Où j'ai tant vagabondé –
Ni révéler aux forêts aimantes
Le jour où je m'en irai –

Ni le balbutier à table –
Ni sans réfléchir, au passage
Suggérer que dans l'Énigme
Quelqu'un en ce jour marchera –

*

L'Hôte est d'or et de pourpre –
Un hôte Opale, et gris –

Of ermine is his doublet –
His Capuchin gay –

He reaches town at nightfall –
He stops at every door –
Who looks for him at morning –
I pray him too – explore
The Lark's pure territory –
Or the Lapwing's shore! (44*)

*

When I count the seeds
That are sown beneath –
To bloom so, bye and bye –

When I con the people
Lain so low –
To be received as high –

When I believe the garden
Mortal shall not see –
Pick by faith it's blossom
And avoid it's Bee,
I can spare this summer – unreluctantly. (51*)

*

Some things that fly there be –
Birds – Hours – the Bumblebee –
Of these no Elegy.

D'hermine son pourpoint –
Son Capuchon, vif –

Il gagne la ville à la nuit tombante –
S'arrête à chaque porte –
Qui va à sa recherche le matin –
Je l'en prie aussi – qu'il explore
Le domaine pur de l'Alouette –
Ou la rive du Vanneau !

*

Quand je compte les graines
Mises en terre –
Pour fleurir, un jour –

Quand je réfléchis aux gens
Couchés si bas –
Pour être reçus si haut –

Quand je crois au jardin
Que ne verra nul Mortel –
Et par la foi cueille ses fleurs
En évitant son Abeille,
Je peux me passer de cet été-ci – sans un regret.

*

Il est des choses qui s'envolent –
Oiseaux – Heures – le Bourdon –
Sur celles-ci point d'Élégie.

Some things that stay there be –
Grief – Hills – Eternity –
Nor this behooveth me.

There are that resting, rise.
Can I expound the skies?
How still the Riddle lies! (68)

*

One dignity delays for all –
One mitred afternoon –
None can avoid this purple –
None evade this crown!

Coach, it insures, and footmen –
Chamber, and state, and throng –
Bells, also, in the village
As we ride grand along!

What dignified attendants!
What service when we pause!
How loyally at parting
Their hundred hats they raise!

How pomp surpassing ermine
When simple You, and I,
Present our meek escutcheon
And claim the rank to die! (77)

*

Il est des choses qui demeurent –
Tristesse – Monts – Éternité –
Cela non plus ne me sied.

Il en est qui du repos, ressuscitent.
Puis-je expliquer les Cieux ?
Ah ! que muette est l'Énigme !

*

Une dignité est en attente pour tous –
Un après-midi mitré –
Nul ne peut éviter cette pourpre –
Nul fuir cette couronne !

Calèche, elle assure, et laquais –
Salle, et apparat, et foule –
Cloches, aussi, dans le village
Où en grande pompe on roule !

Comme il est digne, le cortège !
Quel office quand on s'arrête !
Avec quelle loyauté pour l'adieu
On soulève cent couvre-chefs !

Quel faste surpassant l'hermine
Quand un simple Vous, et Moi,
Présentons notre humble écusson
Comme titre à la mort !

*

New feet within my garden go –
New fingers stir the sod –
A Troubadour opon the Elm
Betrays the solitude.

New Children play opon the green –
New Weary sleep below –
And still the pensive Spring returns –
And still the punctual snow! (79*)

*

I hide myself – within my flower,
That fading from your Vase –
You – unsuspecting – feel for me –
Almost – a loneliness – (80*)

*

Soul, Wilt thou toss again?
By just such a hazard
Hundreds have lost indeed,
But tens have won an all –

Angels' breathless ballot
Lingers to record thee –
Imps in eager caucus
Raffle for my soul! (89)

Des pieds neufs courent dans mon jardin –
Des doigts neufs remuent la motte –
Sur l'Orme un Troubadour
Trahit la solitude.

Des Enfants neufs jouent sur le gazon –
Des Lassés neufs dorment dessous –
Et toujours le Printemps pensif revient –
Et toujours la neige ponctuelle !

*

Je me cache – dans ma fleur,
Pour, me fanant dans ton Urne –
T'inspirer – à ton insu – un sentiment –
De quasi – solitude –

*

Âme, Joueras-tu encore ?
À ce jeu de hasard
Des centaines ont perdu, c'est vrai,
Mais des dizaines raflé la mise –

La tombola haletante des anges
Tarde à tirer ton numéro –
Des diablotins en clique avide
Parient pour mon âme !

*

Water, is taught by thirst.
Land – by the Oceans passed.
Transport – by throe –
Peace, by it's battles told –
Love, by memorial mold –
Birds, by the snow. (93*)

*

For each extatic instant
We must an anguish pay
In keen and quivering ratio
To the extasy –

For each beloved hour
Sharp pittances of Years –
Bitter contested farthings –
And Coffers heaped with tears! (109)

*

Success is counted sweetest
By those who ne'er succeed.
To comprehend a nectar
Requires sorest need.

*

L'Eau, s'apprend par la soif.
La Terre – par les Mers franchies.
L'Extase – par les affres –
La Paix, par le récit de ses combats –
L'Amour, par l'effigie –
L'Oiseau, par la neige.

*

Chaque instant extatique
Se paie d'un tourment
À vive et frémissante proportion
De l'extase –

Chaque heure qui fut chère,
De maigres rations d'Années –
De sous disputés âprement –
Et de Coffres remplis de larmes !

*

Le succès semble le plus doux
À qui ne réussit jamais.
Comprendre le Nectar requiert
Le plus cruel besoin.

Not one of all the purple Host
Who took the Flag today
Can tell the definition
So clear of Victory

As he defeated – dying –
On whose forbidden ear
The distant strains of triumph
Burst agonized and clear! (112*)

*

Safe in their Alabaster Chambers –
Untouched by morning
And untouched by noon –
Sleep the meek members of the Resurrection –
Rafter of satin,
And Roof of stone.

Light laughs the breeze
In her Castle above them –
Babbles the Bee in a stolid Ear,
Pipe the sweet Birds in ignorant cadence –
Ah, what sagacity perished here!

Safe in their Alabaster Chambers,
Untouched by morning –

Nul de toute la Troupe pourpre
Qui s'est emparée du Drapeau
Ne peut donner de la Victoire
D'aussi juste définition

Que le vaincu – à l'agonie –
Lorsque à son oreille forclose
Les lointains accents du triomphe
Éclatent, déchirants et clairs!

*

Version de 1859

À l'abri dans leurs Chambres d'Albâtre –
Préservés du matin,
Préservés de midi –
Dorment les doux frères de la Résurrection –
Voûte de satin,
Faîte de stuc.

Légère rit la brise
Dans son Palais là-haut –
Babille l'Abeille à la placide Oreille,
Sifflent les doux Oiseaux en cadence innocente –
Ah! la sagacité ici abolie!

Version de 1861

À l'abri dans leurs Chambres d'Albâtre,
Préservés du matin –

And untouched by noon –
Lie the meek members of the Resurrection –
Rafter of satin – and Roof of stone –

Grand go the Years – in the Crescent – above them –
Worlds scoop their Arcs –
And Firmaments – row –
Diadems – drop – and Doges – surrender –
Soundless as dots – on a Disc of snow – (124*)

*

Just lost, when I was saved!
Just felt the world go by!
Just girt me for the onset with Eternity,
When breath blew back,
And on the other side
I heard recede the disappointed tide!

Therefore, as One returned, I feel,
Odd secrets of the line to tell!
Some Sailot, skirting foreign shores –
Some pale Reporter, from the awful doors
Before the Seal!

Next time, to stay!
Next time, the things to see
By ear unheard –
Unscrutinized by eye –

Next time, to tarry,
While the Ages steal –

Préservés de midi –
Dorment les doux frères de la Résurrection –
Voûte de satin – et Faîte de stuc –

Majestueux passent les Ans – dans le Croissant – là-haut –
Des Mondes gravent leurs Arcs –
Des Firmaments – voguent –
Des Diadèmes – tombent – des Doges – capitulent –
Sans bruit – sur un Disque neigeux points minuscules –

*

Tout juste perdue, que je fus sauvée !
Tout juste senti le monde passer !
Tout juste ceinte pour le choc avec l'Éternité
Que le souffle est revenu,
Et de l'autre côté
J'ai entendu le flot déçu refluer !

Et donc, en Revenante, je me sens,
Avec d'étranges secrets de frontière à révéler !
Marin, longeant des rives inconnues –
Pâle Reporter, échappé des portes terribles
Avant les Scellés !

La prochaine fois, pour rester !
La prochaine fois, pour voir ces choses
Inouïes par l'oreille –
Par l'œil inscrutées –

La prochaine fois, pour m'attarder,
Tandis que les Âges s'éclipsent –

Slow tramp the Centuries,
And the Cycles wheel! (132*)

*

To fight aloud, is very brave –
But gallanter, *I know*
Who charge within the bosom
The Cavalry of Wo –

Who win, and nations do not see –
Who fall – and none observe –
Whose dying eyes, no Country
Regards with patriot love –

We trust, in plumed procession
For such, the Angels go –
Rank after Rank, with even feet –
And Uniforms of snow. (138)

*

She died at play –
Gambolled away
Her lease of spotted hours,
Then sank as gaily as a Turk
Opon a Couch of flowers –

Her ghost strolled softly o'er the hill –
Yesterday, and Today –
Her vestments as the silver fleece –
Her countenance as spray – (141*)

Que lentement cheminent les Siècles
Et que tournoient les Cycles !

*

Se battre haut et fort, est très brave –
Mais de plus *nobles*, j'en sais
Qui chargent en leur sein
La Cavalerie du Malheur –

Vainquent, et les nations ne le voient pas –
Tombent – et nul ne le remarque –
Dont nul Pays, d'un amour patriote
Ne contemple les yeux mourants –

En cortège emplumé, nous l'espérons
Pour ceux-là, vont les Anges –
Rang après Rang, d'un pas égal –
En Uniforme de neige.

*

Elle est morte en jouant –
A passé en ébats
Son bail d'heures mouchetées,
Puis s'est couchée aussi gaie qu'une Odalisque
Sur un Divan de fleurs –

Son spectre errait sans bruit sur la colline –
Hier, et Aujourd'hui –
Sa chasuble une toison d'argent –
Son visage d'écume –

*

*Exultation is the going
Of an inland soul to sea —
Past the Houses —
Past the Headlands —
Into deep Eternity —*

*Bred as we, among the mountains,
Can the sailor understand
The divine intoxication
Of the first league out from Land?* (143*)

*

*Will there really be a "morning"?
Is there such a thing as "Day"?
Could I see it from the mountains
If I were as tall as they?*

*Has it feet like Water lilies?
Has it feathers like a Bird?
Is it brought from famous countries
Of which I have never heard?*

*Oh some Scholar! Oh some Sailor!
Oh some Wise Man from the skies!
Please to tell a little Pilgrim
Where the place called "morning" lies!* (148*)

*

L'exultation est l'en-aller
D'une âme terrienne en mer –
Passé les Maisons –
Passé les Promontoires –
Dans la profonde Éternité –

Comme nous, grandis parmi les collines,
Le marin peut-il concevoir
L'ivresse divine
Du premier mille au large du Terroir ?

*

Y aura-t-il pour de vrai un « matin » ?
Y a-t-il ce qu'on appelle un « Jour » ?
Pourrais-je le voir des montagnes
Si j'étais aussi haute qu'elles ?

A-t-il des pieds comme les Nénuphars ?
Des plumes comme un Oiseau ?
Nous vient-il de pays fabuleux
Dont je n'ai jamais ouï parler ?

Oh, un Savant ! Oh, un Marin !
Oh, un Sage venu des cieux !
Qu'il dise à une petite Pèlerine
Où se trouve le lieu nommé « matin » !

*

Some Rainbow – coming from the Fair!
Some Vision of the World Cashmere –
I confidently see!
Or else a Peacock's purple Train
Feather by feather – on the plain
Fritters itself away!

The dreamy Butterflies bestir!
Lethargic pools resume the whirr
Of last year's sundered tune!
From some old Fortress on the sun
Baronial Bees – march – one by one –
In murmuring platoon!

The Robins stand as thick today
As flakes of snow stood yesterday –
On fence – and Roof – and Twig!
The Orchis binds her feather on
For her old lover – Don the sun!
Revisiting the Bog!

Without Commander! Countless! Still!
The Regiments of Wood and Hill
In bright detachment stand!
Behold, Whose multitudes are these?
The children of whose turbaned seas –
Or what Circassian Land? (162*)

*

*

Oh! l'Arc-en-ciel – venant de la Fête!
Une Vision, j'en suis certaine –
Du Monde Cachemire!
Ou alors d'un Paon la pourpre Traîne
Plume après plume – sur la plaine
Au loin s'éparpille!

Les Papillons rêveurs s'animent!
Les mares en sommeil reprennent la rumeur
Du chant tranché de l'an passé!
Une à une – d'un vieux Fort sur le soleil –
Défilent – les baronniales Abeilles
En bourdonnant peloton!

Les Rouges-gorges aujourd'hui sont aussi drus
Sur Toits – et Rameaux – et clôtures
Que les flocons l'étaient hier!
L'Orchis arbore son aigrette
Pour son fidèle amant – Sire Soleil!
Revisitant le Marais!

Sans Commandant! Innombrable! Immobile!
Des Régiments des Bois et des Collines
La garde brille!
Voyez! Quelles sont ces multitudes?
Filles de quels océans enturbannés –
De quelle Circassie?

*

*I have never seen "Volcanoes" –
But, when Travellers tell
How those old – phlegmatic mountains
Usually so still –*

*Bear within – appalling Ordnance,
Fire, and smoke, and gun –
Taking Villages for breakfast,
And appalling Men –*

*If the stillness is Volcanic
In the human face
When opon a pain Titanic
Features keep their place –*

*If at length, the smouldering anguish
Will not overcome,
And the palpitating Vineyard
In the dust, be thrown?*

*If some loving Antiquary,
On Resumption Morn,
Will not cry with joy, "Pompeii"!
To the Hills return!* (165*)

*

*Dust is the only Secret.
Death, the only One
You cannot find out all about
In his "native town."*

Je n'ai jamais vu de « Volcans » –
Mais, quand les Voyageurs racontent
Que ces vieilles – flegmatiques montagnes
D'ordinaire si calmes –

Recèlent – une effroyable Artillerie,
Feu, et fumée, et canon –
Prenant des Villages pour petit-déjeuner,
Épouvantant les Hommes –

Si le calme n'est pas Volcanique
Sur le visage humain
Quand malgré une douleur de Titan
Les traits restent en place –

Si à la longue, le tourment qui couve
Ne va pas l'emporter
Et le Vignoble palpitant
Dans la poussière, être jeté ?

Si quelque amoureux d'Antiquités,
Au Matin du Renouveau,
Ne criera pas de joie : « Pompéi » !
Retourne aux Collines !

*

La Cendre est le seul Secret.
La Mort, le seul Être
Qui dans sa « ville natale »
Défie toute enquête.

Nobody knew "his Father" —
Never was a Boy —
Had'nt any playmates,
Or "Early history" —

Industrious! Laconic!
Punctual! Sedate!
Bold as a Brigand!
Stiller than a Fleet!

Builds, like a Bird, too!
Christ robs the Nest —
Robin after Robin
Smuggled to Rest! (166*)

*

A wounded Deer — leaps highest —
I've heard the Hunter tell —
'Tis but the extasy of death —
And then the Brake is still!

The smitten Rock that gushes!
The trampled Steel that springs!
A Cheek is always redder
Just where the Hectic stings!

Mirth is the mail of Anguish —
In which it cautious Arm,
Lest Anybody spy the blood
And "you're hurt" exclaim! (181*)

Nul n'a connu « son Père » –
Jamais ne fut Enfant –
Pas de compagnons de jeux,
Ni d'« Antécédents » –

Industrieux ! Laconique !
Ponctuel ! Pondéré !
Hardi comme un Brigand !
Plus furtif qu'une Flotte !

Bâtit aussi, comme l'Oiseau !
Le Christ pille le Nid –
Rouge-gorge après Rouge-gorge
Passés en fraude dans l'Éternel Repos !

*

Un Cerf *blessé* – bondit le plus haut –
À ce que dit le Chasseur –
Ce n'est que l'extase de la *mort* –
Après, le Fourré est tranquille !

Du Rocher *frappé*, l'eau jaillit !
L'Acier *battu* a du ressort !
Une Joue est toujours plus rouge
Là où la Fièvre mord !

La gaieté est la cotte de l'Angoisse –
Dont prudente elle s'Arme,
De peur qu'à la vue du sang
On ne s'écrie : « Mais vous avez mal ! »

*

The Sun kept stooping – stooping – low!
The Hills to meet him rose!
On his side, what Transaction!
On their side, what Repose!

Deeper and deeper grew the stain
Opon the window pane –
Thicker and thicker stood the feet
Until the Tyrian

Was crowded dense with Armies –
So gay – So Brigadier –
That I felt martial stirrings
Who once the Cockade wore –

Charged, from my chimney Corner –
But Nobody was there! (182*)

*

A Wife – at Daybreak – I shall be –
Sunrise – Hast Thou a Flag for me?
At Midnight – I am yet a Maid –
How short it takes to make it Bride –
Then – Midnight – I have passed from Thee –
Unto the East – and Victory.

Midnight – Good night – I hear them Call –
The Angels bustle in the Hall –
Softly – my Future climbs the Stair –

*

Le Soleil se courbait – se courbait – très bas!
Les Collines vers lui montaient!
De son côté, quelle Transaction!
Du leur, quel Repos!

De plus en plus intense est devenue
La couleur sur la vitre –
De plus en plus serrés étaient les pas
Si bien que le Tyrien

S'est trouvé entouré de Troupes –
Si fringantes – Si Brigadier –
Que je ressentais des élans martiaux
Moi qui jadis ai porté la Cocarde –

Ai chargé, du Coin de ma cheminée –
Mais il n'y avait Personne!

*

Épouse – au Point du jour – je serai –
Aurore – As-tu pour moi un Drapeau?
À Minuit – je suis encore Jeune fille –
Que c'est bref d'en faire une Mariée –
Et puis – Minuit – je suis passée de Toi –
À l'Est – et à la Victoire.

Bonne nuit – Minuit – J'entends leur Appel –
Les Anges s'affairent dans le Vestibule –
Doucement – mon Avenir gravit les Marches –

I fumble at my Childhood's Prayer –
So soon to be a Child – no more –
Eternity – I'm coming – Sir –
Master – I've seen the Face – before – (185*)

*

Through the Straight Pass of Suffering
The Martyrs even trod –
Their feet opon Temptation –
Their foreheads – opon God –

A Stately – Shriven Company –
Convulsion playing round –
Harmless as Streaks of Meteor –
Opon a Planet's Bond –

Their faith the Everlasting Troth –
Their Expectation – sure –
The Needle to the North Degree
Wades so – through Polar Air – (187*)

*

"Morning" – means "Milking" – to the Farmer –
Dawn – to the Teneriffe –
Dice – to the Maid –
Morning means just Risk – to the Lover –
Just Revelation – to the Beloved –

Epicures – date a Breakfast – by it –
Brides – an Apocalypse –

Je balbutie ma Prière d'Enfance –
Moi qui si tôt Enfant – ne serai plus –
Éternité – j'arrive – Monsieur –
Maître – Ce Visage je l'ai – déjà vu –

*

Par le Col Étroit de la Souffrance
Sereins les Martyrs ont passé –
Leurs pieds sur la Tentation –
Leurs yeux – sur Dieu –

Cohorte Absoute – Majestueuse –
La Commotion jouant autour –
Sans danger, comme Traînées de Météore –
Sur l'Anneau d'une Planète –

Leur foi, la Promesse Éternelle –
Leur Espérance – sûre –
Ainsi avance vers le Nord la Boussole –
À travers l'Air Polaire!

*

« Matin » – signifie « Traite » – pour le Fermier –
Aube – pour Ténériffe –
Broderies – pour la Jeune fille –
Matin signifie Risque – pour l'Amant –
Révélation – pour l'Aimée –

De lui – les Épicuriens – datent un Déjeuner –
Les Épousées – une Apocalypse –

Worlds – a Flood –
Faint-going Lives – Their lapse from Sighing –
Faith – The Experiment of Our Lord – (191*)

*

Title divine – is mine!
The Wife – without the Sign!
Acute Degree – conferred on me –
Empress of Calvary!
Royal – all but the Crown!
Betrothed – without the swoon
God sends us Women –
When you – hold – Garnet to Garnet –
Gold – to Gold –
Born – Bridalled – Shrouded –
In a Day –
"My husband" – women say –
Stroking the Melody –
Is this *– the way?* (194*)

*

Victory comes late –
And is held low to freezing lips –
Too rapt with frost
To take it –
How sweet it would have tasted –
Just a Drop –
Was God so economical?
His Table's spread too high for Us –

Les Mondes – un Déluge –
Les Vies défaillantes – L'arrêt de leurs Soupirs –
La Foi – L'Expérience de Notre-Seigneur –

*

Titre divin – que le mien!
L'Épouse – sans le Signe!
Rang cruel – à moi dévolu –
Impératrice du Calvaire!
Royale – hormis la Couronne!
Fiancée – sans la pâmoison
Qu'à nous Femmes Dieu envoie –
Quand s'échange – Grenat contre Grenat –
Or – contre Or –
Née – Mariée – Ensevelie –
En un Jour –
«Mon Époux» – disent les femmes –
En caressant la Mélodie –
Est-*ce* – la voie?

*

La Victoire vient tard –
Abaissée vers des lèvres froides –
Trop saisies par le gel
Pour la boire –
Quel goût exquis elle aurait eu –
Fût-ce une Goutte –
Dieu était-il si avare?
Sa Table est dressée trop haut pour Nous –

Unless We dine on Tiptoe –
Crumbs – fit such little mouths –
Cherries – suit Robins –
The Eagle's Golden Breakfast strangles – Them –
God keep His Oath to Sparrows –
Who of little Love – know how to starve – (195*)

*

Come slowly – Eden!
Lips unused to Thee –
Bashful – sip thy Jessamines –
As the fainting Bee –

Reaching late his flower,
Round her chamber hums –
Counts his nectars –
Enters – and is lost in Balms. (205)

*

I taste a liquor never brewed –
From Tankards scooped in Pearl –
Not all the Frankfort Berries
Yield such an Alcohol!

Inebriate of air – am I –
And Debauchee of Dew –
Reeling – thro' endless summer days –
From inns of molten Blue –

À moins de dîner sur la Pointe des pieds –
Les Miettes – siéent à de tout petits becs –
Les Cerises – aux Rouges-gorges –
Le Goûter Doré de l'Aigle – Les étrangle –
Dieu tienne Sa Promesse aux Moineaux –
Qui de peu d'Amour – savent jeûner –

*

Viens lentement – Éden !
Des lèvres encore novices –
Chastes – hument tes Jasmins –
Comme l'Abeille pâmée –

À sa fleur parvenue tard,
Bourdonne autour de son calice –
En recense les nectars –
Pénètre – et se perd dans les Délices.

*

Je goûte une liqueur jamais brassée –
Dans des Chopes de Perle taillée –
Nulle Baie de Francfort ne saurait
Livrer Alcool pareil !

À moi – Soûleries d'Air – Orgies de Rosée –
Aux jours sans fin de l'été –
Je titube sur le pas des cabarets –
De l'Azur en fusion –

When "Landlords" turn the drunken Bee
Out of the Foxglove's door –
When Butterflies – renounce their "drams" –
I shall but drink the more!

Till Seraphs swing their snowy Hats –
And Saints – to windows run –
To see the little Tippler
From Manzanilla come! (207*)

*

If I should'nt be alive
When the Robins come,
Give the one in Red Cravat,
A Memorial crumb –

If I could'nt thank you,
Being fast asleep,
You will know I'm trying
With my Granite lip! (210*)

*

I shall know why – when Time is over –
And I have ceased to wonder why –
Christ will explain each separate anguish
In the fair schoolroom of the sky –

He will tell me what "Peter" promised –
And I – for wonder at his woe –

Que l'« Aubergiste » hors de la Digitale
Boute l'Abeille ivre –
Que le Papillon – renonce à sa « goutte » –
Moi je boirai plus encore !

Les Anges agiteront leur neigeux Chapeau –
Les Saints – à la vitre accourront –
Pour voir, de Manzanilla venue
Passer la petite Poivrote !

*

Si je ne suis plus en vie
Quand viendront les Rouges-gorges,
Donne au Cravaté de Rouge
Une miette Commémorative –

Si dans mon sommeil profond
Je ne puis te dire merci,
Tu sauras que je m'y essaie
De ma lèvre de Granit !

*

Je saurai pourquoi – à la fin du Temps –
Quand je ne chercherai plus pourquoi –
Le Christ expliquera chaque angoisse une à une
Dans la belle classe du ciel –

Il me dira ce que « Pierre » a promis –
Et moi – confondue par sa douleur –

*I shall forget the drop of anguish
That scalds me now – that scalds me now!* (215)

*

*On this long storm the Rainbow rose –
On this late morn – the sun –
The Clouds – like listless Elephants –
Horizons – straggled down –*

*The Birds rose smiling, in their nests –
The gales – indeed – were done –
Alas, how heedless were the eyes –
On whom the summer shone!*

*The quiet nonchalance of death –
No Daybreak – can bestir –
The slow – Archangel's syllables
Must awaken* her! (216*)

*

*The murmur of a Bee
A Witchcraft – yieldeth me –
If any ask me why –
'Twere easier to die –
Than tell –*

*The Red opon the Hill
Taketh away my will –
If anybody sneer –*

J'oublierai la goutte d'angoisse
Qui à présent me brûle – qui à présent me brûle !

*

Sur cette longue tempête l'Arc-en-ciel s'est levé –
Sur ce tardif matin – le soleil –
Les Nuages – indolents Éléphants –
À l'Horizon – s'égaillaient –

Les Oiseaux bougeaient souriants dans leurs nids –
Les rafales – certes – avaient cessé –
Hélas, qu'indifférents étaient les yeux –
Sur lesquels avait brillé l'été !

Tranquille nonchalance de la mort –
Que nulle Aube – ne peut secouer –
Les lentes – syllabes de l'Archange
Devront *la* réveiller !

*

La rumeur de l'Abeille
Opère en moi – une Magie –
Si l'on me demande pourquoi –
Mourir serait plus aisé –
Que le dire –

Le Rouge sur la Colline
M'ôte mon vouloir –
Si l'on ricane –

Take care — for God is here —
That's all.

The Breaking of the Day
Addeth to my Degree —
If any ask me how —
Artist — who drew me so —
Must tell! (217*)

*

That after Horror — that 'twas us *—*
That passed the mouldering Pier —
Just as the Granite crumb let go —
Our Savior, by a Hair —

A second more, had dropped too deep
For Fisherman to plumb —
The very profile of the Thought
Puts Recollection numb —

The possibility — to pass
Whithout a moment's Bell —
Into Conjecture's presence
Is like a Face of Steel —
That suddenly looks into our's
With a metallic grin —
The Cordiality of Death —
Who drills his Welcome in — (243*)

*

Gare – car Dieu est là –
Voilà tout.

L'Éclosion du Jour
Hausse ma Mesure –
Si l'on me demande comment –
À l'Artiste – qui m'a conçue –
De le dire!

*

Quelle Horreur après coup – si c'était *nous* –
Qui avions franchi l'Arche en ruine –
Comme lâchait le débris de Granit –
Si notre Sauveur, d'un Rien –

D'une seconde, avait chu trop profond
Pour la ligne du Pêcheur –
Le seul profil de cette Pensée
Étourdit la Mémoire –

La possibilité – de passer
Sans Sonnerie de l'Instant –
En présence de la Conjecture
Est comme une Face d'Acier –
Fixant soudain la nôtre
D'un métallique rictus –
Cordialité de la Mort –
Qui vrille en nous sa Bienvenue –

*

I've known a Heaven, like a Tent –
To wrap it's shining Yards –
Pluck up it's stakes, and disappear –
Without the sound of Boards
Or Rip of Nail – Or Carpenter –
But just the miles of Stare –
That signalize a Show's Retreat –
In North America –

No Trace – no Figment – of the Thing
That dazzled, Yesterday,
No Ring – no Marvel –
Men, and Feats –
Dissolved as utterly –
As Bird's far Navigation
Discloses just a Hue –
A plash of Oars, a Gaiety –
Then swallowed up, of View. (257)

*

A Clock stopped –
Not the Mantel's –
Geneva's farthest skill
Cant put the puppet bowing –
That just now dangled still –

An awe came on the Trinket!
The Figures hunched – with pain –
Then quivered out of Decimals –
Into Degreeless noon –

J'ai vu un Ciel, telle une Tente –
Rouler ses Toiles éclatantes –
Ôter ses poteaux, et disparaître –
Sans bruit de Planches
Ni de Clous Arrachés – Ni Charpentier –
Rien que ces lieues de Béance –
Qui marquent en Amérique du Nord –
Le Repli d'un Spectacle –

Nulle Trace – nulle Fiction – de Ce
Qui, Hier, éblouissait,
Nulle Arène – nul Prodige –
Hommes, Exploits –
Dissous absolument – tout comme
La lointaine Navigation de l'Oiseau
Révèle à peine une Couleur –
Un heurt de Rames, une Gaieté –
Vite engloutis, perdus de Vue.

*

Une Pendule s'est arrêtée –
Pas celle de la Cheminée –
L'art de Genève le plus savant
Ne peut faire plier le pantin ballant –
Qui vient de se figer –

Un effroi a saisi la Babiole !
De douleur – les Chiffres se sont tassés –
Puis dans un spasme ont quitté les Décimales –
Pour un midi sans Degrés –

It will not stir for Doctor's —
This Pendulum of snow —
The Shopman importunes it —
While cool — concernless No —

Nods from the Gilded pointers —
Nods from the Seconds slim —
Decades of Arrogance between
The Dial life —
And Him — (259)

*

I should have been too glad, I see —
Too lifted — for the scant degree
Of Life's penurious Round —
My little Circuit would have shamed
This new Circumference — have blamed —
The homelier time behind —

I should have been too saved — I see —
Too rescued — Fear too dim to me
That I could spell the Prayer
I knew so perfect — yesterday —
That scalding one — Sabacthini —
Recited fluent — here —

Earth would have been too much — I see —
And Heaven — not enough for me —
I should have had the Joy
Without the Fear — to justify —
The Palm — without the Calvary —
So Savior — Crucify —

Il ne bougera pas malgré les Docteurs –
Ce Balancier de neige –
Le Réparateur l'importune –
Un Non indifférent – froid –

Tombe des aiguilles Dorées –
Tombe des Secondes minces –
Des Décennies d'Arrogance entre
La vie de Cadran –
Et Lui –

*

J'aurais été trop heureuse, je le vois –
Trop exaltée – pour le pauvre rang
Qu'offre l'avare Ronde de la Vie –
Mon petit Circuit aurait ravalé
Cette neuve Circonférence – aurait blâmé –
Le temps plus familier d'avant –

J'aurais été trop sauvée – je le vois –
Trop secourue – La Peur trop vague
Pour que je dise la Prière
Hier – si parfaitement connue –
Celle qui brûle – le Sabachtani –
Récitée sans effort – ici –

La Terre aurait été trop – je le vois –
Et le Ciel – pour moi pas assez –
J'aurais possédé la Joie
Sans la Peur – qui justifie –
La Palme – sans le Calvaire –
Alors, Sauveur – Crucifie –

Defeat whets Victory – they say –
The Reefs in Old Gethsemane
Endear the shore beyond –
'Tis Beggars – Banquets best define –
'Tis Thirsting – vitalizes Wine –
Faith bleats to understand – (283*)

*

Dropped into the Ether Acre!
Wearing the Sod Gown –
Bonnet of Everlasting laces –
Brooch – frozen on!
Horses of Blonde –
And Coach – of Silver –
Baggage – a Strapped Pearl!
Journey of Down –
And Whip of Diamond –
Riding to meet the Earl! (286*)

*

I got so I could hear his name –
Without – Tremendous gain –
That Stop-sensation – on my Soul –
And Thunder – in the Room –

I got so I could walk across
That Angle in the floor,
Where he turned so, and I turned – how –
And all our Sinew tore –

La Défaite aiguise la Victoire – dit-on –
Les Récifs de l'Antique Gethsémani
Font aimer la Rive au-delà –
C'est le Gueux – qui le mieux définit le Festin –
C'est avoir Soif – qui vivifie le Vin –
Pour comprendre, la Foi bêle –

*

Lâchée dans l'Arpent d'Éther !
En Robe de Gazon –
Bonnet de dentelles Éternelles –
Broche – de gel !
Chevaux d'Ambre –
Et Coche – d'Argent –
Pour bagage – une Perle Sanglée !
Voyage de Duvet –
Et Fouet de Diamant –
Roulant pour rencontrer le Comte !

*

Enfin j'ai pu entendre son nom –
Sans – progrès Énorme –
Cette sensation d'Arrêt – en mon Âme –
Et ce Tonnerre – dans la Chambre –

Enfin j'ai pu franchir
Cet Angle du plancher
Où il a tourné ainsi, et moi – ne sais –
Et tous nos Nerfs se déchiraient –

*I got so I could stir the Box —
In which his letters grew
Without that forcing, in my breath —
As Staples — driven through —*

*Could dimly recollect a Grace —
I think, they called it "God" —
Renowned to ease Extremity —
When Formula, had failed —*

*And shape my Hands —
Petition's way,
Tho' ignorant of a word
That Ordination — utters —*

*My Business — with the Cloud,
If any Power behind it, be,
Not subject to Despair —
It care — in some remoter way,
For so minute affair
As Misery —
Itself, too great, for interrupting — more —* (292*)

*

*This — is the land — the Sunset washes —
These — are the Banks of the Yellow Sea —
Where it rose — or whither it rushes —
These — are the Western Mystery!*

*Night after Night
Her Purple traffic*

Enfin j'ai pu remuer le Coffret –
Où ses lettres s'entassaient
Sans cette pression, dans mon souffle –
Comme de Rivets – qu'on enfonce –

Ai pu vaguement me rappeler une Grâce –
Je crois qu'on la nomme « Dieu » –
Connue pour adoucir l'Extrémité –
Quand la Formule, a échoué –

Et joindre les Mains –
En geste de prière,
Quoique ignorant un mot
Par l'Ordination – prononcé –

Mon Affaire – avec le Nuage,
S'il est derrière, un quelconque Pouvoir
À l'abri du Désespoir –
Qui se soucie – lointainement,
D'un incident aussi mineur
Que le Malheur –
Trop grand, lui-même, pour s'arrêter – plus longtemps –

*

Voilà – la terre – que baigne le Couchant –
Voilà – les Rives de la Mer Ambre –
Où naît-elle – où déferle-t-elle –
C'est – le Mystère de l'Occident !

Nuit après Nuit
Son Pourpre négoce

Strews the landing – with Opal Bales –
Merchantmen – poise opon Horizons –
Dip – and vanish like Orioles! (297*)

*

It's like the Light –
A fashionless Delight –
It's like the Bee –
A dateless – Melody –

It's like the Woods –
Private – Like the Breeze –
Phraseless – yet it stirs
The proudest Trees –

It's like the morning –
Best – when it's done –
And the Everlasting Clocks –
Chime – Noon! (302)

*

The nearest Dream – recedes – unrealized –
The Heaven we chase –
Like the June Bee – before the School Boy –
Invites the Race –
Stoops to an easy Clover –
Dips – evades – teazes – deploys –
Then – to the Royal Clouds –
Lifts his light Pinnace –
Heedless of the Boy –
Staring – bewildered – at the mocking Sky –

Jonche le quai – de Balles Opales –
Des vaisseaux marchands – se balancent aux Horizons –
Plongent – et comme Loriots s'évanouissent !

*

Elle est comme la Lumière –
Délice sans artifice –
Elle est comme l'Abeille –
Mélodie sans âge – à l'oreille –

Elle est comme les Forêts –
Secrète – Comme la Brise –
Sans phrases – mais elle agite
Les Arbres les plus fiers –

Elle est comme le matin –
Parfaite – une fois accomplie –
Et que les Horloges Éternelles –
Carillonnent – Midi !

*

Le Rêve le plus proche – recule – irréalisé –
Le Ciel que l'on poursuit –
Comme l'Abeille de Juin – devant l'Écolier –
Invite à la Course –
Descend sur un Trèfle facile –
Plonge – échappe – agace – se déploie –
Puis – vers les Nues Royales –
Élève son léger Esquif –
Insoucieux du Garçon –
Qui contemple – ahuri – le Ciel moqueur –

Homesick for steadfast Honey —
Ah — the Bee flies not
That brews that rare variety! (304*)

*

A solemn thing — it was — I said —
A Woman — white — to be —
And wear — if God should count me fit —
Her blameless mystery —

A timid thing — to drop a life
Into the mystic well —
Too plummetless — that it come back —
Eternity — until —

I pondered how the bliss would look —
And would it feel as big —
When I could take it in my hand —
As hovering — seen — through fog —

And then — the size of this "small" life —
The Sages — call it small —
Swelled — like Horizons — in my breast —
And I sneered — softly — "small"! (307*)

*

She sweeps with many-colored Brooms —
And leaves the shreds behind —

Regrettant le Miel constant –
Ah – l'Abeille ne fuit point –
Qui fabrique cette rare variété !

*

C'était – disais-je – chose solennelle –
Que d'être – une Femme – en blanc –
Et d'en vêtir – si Dieu m'estimait apte –
Le mystère sans tache –

Chose sacrée – que lâcher une vie
Dans le puits pourpre –
Trop abyssal – pour qu'elle en remonte –
D'ici – l'Éternité –

Je spéculai sur ce bonheur –
Me semblerait-il aussi vaste –
Quand je pourrais le tenir dans ma main –
Qu'en suspens – entrevu – dans la brume –

Alors – la dimension de cette vie « petite » –
« Petite » – selon les Sages –
S'est dilatée – en Horizons – dans ma poitrine –
Et doucement – j'ai ricané – « petite » !

*

Elle passe des Balais multicolores –
Semant les brins derrière elle –

Oh Housewife in the Evening West –
Come back – and – dust the Pond!

You dropped a Purple Ravelling in –
You dropped an Amber thread –
And now you've littered all the East
With Duds of Emerald!

And still, she plies her spotted Brooms –
And still the Aprons fly,
Till Brooms fade softly into stars –
And then I come away – (318*)

*

Of Bronze – and Blaze –
The North – tonight –
So adequate – it forms –
So preconcerted with itself –
So distant – to alarms –
An Unconcern so sovreign
To Universe, or me –
Infects my simple spirit
With Taints of Majesty –
Till I take vaster attitudes –
And strut opon my stem –
Disdaining Men, and Oxygen,
For Arrogance of them –

My Splendors, are Menagerie –
But their Competeless Show
Will entertain the Centuries
When I, am long ago,

Ô Vespérale Ménagère –
Reviens – épousseter la Mare !

Tu y as lâché une Pourpre Effilochure –
Tu y as lâché un fil Ambré –
Et voici que tu jonches l'Est entier
De Hardes d'Émeraude !

Et de pousser ses Balais mouchetés –
Et les Tabliers de voler,
Puis les Balais s'estompent en étoiles –
Et alors je m'en vais –

*

De Bronze – et Braise –
Le Nord – ce soir –
Si parfait – se déploie –
Si librement prémédité –
Si distant – de toute alarme –
Qu'Indifférence aussi souveraine
Envers l'Univers, ou moi –
Infecte mon âme naïve
De Virus de Grandeur –
Alors je prends des airs supérieurs –
Et sur ma tige me pavane –
De toute mon Arrogance
Dédaignant l'Homme, et l'Oxygène –

Mes Splendeurs, sont Ménagerie –
Mais leur Spectacle Inégalé
Régalera les Siècles
Quand moi, depuis longtemps je ne serai

An Island in dishonored Grass —
Whom none but Daisies, know — (319*)

*

There's a certain Slant of light,
Winter Afternoons —
That oppresses, like the Heft
Of Cathedral Tunes —

Heavenly Hurt, it gives us —
We can find no scar,
But internal difference —
Where the Meanings, are —

None may teach it — Any —
'Tis the Seal Despair —
An imperial affliction
Sent us of the Air —

When it comes, the Landscape listens —
Shadows — hold their breath —
When it goes, 'tis like the Distance
On the look of Death — (320*)

*

There came a Day — at Summer's full —
Entirely for me —
I thought that such — were for the Saints —
Where Resurrections — be —

Qu'une Île dans l'Herbe sans gloire –
De tous inconnue, sinon de la Blatte -

*

Certaine clarté Oblique,
L'Après-midi d'Hiver –
Oppresse, comme la Houle
Des Hymnes Liturgiques –

Céleste Blessure, elle ne laisse
Aucune cicatrice,
Mais une intime différence –
Là où les Sens, résident –

Nul ne peut l'enseigner – Non –
C'est le Sceau du Désespoir –
Une affliction impériale
Que des Airs on nous envoie –

Elle vient, le Paysage écoute –
Les Ombres – retiennent leur souffle –
Elle s'en va, on dirait la Distance
Sur la face de la Mort –

*

Vint un Jour – au cœur de l'Été –
Entièrement pour moi –
Je croyais ces jours – réservés aux Saints –
Quand la Résurrection – sera –

The Sun — as common — went abroad —
The Flowers — accustomed — blew —
While our two Souls that Solstice passed —
Which maketh all things new.

The time was scarce profaned — by speech —
The falling of a word
Was needless — as at Sacrament —
The Wardrobe — of Our Lord —

Each was to each — the sealed church —
Permitted to commune — this time —
Lest we too awkward — show —
At "Supper of the Lamb."

The hours slid fast — as hours will —
Clutched tight — by greedy hands —
So — faces on two Decks — look back —
Bound to opposing Lands —

And so — when all the time had leaked —
Without external sound —
Each — bound the other's Crucifix —
We gave no other bond —

Sufficient troth — that we shall rise —
Deposed — at length — the Grave —
To that New Marriage —
Justified — through Calvaries of Love! (325*)

*

Le Soleil – comme à l'ordinaire – brillait –
Les Fleurs – s'ouvraient – dociles –
Tandis que nos deux Âmes passaient ce Solstice –
Qui rend toute chose nouvelle.

La parole – à peine profanait l'instant –
Prononcer un mot
Était inutile – comme au Sacrement –
La Garde-robe – du Seigneur –

Nous étions l'un pour l'autre – corps mystique –
Admis à communier – cette fois –
De peur qu'au « Repas de l'Agneau » –
Nous ne semblions – trop novices.

Les heures volaient – comme volent les heures –
Qu'agrippent – des mains avides –
Ainsi – sur deux Quais – des visages se retournent –
Emportés à des Antipodes –

Et puis – quand le temps fut tari –
Dans l'air silencieux –
Chacun – lia l'autre à sa Croix –
Nul autre nœud –

Nous ressusciterons – suffise ce vœu –
Déposée – enfin – la Tombe –
Pour *ce* Mariage Nouveau –
Par des Calvaires d'Amour – légitimé !

*

Of nearness to her sundered Things
The Soul has special times –
When Dimness – looks the Oddity –
Distinctness – easy – seems –

The Shapes we buried, dwell about,
Familiar, in the Rooms –
Untarnished by the Sepulchre,
The Mouldering Playmate comes –

In just the Jacket that he wore –
Long buttoned in the Mold
Since we – old mornings, Children – played –
Divided – by a world –

The Grave yields back her Robberies –
The Years, our pilfered Things –
Bright Knots of Apparitions
Salute us, with their wings –

As we – it were – that perished –
Themself – had just remained till we rejoin them –
And 'twas they, and not ourself
That mourned – (337)

*

I like a look of Agony,
Because I know it's true –
Men do not sham Convulsion,
Nor simulate, a Throe –

The eyes glaze once – and that is Death –
Impossible to feign

De Ceux qu'on lui arrache, l'Âme est proche
À des moments choisis –
Quand l'Obscur – semble Bizarrerie –
Le Clair – paraît – aisé –

Les Formes par nous ensevelies, résident,
Familières, dans les Chambres –
Nullement terni par le Sépulcre,
Le Terreux Compagnon vient –

Vêtu de la Veste même qu'il portait –
Longtemps boutonnée dans la Glaise
Des matins d'antan – de nos jeux d'Enfant –
Un monde – nous divise –

La Tombe restitue ses Rapines –
Les Années, nos Trésors pillés –
De lumineux Groupes d'Apparitions
De leurs ailes, nous saluent –

Comme si c'était – nous – qui avions péri –
Et qu'eux – fussent restés à nous attendre –
Comme si c'était eux, et non pas nous
Les endeuillés –

*

J'aime un regard d'Agonie,
Car je sais qu'il est vrai –
On ne singe pas la Convulsion,
On ne feint pas, des Affres –

L'œil se fige d'un coup – et c'est la Mort –
Impossible de simuler

The Beads opon the Forehead
By homely Anguish strung. (339)

*

I felt a Funeral, in my Brain,
And Mourners to and fro
Kept treading – treading – till it seemed
That Sense was breaking through –

And when they all were seated,
A Service, like a Drum –
Kept beating – beating – till I thought
My mind was going numb –

And then I heard them lift a Box
And creak across my Soul
With those same Boots of Lead, again,
Then Space – began to toll,

As all the Heavens were a Bell,
And Being, but an Ear,
And I, and Silence, some strange Race
Wrecked, solitary, here –

And then a Plank in Reason, broke,
And I dropped down, and down –
And hit a World, at every plunge,
And Finished knowing – then – (340*)

*

Les Perles sur le Front
Par la fruste Angoisse enfilées.

*

Je perçus des Funérailles, dans mon Cerveau,
Un Convoi allait et venait,
Il marchait – marchait sans fin – je crus
Que le Sens faisait irruption –

Puis quand tous furent assis,
Un Office, comme un Tambour –
Se mit à battre – à battre – on eût dit
Que mon esprit devenait gourd –

Puis j'entendis soulever une Caisse
Et de nouveau crisser dans mon Âme
Des pas, avec ces mêmes Bottes de Plomb,
Puis l'Espace – sonna le glas,

Comme si tous les Cieux étaient une Cloche,
Et l'Être, rien qu'une Oreille,
Et le Silence, et Moi, une Race étrange
Ici naufragée, solitaire –

Puis une Planche dans la Raison, céda,
Et je tombai, tombai encore –
Je heurtais un Monde, à chaque plongée,
Et Cessai de connaître – alors –

*

How noteless Men, and Pleiads, stand,
Until a sudden sky
Reveals the fact that One is rapt
Forever from the eye –

Members of the Invisible,
Existing, while we stare,
In Leagueless Opportunity,
O'ertakeless, as the Air –

Why did'nt we detain Them?
The Heavens with a smile,
Sweep by our disappointed Heads,
Without a syllabe – (342)

*

It was not Death, for I stood up,
And all the Dead, lie down –
It was not Night, for all the Bells
Put out their Tongues, for Noon.

It was not Frost, for on my Flesh
I felt Siroccos – crawl –
Nor Fire – for just my marble feet
Could keep a Chancel, cool –

And yet, it tasted, like them all,
The Figures I have seen
Set orderly, for Burial,
Reminded me, of mine –

Combien obscurs les Hommes, les Pléiades,
Avant qu'un ciel soudain
Révèle qu'à jamais l'Un d'eux
Est soustrait à la vue –

Membres de l'Invisible, ils existent,
Sous nos yeux écarquillés,
Dans l'Immensité du Possible,
Insaisissables, comme l'Air –

Pourquoi ne pas Les avoir retenus ?
Les Cieux en souriant,
Frôlent nos Têtes désappointées,
Sans une syllabe –

*

Ce n'était pas la Mort, car j'étais debout
Et que tous les Morts, gisent –
Ce n'était pas la Nuit, car toutes les Cloches,
Langue dardée, sonnaient Midi.

Ce n'était pas le Gel, car sur ma Chair
Je sentais – ramper – des Siroccos –
Ni le Feu – car le seul Marbre de mes pieds
Eût gardé frais, un Sanctuaire –

Pourtant, j'éprouvais tout cela ensemble,
Les Formes que j'ai vues
Apprêtées, pour l'Enterrement,
Me rappelaient la mienne –

As if my life were shaven,
And fitted to a frame,
And could not breathe without a key,
And 'twas like Midnight, some –

When everything that ticked – has stopped –
And spaces stares – all around –
Or Grisly frosts – first Autumn morns,
Repeal the Beating Ground –

But, most, like Chaos – Stopless – cool –
Without a Chance, or spar –
Or even a Report of Land –
To justify – Despair. (355*)

*

If you were coming in the Fall,
I'd brush the Summer by
With half a smile, and half a spurn,
As Housewives do, a Fly.

If I could see you in a year,
I'd wind the months in balls –
And put them each in separate Drawers,
For fear the numbers fuse –

If only Centuries, delayed,
I'd count them on my Hand,
Subtracting, till my fingers dropped
Into Van Dieman's Land.

If certain, when this life was out –
That your's and mine, should be –

Comme si pour l'adapter à un cadre,
On eût rogné ma vie,
Et qu'elle ne pût respirer sans clé,
On aurait dit Minuit –

Quand tout ce qui tictaque – stoppe –
Et que partout – bée l'espace –
Ou que l'Affreux gel – aux matins d'Automne,
Abolit le Sol Palpitant –

Mais, surtout, le Chaos – Sans bornes – froid –
Sans une Chance, ou un espar –
Ni même l'Annonce d'une Terre –
Pour justifier – le Désespoir.

*

Si tu devais venir à l'Automne,
Je chasserais l'Été,
Comme mi-sourire, mi-dédain,
La Ménagère, une Mouche.

Si je pouvais te revoir dans un an,
Je roulerais les mois en boules –
Et les mettrais chacun dans son Tiroir,
De peur que leurs nombres se mêlent –

Si tu tardais un tant soit peu, des Siècles,
Je les compterais sur ma Main,
Les soustrayant, jusqu'à la chute de mes doigts
En Terre de Van Diemen.

Si j'étais sûre que, cette vie passée –
La tienne et la mienne, soient –

I'd toss it yonder, like a Rind,
And take Eternity –

But, now, uncertain of the length
Of this, that is between,
It goads me, like the Goblin Bee –
That will not state – it's sting. (356*)

*

Perhaps I asked too large –
I take – no less than skies –
For Earths, grow thick as
Berries, in my native Town –

My Basket holds – just – Firmaments –
Those – dangle easy – on my arm,
But smaller bundles – Cram. (358)

*

A Bird, came down the Walk –
He did not know I saw –
He bit an Angle Worm in halves
And ate the fellow, raw,

And then, he drank a Dew
From a convenient Grass –
And then hopped sidewise to the Wall
To let a Beetle pass –

Je la jetterais, comme la Peau d'un fruit,
Pour mordre dans l'Éternité –

Mais, incertaine que je suis de la durée
De ce présent, qui les sépare,
Il me harcèle, Maligne Abeille –
Dont se dérobe – le dard.

*

Peut-être étais-je trop gourmande –
Il me faut – des ciels à tout le moins –
Car les Terres, foisonnent autant
Que les Baies, dans ma Ville natale –

Mon Panier ne contient – que – des Firmaments –
Ceux-là – à mon bras – aisément se balancent,
Quand de moindres ballots sont – Accablants.

*

Un Oiseau, avança dans l'Allée –
Je le voyais à son insu –
De son bec il coupa un Lombric
Qu'il avala, tout cru,

Puis, sur une Herbe à portée
Il but de la Rosée –
Puis, sautillant de biais jusqu'au Mur,
S'effaça devant un Scarabée –

He glanced with rapid eyes,
That hurried all abroad –
They looked like frightened Beads, I thought,
He stirred his Velvet Head. –

Like one in danger, Cautious,
I offered him a Crumb,
And he unrolled his feathers,
And rowed him softer Home –

Than Oars divide the Ocean,
Too silver for a seam,
Or Butterflies, off Banks of Noon,
Leap, plashless as they swim. (359*)

*

The Soul has Bandaged moments –
When too appalled to stir –
She feels some ghastly Fright come up
And stop to look at her –

Salute her, with long fingers –
Caress her freezing hair –
Sip, Goblin, from the very lips
The Lover – hovered – o'er –
Unworthy, that a thought so mean
Accost a Theme – so – fair –

The Soul has moments of escape –
When bursting all the doors –
She dances likes a Bomb, abroad,
And swings opon the Hours,

Il lançait des regards très vifs,
En hâte, tout alentour –
Ses yeux semblaient des Perles effarées,
Il secoua sa Tête de Velours. –

Comme en péril, Circonspect,
Je lui offris une Miette,
Alors il déplia ses plumes
Et rama vers son Nid –

Plus doucement que Rames, de l'Océan
Divisent l'argent lisse,
Ou que des Rives de Midi, plongent
Les Papillons, sans clapotis.

*

L'Âme connaît des moments de Garrot –
Où figée par l'effroi –
Elle sent qu'une Horreur sans nom approche
Et s'arrête pour la fixer –

La saluer, de ses longs doigts –
Caresser ses cheveux froids –
Boire, Gnome, aux lèvres mêmes
Sur quoi – planait – l'Amant –
Une infâmie, que si vile pensée
Aborde un si – beau – Thème –

L'Âme connaît des moments d'évasion –
Où enfonçant toutes les portes –
Elle danse, dans les airs, comme une Bombe
Et se balance sur les Heures,

As do the Bee – delirious borne –
Long Dungeoned from his Rose –
Touch Liberty – then know no more –
But Noon, and Paradise –

The Soul's retaken moments –
When, Felon led along,
With shackles on the plumed feet,
And staples, in the song,

The Horror welcomes her, again,
These, are not brayed of Tongue – (360)

*

Like Flowers, that heard the news of Dews,
But never deemed the dripping prize
Awaited their – low Brows –

Or Bees – that thought the Summer's name
Some rumor of Delirium,
No Summer – could – for Them –

Or Arctic Creatures, dimly stirred –
By Tropic Hint – some Travelled Bird
Imported to the Wood –

Or Wind's bright signal to the Ear –
Making that homely, and severe,
Contented, known, before –

Comme, longtemps Cloîtrée loin de sa Rose –
L'Abeille – en son vol de délire –
Touche à la Liberté – oubliant tout –
Sauf Midi, et le Paradis –

Mais les moments de reprise –
Où, Criminelle qu'on emmène,
Avec des fers à ses pieds emplumés
Et des rivets, dans son chant,

L'Horreur l'étreint à nouveau, ces moments
Quelle Langue peut les hurler –

*

Comme des Fleurs, ayant ouï parler de Rosées,
Sans penser que cette humide couronne
Attendait leur – humble Front –

Ou des Abeilles – prenant le nom de l'Été
Pour la rumeur d'un Délire
Dont nul Été – ne Les pourrait – emplir –

Ou d'Arctiques Créatures, troublées –
Par l'Accent Tropical – qu'à la Forêt
Apporte l'Oiseau Voyageur –

Ou le vif signal du Vent à l'Oreille –
Rendant banal, et austère,
Ce qui, connu, comblait hier –

The Heaven — unexpected come,
To Lives that thought the Worshipping
A too presumptuous Psalm — (361)

*

I know a place where Summer strives
With such a practised Frost —
She — each year — leads her Daisies back —
Recording briefly — "Lost" —

But when the South Wind stirs the Pools
And struggles in the lanes —
Her Heart misgives Her, for Her Vow —
And she pours soft Refrains

Into the lap of Adamant —
And spices — and the Dew —
That stiffens quietly to Quartz —
Opon her Amber Shoe — (363)

*

As far from pity, as complaint —
As cool to speech — as stone —
As numb to Revelation
As if my Trade were Bone —

As far from Time — as History —
As near yourself — Today —
As Children, to the Rainbow's scarf —
Or Sunset's Yellow play

Le Ciel – à l'improviste advient
Aux Vies qui croyaient l'Adoration
Un trop présomptueux Psaume –

*

Je sais un lieu où l'Été lutte
Contre un Gel si expert –
Que – tous les ans – ramenant ses Pâquerettes –
Elle note en bref – « Perdues » –

Mais quand le Vent du Sud éveille les Étangs
Et se démène sur les chemins –
Son Cœur La trahit, touchant Son Serment –
Et dans le giron Adamantin

Elle verse de doux Refrains –
Des épices – et la Rosée –
Qui sans bruit se fige en Quartz –
Sur son Chausson Ambré –

*

Aussi loin de la pitié, que la plainte –
Aussi sourde au discours – que le roc –
Aussi fermée à la Révélation
Que si je faisais Métier d'Os –

Aussi loin du Temps – que l'Histoire –
Aussi près de toi – Aujourd'hui –
Que les Enfants, de l'écharpe Arc-en-ciel
Ou les jeux Ambrés du Couchant

To eyelids in the Sepulchre –
How dumb the Dancer lies –
While Color's Revelations break –
And blaze – the Butterflies! (364*)

*

I know that He exists.
Somewhere – in silence –
He has hid his rare life
From our gross eyes.

'Tis an instant's play –
'Tis a fond Ambush –
Just to make Bliss
Earn her own surprise!

But – should the play
Prove piercing earnest –
Should the glee – glaze –
In Death's – stiff – stare –

Would not the fun
Look too expensive!
Would not the jest –
Have crawled too far! (365*)

*

Those fair – fictitious People –
The Women – plucked away

De paupières dans le Sépulcre –
Muette la Danseuse – quand éclosent
Les Révélations de la Couleur –
Que flamboient – les Papillons !

*

Il existe, je le sais.
Quelque part – dans le silence –
Sa vie rare est cachée
À nos frustes regards.

C'est un jeu passager –
Une tendre Embuscade –
Le Bonheur est surprise
Qui doit se mériter !

Mais – si le jeu s'avérait
D'un sérieux mortel –
Si la joie – se figeait –
Dans l'œil – vitreux – du Cadavre –

Ne serait-ce pas faire payer cher
La plaisanterie !
Pousser un peu trop loin –
La rampante farce !

*

Ces Êtres de beauté – fictifs –
Les Femmes – arrachées

From our familiar Lifetime –
The Men of Ivory –

Those Boys and Girls, in Canvas –
Who stay opon the Wall
In everlasting Keepsake –
Can anybody tell?

We trust – in places perfecter –
Inheriting Delight
Beyond our faint Conjecture –
Our dizzy Estimate –

Remembering ourselves, we trust –
Yet Blesseder – than we –
Through Knowing – where we only hope –
Receiving – where we – pray –

Of Expectation – also –
Anticipating us
With transport, that would be a pain
Except for Holiness –

Esteeming us – as Exile –
Themself – admitted Home –
Through gentle Miracle of Death –
The Way ourself, must come – (369*)

*

After great pain, a formal feeling comes –
The Nerves sit ceremonious, like Tombs –
The stiff Heart questions "was it He, that bore,"
And "Yesterday, or Centuries before"?

À notre Existence familière —
Les Hommes d'Ivoire —

Ces Garçons et Filles, de Toile —
Demeurant sur le Mur
En gage d'éternel Souvenir —
Qui peut dire où ils sont ?

Nous l'espérons — en des lieux — plus parfaits —
Héritiers d'une Joie
Qui dépasse nos faibles Conjectures —
Nos folles Hypothèses —

Se souvenant de nous, nous l'espérons —
Mais plus que nous — Bienheureux —
Car ils Savent — quand nous n'avons qu'espoir —
Reçoivent — quand nous — prions —

Dans l'Attente — eux aussi —
Anticipant notre venue
Avec un transport, qui serait douleur
N'était sa Sainteté —

Nous considérant — en Exil —
Et eux — admis en la Demeure —
Par le Miracle bénin de la Mort —
Ce Chemin, que nous devrons prendre —

*

À une grande douleur, succède un calme solennel —
Les Nerfs ont un air compassé, de Tombes —
Le Cœur gourd se demande si c'est Lui, qui a souffert,
Et si c'était il y a des Siècles, ou Hier ?

The Feet, mechanical, go round –
A Wooden way
Of Ground, or Air, or Ought –
Regardless grown,
A Quartz contentment, like a stone –

This is the Hour of Lead –
Remembered, if outlived,
As Freezing persons, recollect the Snow –
First – Chill – then Stupor – then the letting go –
   (372*)

*

This World is not conclusion.
A Species stands beyond –
Invisible, as Music –
But positive, as Sound –
It beckons, and it baffles –
Philosophy, dont know –
And through a Riddle, at the last –
Sagacity, must go –
To guess it, puzzles scholars –
To gain it, Men have borne
Contempt of Generations
And Crucifixion, shown –
Faith slips – and laughs, and rallies –
Blushes, if any see –
Plucks at a twig of Evidence –
And asks a Vane, the way –
Much Gesture, from the Pulpit –

Les Pieds, en automates, vont –
Rigide ronde
Au Sol, à l'Air, à Tout –
Désormais inattentifs,
Un contentement de Quartz, de caillou –

C'est l'Heure de Plomb –
Y survit-on, on s'en souvient
Comme des gens en proie au Gel, se rappellent la Neige –
D'abord – un Frisson – puis la Torpeur – puis l'abandon –

*

Ce Monde n'est pas conclusion.
Un Ordre existe au-delà –
Invisible, comme la Musique –
Mais réel, comme le Son –
Il attire, et il égare –
La Philosophie, ne sait –
Et par une Énigme, au terme –
La Sagacité, doit passer –
Son concept, échappe aux savants –
Sa conquête a valu à des Hommes
Le Mépris de Générations
Et la Crucifixion –
La Foi glisse – rit, et se reprend –
Rougit, devant témoin –
S'accroche à un fétu d'Évidence –
Et sur la Girouette, s'oriente –
Gesticulations en Chaire –

Strong Hallelujahs roll —
Narcotics cannot still the Tooth
That nibbles at the soul — (373*)

*

It will be Summer — eventually.
Ladies — with parasols —
Sauntering Gentlemen — with Canes —
And little Girls — with Dolls —

Will tint the pallid landscape —
As 'twere a bright Boquet —
Tho' drifted deep, in Parian —
The Village lies — today —

The Lilacs — bending many a year —
Will sway with purple load —
The Bees — will not despise the tune —
Their Forefathers — have hummed —

The Wild Rose — redden in the Bog —
The Aster — on the Hill
Her everlasting fashion — set —
And Covenant Gentians — frill —

Till Summer folds her miracle —
As Women — do — their Gown —
Or Priests — adjust the Symbols —
When Sacrament — is done — (374*)

Grondements d'Alléluias –
Nul Opium ne peut calmer la Dent
Qui ronge l'âme –

*

Ce sera l'Été – tôt ou tard.
Des Dames – avec ombrelles –
Des Messieurs flânant – avec Cannes –
Des Fillettes – avec Poupées –

Coloreront le paysage blême –
Comme un éclatant Bouquet –
Bien que le Bourg, sous du Paros –
En ce jour – soit enseveli –

Les Lilas – ployant depuis mainte année –
Balanceront leur fardeau pourpre –
Les Abeilles – ne bouderont pas le chant –
Qu'ont bourdonné – leurs Ancêtres –

L'Églantine – rougira au Marais –
L'Aster – sur la Colline
Lancera – sa mode éternelle –
La Gentiane – ses plissés –

Puis l'Été repliera son miracle –
Comme les Femmes – plient – leur Robe –
Ou les Prêtres – rangent les Symboles –
Le Sacrement – administré –

I cannot dance opon my Toes –
No Man instructed me –
But oftentimes, among my mind,
A Glee possesseth me,

That had I Ballet Knowledge –
Would put itself abroad
In Pirouette to blanch a Troupe –
Or lay a Prima, mad,

And though I had no Gown of Gauze –
No Ringlet, to my Hair,
Nor hopped for Audiences – like Birds –
One Claw opon the air –

Nor tossed my shape in Eider Balls,
Nor rolled on wheels of snow
Till I was out of sight, in sound,
The House encore me so –

Nor any know I know the Art
I mention – easy – Here –
Nor any Placard boast me –
It's full as Opera – (381*)

*

Empty my Heart, of Thee –
It's single Artery –
Begin, and leave Thee out –
Simply Extinction's Date –

*

Je ne sais pas danser sur mes Orteils –
Nul Homme ne m'a instruite –
Mais maintes fois, en pensée,
Une Jubilation me saisit,

Qui si j'étais Experte en Ballet –
Se traduirait en Cabriole
À faire pâlir une Troupe –
Ou rendre une Étoile, folle,

Et sans avoir de Robe de Tulle –
Ni de Frisottis, sur la Tête,
Ni sautiller pour des Publics – comme un Oiseau –
Une Griffe en l'Air –

Ni lancer mon corps en Boules d'Eider,
Ni rouler sur des roues de neige
Avant d'être hors de vue, dans le son,
Tant la Salle m'acclame –

Ni que l'on sache que je sais l'Art
Dont je parle – à l'aise – Ici –
Ni qu'aucune Affiche ne me vante –
C'est plein comme l'Opéra –

*

Vider mon Cœur, de Toi –
Son unique Artère –
Commencer, et T'omettre –
Simple Date d'Extinction –

Much Billow hath the Sea –
One Baltic – They –
Subtract Thyself, in play,
And not enough of me
Is left – to put away –
"Myself" meant Thee –

Erase the Root – no Tree –
Thee – then – no me –
The Heavens stripped –
Eternity's vast pocket, picked. (393)

*

I took one Draught of Life –
I'll tell you what I paid –
Precisely an existence –
The market price, they said.

They weighed me, Dust by Dust –
They balanced Film with Film,
Then handed me my Being's worth –
A single Dram of Heaven! (396*)

*

The Morning after Wo –
'Tis frequently the Way –
Surpasses all that rose before –
For utter Jubilee –

Plus d'une Vague a la Mer –
Elles – une seule Baltique –
Soustrais-Toi, par jeu,
Et de moi il ne reste plus
Assez – à ôter –
« Moi » voulait dire Toi –

Détruis la Racine – pas d'Arbre –
Sans Toi – donc – pas de moi –
Dépouillés, les Cieux –
Pillée, la vaste poche de l'Éternité.

*

J'ai bu une Gorgée de Vie –
Savez-vous ce que j'ai payé –
Exactement une existence –
Le prix, ont-ils dit, du marché.

Ils m'ont pesée, grain par grain de Poussière –
Ont mis en balance Pellicule contre Pellicule,
Puis m'ont donné la valeur de mon Être –
Une unique Goutte de Ciel !

*

Le Matin après le Malheur –
C'est fréquemment Ainsi –
Surpasse tout ce qui l'a précédé –
En extrême Liesse –

As Nature did not Care –
And piled her Blossoms on –
The further to parade a Joy
Her Victim stared opon –

The Birds declaim their Tunes –
Pronouncing every word
Like Hammers – Did they know they fell
Like Litanies of Lead –

On here and there – a creature –
They'd modify the Glee
To fit some Crucifixal Clef –
Some key of Calvary – (398*)

*

Departed – to the Judgment –
A Mighty – Afternoon –
Great Clouds – like Ushers – leaning –
Creation – looking on –

The Flesh – Surrendered – Cancelled –
The Bodiless – begun –
Two Worlds – like Audiences – disperse –
And leave the Soul – alone – (399*)

*

Dare you see a Soul at the "White Heat"?
Then crouch within the door –

Comme si la Nature s'en Moquait –
Entassait Fleur sur Fleur –
Pour étaler plus encore une Joie
Contemplée par sa Victime –

Les Oiseaux déclament leurs Chants –
Assenant chaque parole
Comme Marteaux – S'ils savaient qu'elles tombent
En Litanies de Plomb –

Sur une créature – ici ou là –
Ils moduleraient l'Allégresse
Selon une Clef Crucifixiale –
Une clef de Calvaire –

*

En allée – au Jugement –
Par un Suprême – Après-midi –
De grands Nuages – Huissiers – s'inclinant –
La Création – pour témoin –

La Chair – Livrée – Annulée –
Commence – l'Incorporel –
Deux Mondes – Audiences – se dispersent –
Et laissent l'Âme – seule –

*

Oses-tu voir une Âme en « Incandescence » ?
Alors blottis-toi sur le seuil –

Red – is the Fire's common tint –
But when the quickened Ore

Has sated Flame's conditions –
She quivers from the Forge
Without a color, but the Light
Of unannointed Blaze –

Least Village, boasts it's Blacksmith –
Whose Anvil's even ring
Stands symbol for the finer Forge
That soundless tugs – within –

Refining these impatient Ores
With Hammer, and with Blaze
Until the designated Light
Repudiate the Forge – (401*)

*

I reason, Earth is short –
And Anguish – absolute –
And many hurt,
But, what of that?

I reason, we could die –
The best Vitality
Cannot excel Decay,
But, what of that?

I reason, that in Heaven –
Somehow, it will be even –
Some new Equation, given –
But, what of that? (403*)

Le Rouge – est la teinte commune du Feu –
Mais lorsque le vif Minerai

A surmonté l'épreuve de la Flamme –
Il frémit au sortir de la Forge
Sans couleur, sinon la Lumière
Du Brasier non consacré –

Le moindre Village, est fier d'avoir son Forgeron –
Dont le son égal de l'Enclume
Est le symbole de la Forge plus subtile
Qui sans bruit travaille – au-dedans –

Affinant ces impatients Minerais
Avec Brasier, et Marteau
Jusqu'à ce que la Lumière choisie
Répudie la Forge –

*

Je me dis : la Terre est brève –
L'Angoisse – absolue –
Nombreux les meurtris,
Et puis après ?

Je me dis : on pourrait mourir –
La meilleure Vitalité
Ne peut surpasser la Pourriture,
Et puis après ?

Je me dis qu'au Ciel, d'une façon –
Il y aura compensation –
Don d'une nouvelle Équation –
Et puis après ?

*

One need not be a Chamber – to be Haunted –
One need not be a House –
The Brain has Corridors – surpassing
Material Place –

Far safer, of a midnight meeting
External Ghost
Than it's interior confronting –
That cooler Host –

Far safer, through an Abbey gallop,
The Stones a'chase –
Than unarmed, one's a'self encounter –
In lonesome Place –

Ourself behind ourself, concealed –
Should startle most –
Assassin hid in our Apartment
Be Horror's least –

The Body – borrows a Revolver –
He bolts the Door –
O'erlooking a superior spectre –
Or More – (407*)

*

The Soul selects her own Society –
Then – shuts the Door –

*

Pour être Hanté – nul besoin de Chambre –
Nul besoin de Maison –
Le Cerveau a des Couloirs – pires
Qu'un Lieu Matériel –

Bien plus sûre, la nocturne rencontre
D'un Fantôme extérieur
Que l'affrontement de l'intime –
Cet Hôte plus froid –

Bien plus sûr, de galoper dans une Abbaye,
Les Pierres à ses trousses –
Que sans armes, se battre contre soi –
Dans un Endroit désert –

Soi derrière soi, dissimulé –
Voilà la plus grande alarme –
De l'Assassin caché au Domicile
Bien moindre est l'Horreur –

Le Corps – s'empare d'un Revolver –
Il verrouille la Porte –
Oubliant un spectre supérieur
Ou Plus encore –

*

L'Âme choisit sa Compagnie –
Puis – ferme la Porte –

To her divine Majority —
Present no more —

Unmoved — she notes the Chariots — pausing —
At her low Gate —
Unmoved — an Emperor be kneeling
Opon her Mat —

I've known her — from an ample nation —
Choose One —
Then — close the Valves of her attention —
Like Stone — (409*)

*

Mine — by the Right of the White Election!
Mine — by the Royal Seal!
Mine — by the sign in the Scarlet prison —
Bars — cannot conceal!

Mine — here — in Vision — and in Veto!
Mine — by the Grave's Repeal —
Titled — Confirmed —
Delirious Charter!
Mine — long as Ages steal! (411*)

*

The Months have ends — the Years — a knot —
No Power can untie
To stretch a little further
A Skein of Misery —

À sa Majorité divine –
Ne présentez nul autre –

Impassible – elle voit les Chars – faire halte –
Devant son humble Grille –
Impassible – un Empereur fût-il à genoux
Sur le tapis du Seuil –

Je l'ai vue – dans une ample nation –
En élire Un –
Puis – tel un Minéral – clore les Valves
De son attention –

*

Mien – par le Droit de la Blanche Élection !
Mien – par le Sceau Royal !
Mien – par le signe dans l'Écarlate prison –
Que Barreaux – ne peuvent celer !

Mien – ici – dans la Vision – et le Veto !
Mien – par Révocation du Tombeau –
Titrée – Confirmée –
Délirante Charte !
Mien – tant que les Ères voleront !

*

Les Mois ont une fin – les Ans – un nœud –
Que nul Pouvoir ne peut défaire
Pour étirer encore un peu
L'Écheveau du Malheur –

The Earth lays back these tired lives
In her mysterious Drawers –
Too tenderly, that any doubt
An ultimate Repose –

The manner of the Children –
Who weary of the Day –
Themself – the noisy Plaything
They cannot put away – (416)

*

The first Day's Night had come –
And grateful that a thing
So terrible – had been endured –
I told my Soul to sing –

She said her strings were snapt –
Her Bow – to atoms blown –
And so to mend her – gave me work
Until another Morn –

And then – a Day as huge
As Yesterdays in pairs,
Unrolled it's horror in my face –
Until it blocked my eyes –

My Brain – begun to laugh –
I mumbled – like a fool –
And tho' 'tis Years ago – that Day –
My Brain keeps giggling – still.

La Terre remet ces vies fatiguées
Dans ses Tiroirs mystérieux –
Trop tendrement, pour que l'on doute
D'un ultime Repos –

À la façon des Enfants –
Lassés de la Journée –
Eux-mêmes – Jouets turbulents
Qu'ils ne peuvent ranger –

*

La Nuit du premier Jour était venue –
Et heureuse qu'une épreuve
Aussi terrible – ait été endurée –
Je dis à mon Âme de chanter –

Elle répondit que ses cordes étaient cassées –
Son Archet – réduit en miettes –
La réparer – me donna donc de la besogne
Jusqu'à un autre Matin –

Mais alors – un Jour aussi énorme
Que des Hiers en couples,
Déroula devant moi son horreur –
Jusqu'à obstruer mes yeux –

Mon Cerveau – se mit à ricaner –
Je marmonnai – comme une idiote –
Et bien qu'il y ait des Années – depuis ce Jour –
Mon Cerveau s'esclaffe – encore.

*And Something's odd – within –
That person that I was –
And this One – do not feel the same –
Could it be Madness – this?* (423*)

*

*I see thee better – in the Dark –
I do not need a Light –
The Love of Thee – a Prism be –
Excelling Violet –*

*I see thee better for the Years
That hunch themselves between –
The Miner's Lamp – sufficient be –
To nullify the Mine –*

*And in the Grave – I see Thee best –
It's little Panels be
A'glow – All ruddy – with the Light
I held so high, for Thee –*

*What need of Day –
To Those whose Dark – hath so – surpassing Sun –
It deem it be – Continually –
At the Meridian?* (442*)

*

*It would have starved a Gnat –
To live so small as I –*

Et Quelque chose est bizarre – au-dedans –
Cette personne que j'étais –
Et Celle-ci – ne semblent pas les mêmes –
Serait-ce la Folie – cela?

*

Je te vois mieux – dans la Nuit –
Nul besoin de Lumière –
Mon Amour pour Toi – est un Prisme –
Plus vif que le Violet –

Je te vois mieux avec les Ans
Qui dressent leur monticule –
Brille – la Lampe du Mineur –
Et la Mine s'annule –

Mieux que partout je Te vois – dans la Tombe –
Ses Panneaux étroits
S'illuminent – Tout vermeils – de la Lampe
Que je tins si haut, pour Toi –

Qu'ont-ils besoin de Jour –
Ceux dont la Nuit – possède – un Soleil si splendide –
Qu'il s'estime être – Sans cesse –
À son Zénith?

*

Cela eût affamé un Moucheron –
De vivre aussi menu que moi –

And yet, I was a living child —
With Food's nescessity

Opon me — like a Claw —
I could no more remove
Than I could coax a Leech away —
Or make a Dragon — move —

Nor like the Gnat — had I —
The privilege to fly
And seek a Dinner for myself —
How mightier He — than I!

Nor like Himself — the Art
Opon the Window Pane
To gad my little Being out —
And not begin — again — (444)

*

This was a Poet —
It is That
Distills amazing sense
From Ordinary Meanings —
And Attar so immense

From the familiar species
That perished by the Door —
We wonder it was not Ourselves
Arrested it — before —

Of Pictures, the Discloser —
The Poet — it is He —
Entitles Us — by Contrast —
To ceaseless Poverty —

Pourtant, j'étais un enfant vivant –
Et le besoin d'Aliment

M'étreignait – comme une Griffe –
Aussi impossible à ôter
Que de persuader une Sangsue –
Ou un Dragon – de s'écarter –

Ni du Moucheron – je n'avais –
Le privilège de voler
Pour aller en quête de Repas –
Il est bien plus puissant – que moi !

Ni comme Lui – l'Art
Contre la Vitre
De précipiter mon petit Être –
Sans avoir à – renaître –

*

C'était un Poète –
Cet Être
Qui extrait un sens surprenant
De Signes Ordinaires –
Une si vaste Essence

Des espèces familières
Ayant péri à la Porte –
Qu'on s'étonne de ne pas Soi-même
L'avoir captée – d'abord –

D'Images, Révélateur –
Le Poète – Lui et nul autre –
Nous investit – par Contraste –
D'une incessante Pauvreté –

Of Portion – so unconscious –
The Robbing – could not harm –
Himself – to Him – a Fortune –
Exterior – to Time – (446*)

*

I died for Beauty – but was scarce
Adjusted in the Tomb
When One who died for Truth, was lain
In an adjoining Room –

He questioned softly "Why I failed"?
"For Beauty", I replied –
"And I – for Truth – Themself are one –
We Bretheren, are", He said –

And so, as Kinsmen, met a Night –
We talked between the Rooms –
Until the Moss had reached our lips –
And covered up – Our names – (448*)

*

Our journey had advanced –
Our feet were almost come
To that odd Fork in Being's Road –
Eternity – by Term –

Our pace took sudden awe –
Our feet – reluctant – led –

De la Partie — si inconscient —
Qu'un Vol ne le saurait léser —
Lui-même — pour Lui — Trésor —
Au Temps — étranger —

*

Je mourus pour la Beauté — mais à peine
Étais-je ajustée dans la Tombe
Qu'un Être mort pour la Vérité, fut couché
Dans une Chambre adjacente —

« Pourquoi tombée ? » souffla-t-il
« Pour la Beauté », répondis-je —
« Et moi — pour la Vérité — Elles ne font qu'Un —
Frères nous sommes », dit-Il —

Alors, comme des Parents, réunis un Soir —
Nous causâmes de Chambre à Chambre —
Avant que la Mousse ait atteint nos lèvres —
Et recouvert — Nos noms —

*

Notre voyage était avancé —
Nos pieds avaient atteint presque
Cette étrange Croisée sur la Route de l'Être —
Son Terme — Éternité —

Notre marche soudain s'effraie —
Nos pieds — réticents — nous entraînent —

Before – were Cities – but Between –
The Forest of the Dead –

Retreat – was out of Hope –
Behind – a Sealed Route –
Eternity's White Flag – Before –
And God – at every Gate – (453*)

*

A long – long Sleep –
A famous – Sleep –
That makes no show for Morn –
By Stretch of Limb – or stir of Lid –
An independent One –

Was ever idleness like This?
Opon a Bank of Stone
To bask the Centuries away –
Nor once look up – for Noon? (463*)

*

The name – of it – is "Autumn" –
The hue – of it – is Blood –
An Artery – opon the Hill –
A Vein – along the Road –

Great Globules – in the Alleys –
And Oh, the Shower of Stain –
When Winds – upset the Basin –
And spill the Scarlet Rain –

Devant – il y a des Villes – mais en Deçà –
C'est la Forêt des Morts –

De retraite – nul Espoir –
Derrière – une Route Bloquée –
Devant – le Drapeau Blanc de l'Éternité –
Et Dieu – à toutes les Portes –

*

Un long – long Sommeil –
Un Sommeil – fabuleux –
Sans aucun signe de Matin –
Bras Étiré – Œil entrouvert –
Un Sommeil de nanti –

Vit-on jamais Pareille oisiveté ?
Sur une Rive de Granit
Lézarder au long des Siècles –
Sans guetter là-haut – Midi ?

*

Son – nom – est « Automne » –
Sa – couleur – est Sang –
Une Artère – sur la Colline –
Une Veine – au long du Chemin –

De gros Globules – dans les Allées –
Et Oh, l'Averse de Couleur –
Quand les Vents – renversant le Bassin –
Répandent la Pluie Écarlate –

It sprinkles Bonnets – far below –
It gathers ruddy Pools –
Then – eddies like a Rose – away –
Opon Vermillion Wheels – (465)

*

I dwell in Possibility –
A fairer House than Prose –
More numerous of Windows –
Superior – for Doors –

Of Chambers as the Cedars –
Impregnable of eye –
And for an everlasting Roof
The Gambrels of the Sky –

Of Visitors – the fairest –
For Occupation – This –
The spreading wide my narrow Hands
To gather Paradise – (466*)

*

A Solemn thing within the Soul
To feel itself get ripe –
And golden hang – while farther up –
The Maker's Ladders stop –
And in the Orchard far below –
You hear a Being – drop –

Elle arrose les Bonnets – tout en bas –
Forme des Flaques rouges –
Puis – comme une Rose – tournoie au loin –
Sur des Roues Vermillon –

*

J'habite le Possible –
Maison plus belle que la Prose –
Aux Croisées plus nombreuses –
Aux Portes – plus hautes –

Des Salles comme les Cèdres –
Imprenables pour l'Œil –
Et pour Toit impérissable
Les Combles du Ciel –

Pour Visiteurs – les plus beaux –
Mon Occupation – Ceci –
Déplier tout grands mes Doigts étroits
Pour cueillir le Paradis –

*

Dans l'Âme qu'il est Solennel
De se sentir mûrir –
De pendre doré – alors que plus haut –
Cessent les Échelles du Créateur –
Et que dans le Verger loin en bas –
On entend un Être – choir –

A wonderful – to feel the sun
Still toiling at the cheek
You thought was finished –
Cool of eye, and critical of Work –
He shifts the stem – a little –
To give your Core – a look –

But solemnest – to know
Your chance in Harvest moves
A little nearer – Every sun
The single – to some lives. (467*)

*

To make One's Toilette – after Death
Has made the Toilette cool
Of only Taste we cared to please
Is difficult, and still –

That's easier – than Braid the Hair –
And make the Boddice gay –
When Eyes that fondled it are wrenched
By Decalogues – away – (471*)

*

He fumbles at your Soul
As Players at the Keys –
Before they drop full Music on –
He stuns you by Degrees –

Prodige – de sentir le soleil
Œuvrer encore à la joue
Qu'on croyait achevée –
L'œil froid, et critique envers son Ouvrage –
Il déplace la tige – à peine –
Pour donner au Cœur – un air –

Mais plus solennel que tout – savoir
Que pour soi la Récolte approche
Un peu plus – Chaque soleil
Pour quelques vies – l'unique.

*

Faire la Toilette – après que la Mort
A rendu la Toilette froide
Au seul Goût que l'on voulait satisfaire
Est difficile, et pourtant –

C'est plus aisé – que Tresser les Cheveux –
Et égayer le Corsage –
Quand par les Décalogues sont arrachés
Les yeux qui les caressaient –

*

Il tripote votre Âme
Comme un Pianiste le Clavier –
Avant de plaquer ses Accords –
Il vous étourdit par Degrés –

Prepares your brittle substance
For the etherial Blow
By fainter Hammers – further heard –
Then nearer – Then so – slow –

Your Breath – has chance to straighten –
Your Brain – to bubble cool –
Deals One – imperial Thunderbolt –
That peels your naked soul –

When Winds hold Forests in their Paws –
The Firmaments – are still – (477*)

*

Because I could not stop for Death –
He kindly stopped for me –
The Carriage held but just Ourselves –
And Immortality.

We slowly drove – He knew no haste
And I had put away
My labor and my leisure too,
For His Civility –

We passed the School, where Children strove
At Recess – in the Ring –
We passed the Fields of Gazing Grain –
We passed the Setting Sun –

Or rather – He passed Us –
The Dews drew quivering and Chill –

Prépare votre nature fragile
Au Heurt éthéré
Par de plus sourds Marteaux – au loin perçus –
Puis plus proches – Puis si – lents –

Que votre Souffle – a le temps de se reprendre –
Votre Cerveau – de se rasseoir –
Assène Un seul – Coup de tonnerre impérial –
Qui scalpe votre âme à nu –

Quand les Vents saisissent des Forêts dans leurs Griffes –
L'Univers – se tait –

*

Pour Mort ne pouvant m'arrêter –
Aimable il s'arrêta pour moi –
Dans la Calèche rien que Nous deux –
Et l'Immortalité.

Lent voyage – Lui était sans hâte
Et j'avais renoncé
À mon labeur, à mes loisirs aussi,
Pour Sa Civilité –

Nous passâmes l'École, où des Enfants luttaient
Dans le Cercle – à la Récréation –
Nous passâmes les Champs d'Épis aux Aguets –
Nous passâmes le Soleil Couchant –

Ou plutôt – Il Nous passa –
La Rosée perlait en gouttes Glacées –

*For only Gossamer, my Gown –
My Tippet – only Tulle –*

*We paused before a House that seemed
A Swelling of the Ground –
The Roof was scarcely visible –
The Cornice – in the Ground –*

*Since then – 'tis Centuries – and yet
Feels shorter than the Day
I first surmised the Horses' Heads
Were toward Eternity –* (479*)

*

*Presentiment – is that long shadow – on the Lawn –
Indicative that Suns go down –*

*The notice to the startled Grass
That Darkness – is about to pass –* (487)

*

*The Word – feels Dusty
When We stop to Die –
We want the Dew – then –
Honors – taste dry –*

*Flags – vex a Dying face –
But the least Fan
Stirred by a friend's Hand –
Cools – like the Rain –*

De simple Voile, ma Robe –
De Tulle – mon Collet –

Nous fîmes halte devant une Maison
Pareille à une Saillie du Sol –
Le Toit était à peine visible –
La Corniche – Ensevelie –

Il y a de cela – des Siècles – et pourtant
Ils semblent plus brefs que ce Jour
Où je m'avisai que la Tête des Chevaux
Pointait vers l'Éternité –

*

Pressentiment – cette Ombre longue – sur le Gazon –
Signe que les Soleils déclinent –

L'annonce à l'Herbe effarée
Que la Ténèbre – va passer –

*

Le Monde – a un goût de Poussière
Quand On s'arrête pour Mourir –
On désire alors – la Rosée –
Les Honneurs – sont arides –

L'Étendard – irrite un visage Mourant –
Mais le moindre Éventail
Agité par une Main amie –
Rafraîchit – comme la Pluie –

Mine be the Ministry
When thy Thirst comes –
Dews of Thessaly, to fetch –
And Hybla Balms – (491)

*

The Day undressed – Herself –
Her Garter – was of Gold –
Her Petticoat of Purple – just
Her Dimities – as old

Exactly – as the World –
And yet the newest Star –
Enrolled opon the Hemisphere –
Be wrinkled – much as Her –

Too near to God – to pray –
Too near to Heaven – to fear –
The Lady of the Occident
Retired without a Care –

Her Candle so expire
The Flickering be seen
On Ball of Mast – in Foreign Port –
And Spire – and Window Pane. (495*)

*

I lived on Dread –
To Those who know

Mien soit ce Ministère
Quand viendra ta Soif –
T'apporter les Rosées de Thessalie –
Les Baumes d'Hybla –

*

La Journée s'est déshabillée –
D'Or – Sa Jarretelle –
Son Jupon de Pourpre – strict –
Ses Cotons – aussi vieux

Exactement – que le Monde –
Et pourtant la plus jeune Étoile –
Enrôlée dans l'Hémisphère –
Sera ridée – comme Elle –

Trop près de Dieu – pour prier –
Trop près du Ciel – pour craindre –
La Dame du Couchant
Sereine s'est retirée –

Sa Bougie en sorte expire
Que la Lueur en est visible
Sur la Tête du Mât – en Port Étranger –
Sur le Clocher – et sur la Vitre.

*

Je vivais de Terreur –
Pour Ceux qui connaissent

*The stimulus there is
In Danger – Other impetus
Is numb – and vitalless –*

*As 'twere a Spur – opon the Soul –
A Fear will urge it where
To go without the spectre's aid
Were challenging Despair.* (498)

*

*Like Mighty Foot Lights – burned the Red
At Bases of the Trees –
The far Theatricals of Day
Exhibiting – to These –*

*'Twas Universe – that did applaud –
While Chiefest – of the Crowd –
Enabled by his Royal Dress –
Myself distinguished God –* (507*)

*

*A Pit – but Heaven over it –
And Heaven beside, and Heaven abroad;
And yet a Pit –
With Heaven over it.*

*To stir would be to slip –
To look would be to drop –
To dream – to sap the Prop*

Le stimulant que recèle
Le Danger – Toute autre impulsion
Est molle – et sans vitalité –

Comme un Éperon – dans l'Âme –
Une Peur la poussera là où
Aller sans le secours du spectre
Serait défier le Désespoir.

*

Comme Puissants Feux de Rampe – brûlait
Le Rouge au Pied des Arbres –
Le lointain Théâtre du Jour
Donné à Ceux-ci – en spectacle –

Et l'Univers – applaudissait –
Tandis qu'en Tête – de la Troupe –
Avertie par sa Tenue Royale –
Moi je distinguais Dieu –

*

Une Fosse – mais le Ciel au-dessus –
Le Ciel à côté, le Ciel à l'entour ;
Pourtant une Fosse –
Avec le Ciel au-dessus.

Un geste et on glisse –
Voir serait choir –
Rêver – saper l'Appui

That holds my chances up.
Ah! Pit! With Heaven over it!

The depth is all my thought –
I dare not ask my feet –
'Twould start us where we sit
So straight you'd scarce suspect
It was a Pit – with fathoms under it
It's Circuit just the same
Whose Doom to whom (508*)

*

The Spider holds a Silver Ball
In unperceived Hands –
And dancing softly to Himself
His Yarn of Pearl – unwinds –

He plies from nought to nought –
In unsubstantial Trade –
Supplants our Tapestries with His –
In half the period –

An Hour to rear supreme
His Continents of Light –
Then dangle from the Housewife's Broom –
His Boundaries – forgot – (513)

*

There is a pain – so utter –
It swallows substance up –

Qui supporte mes chances.
Ah! Fosse! Avec le Ciel au-dessus!

La profondeur me hante –
Je n'ose interroger mes pieds –
Quel choc, savoir où on se tient
Si droit qu'on ne se douterait guère
Que c'est une Fosse – sans fond
Jamais le Circuit n'en varie
Qui fixe à qui le Destin

*

L'Araignée en d'invisibles Mains
Tient une Pelote d'Argent –
Et dansant pour Soi en silence
Dévide – son Fil de Nacre –

Sa navette avec un Art immatériel –
Court du néant au néant –
Supplantant nos Tapisseries –
En moitié moins de temps –

Une Heure pour porter au pinacle
Ses Lumineux Continents –
Puis au bout du Balai pendiller –
Ses Frontières – oubliées –

*

Il est une douleur – si absolue –
Qu'elle engloutit toute substance –

Then covers the Abyss with Trance –
So Memory can step
Around – across – opon it –
As One within a Swoon –
Goes safely – where an open eye –
Would drop Him – Bone by Bone – (515*)

*

A still – Volcano – Life –
That flickered in the night –
When it was dark enough to do
Without erasing sight –

A quiet – Earthquake style –
Too subtle to suspect
By natures this side Naples –
The North cannot detect

The solemn – Torrid – Symbol –
The lips that never lie –
Whose hissing Corals part – and shut –
And Cities – ooze away – (517*)

*

This is my letter to the World
That never wrote to Me –
The simple News that Nature told –
With tender Majesty

Puis voile l'Abîme d'une Transe –
Ainsi la Mémoire peut se mouvoir
À travers – autour – au-dessus –
Comme un Somnambule –
Sans danger avance – là où l'œil ouvert –
Os après Os – Le ferait choir –

*

Morte – une Vie – de Volcan –
Clignotant dans la nuit –
Quand il fait assez sombre pour briller
Sans abolir la vue –

Un discret – mode de Séisme –
Trop subtil pour être suspecté
Par des natures de ce côté de Naples –
Le Nord ne peut détecter

Le solennel – Torride – Symbole –
Les lèvres toujours vraies –
Dont les sifflants Coraux s'ouvrent – se ferment –
Et des Cités – sont exsudées –

*

Ceci est ma lettre au Monde
Qui jamais ne M'écrivit –
Les simples Nouvelles dictées par la Nature –
Dans sa tendre Majesté

Her Message is committed
To Hands I cannot see –
For love of Her – Sweet – countrymen –
Judge tenderly – of Me (519*)

*

My period had come for Prayer –
No other Art – would do –
My Tactics missed a rudiment –
Creator – Was it you?

God grows above – so those who pray
Horizons – must ascend –
And so I stepped opon the North
To see this Curious Friend –

His House was not – no sign had He –
By Chimney – nor by Door –
Could I infer his Residence –
Vast Prairies of Air

Unbroken by a Settler –
Were all that I could see –
Infinitude – Had'st Thou no Face
That I might look on Thee?

The Silence condescended –
Creation stopped – for me –
But awed beyond my errand –
I worshipped – did not "pray" – (525*)

À des Mains que je ne puis voir
Son Message est livré –
Pour l'amour d'Elle – Doux – concitoyens –
Tendrement – jugez-Moi

*

Mon heure était venue de Prier –
Tout autre Art – était vain –
Un rudiment manquait à ma Tactique –
Créateur – Était-ce vous ?

Dieu croît en haut lieu – il faut quand on prie
Gravir – des Horizons –
Je grimpai donc au Nord
Pour voir ce Curieux Ami –

De Maison point – nul signe par quoi –
Cheminée – ou bien Porte –
Je pouvais déduire sa Résidence –
De vastes Prairies d'Air

Inviolées par le Colon –
C'est tout ce que je voyais –
Infinité – N'as-Tu pas de Visage
Que je puisse Te contempler ?

Le Silence condescendit –
La Création s'arrêta – pour moi –
Mais dans mon effroi – j'adorai –
Je ne « priai » pas –

*

It might be lonelier
Without the Loneliness –
I'm so accustomed to my Fate –
Perhaps the Other – Peace –

Would interrupt the Dark –
And crowd the little Room –
Too scant – by Cubits – to contain
The Sacrament – of Him –

I am not used to Hope –
It might intrude opon –
It's sweet parade – blaspheme the place –
Ordained to Suffering –

It might be easier
To fail – with Land in Sight –
Than gain – my Blue Peninsula –
To perish – of Delight – (535)

*

Must be a Wo –
A loss or so –
To bend the eye
Best Beauty's way –

But – once aslant
It notes Delight
As difficult
As Stalactite –

*

Je serais peut-être plus seule
Sans la Solitude –
Tant je me suis faite à mon Sort –
L'Autre – la Quiétude –

Pourrait rompre la Ténèbre –
Encombrer la petite Chambre –
Trop étriquée – de loin – pour contenir
Le Sacrement – de Sa Personne –

L'Espoir m'est étranger –
Il pourrait déranger –
Son doux cortège – profaner le lieu –
À la Souffrance consacré –

Il est peut-être plus facile
De faillir – la Terre en Vue –
Que de gagner – ma Bleue Péninsule –
Pour y périr – de Volupté –

*

Il faut un Malheur –
Sinon un deuil –
Pour plier l'œil
À la Beauté –

Mais – le pli pris
Ce sont Délices
Acrobatiques
Comme Stalactites –

*A Common Bliss
Were had for less –
The price – is
Even as the Grace –*

*Our Lord – thought no
Extravagance
To pay – a Cross –* (538)

*

*Unit, like Death, for Whom?
True, like the Tomb,
Who tells no secret
Told to Him –
The Grave is strict –
Tickets admit
Just two – the Bearer – and the Borne –
And seat – just One –
The Living – tell –
The Dying – but a syllable –
The Coy Dead – None –
No Chatter – here – No Tea –
So Babbler, and Bohea – stay there –
But Gravity – and Expectation – and Fear –
A tremor just, that all's not sure.* (543*)

*

*They dropped like Flakes –
They dropped like stars –*

Un Banal Bonheur
Serait moins cher —
Le prix — se mesure
À la Faveur —

Notre-Seigneur — ne jugea pas
Exorbitant
De payer — une Croix —

*

Pour Qui, un Module comme la Mort ?
Sûr, comme le Sépulcre,
Qui ne trahit aucun secret
À Lui révélé —
Stricte est la Tombe —
Billets d'entrée
Pour deux — le Porteur — et le Porté —
Et place — pour Un Seul —
Les Vivants — aux Mourants —
N'adressent — qu'une Syllabe —
Les Morts Discrets — Aucune —
Ni Papotage — ici — ni Thé —
Jaseur et Lapsong — s'abstiennent —
Mais Gravité — Attente — Appréhension —
Un frisson seulement, devant l'incertain.

*

Ils tombaient comme des Flocons —
Ils tombaient comme des étoiles —

Like Petals from a Rose —
When suddenly across the June
A Wind with fingers — goes —

They perished in the seamless Grass —
No eye could find the place —
But God can summon every face
On his Repealless — List. (545*)

*

I had not minded — Walls —
Were Universe — one Rock —
And far I heard his silver Call
The other side the Block —

I'd tunnel — till my Groove
Pushed sudden thro' to his —
Then my face take her Recompense —
The looking in his Eyes —

But 'tis a single Hair —
A filament — a law —
A Cobweb — wove in Adamant —
A Battlement — of Straw —

A limit like the Vail
Unto the Lady's face —
But every Mesh — a Citadel —
And Dragons — in the Crease — (554)

Comme les Pétales d'une Rose –
Quand soudain au milieu de Juin
Un Vent avec ses doigts – passe –

Ils périrent dans l'Herbe lisse –
Nul œil n'en trouverait le lieu –
Mais Dieu peut convoquer chaque visage
Sur son Irrévocable – Liste.

*

Je me soucierais peu – de Murs –
L'Univers fût-il – un Roc –
Tant que viendrait son Appel clair
De l'autre côté du Bloc –

Je creuserais – jusqu'à ce que mon Tunnel
S'ouvre soudain sur le sien –
Ma face aurait alors sa Récompense –
Mes yeux dans ses Yeux –

Mais il s'en faut d'un Cheveu –
D'un filament – d'une loi –
D'une Toile – tissée dans l'Acier –
D'un Rempart – de Paille –

D'un seuil pareil au Voile
Sur le visage de la Dame –
Mais chaque Maille – une Citadelle –
Et des Dragons – dans les Plis –

*

Did Our Best Moment last –
'Twould supersede the Heaven –
A few – and they by Risk – procure –
So this Sort – are not given –

Except as stimulants – in
Cases of Despair –
Or Stupor – The Reserve –
These Heavenly moments are –

A Grant of the Divine –
That Certain as it Comes –
Withdraws – and leaves the dazzled Soul
In her unfurnished Rooms – (560)

*

The Brain, within it's Groove
Runs evenly – and true –
But let a Splinter swerve –
'Twere easier for You –

To put a Current back –
When Floods have slit the Hills –
And scooped a Turnpike for Themselves –
And trodden out the Mills – (563)

*

*

Notre plus Beau Moment, s'il durait –
Détrônerait le Ciel –
Que peu – et par Risque – procurent –
Aussi n'en est-il – dispensé –

Que comme stimulants – dans
Les cas de Désespoir –
Ou de Stupeur – Une Réserve –
Que ces Célestes heures –

Un Don du Divin –
Qui Tout comme il est Venu –
Se retire – laissant l'Âme éblouie
Dans son Appartement nu –

*

Le Cerveau, dans son Sillon
Glisse égal – et fidèle –
Mais qu'une Parcelle dévie –
Il serait plus facile –

D'endiguer un Torrent –
Quand les Crues ont clivé les Collines –
Creusé leur propre Grand-Route –
Piétiné les Moulins –

*

I tried to think a lonelier Thing
Than any I had seen –
Some Polar Expiation – An Omen in the Bone
Of Death's tremendous nearness –

I probed Retrieveless things
My Duplicate – to borrow –
A Haggard comfort springs

From the belief that Somewhere –
Within the Clutch of Thought –
There dwells one other Creature
Of Heavenly Love – forgot –

I plucked at our Partition –
As One should pry the Walls –
Between Himself – and Horror's Twin –
Within Opposing Cells –

I almost strove to clasp his Hand,
Such Luxury – it grew –
That as Myself – could pity Him –
Perhaps he – pitied me – (570)

*

The Day came slow – till Five o'clock –
Then sprang before the Hills
Like Hindered Rubies – or the Light
A Sudden Musket – spills –

The Purple could not keep the East –
The Sunrise shook abroad

J'essayais d'imaginer Solitude pire
Qu'aucune que j'aie jamais vue –
Une Expiation Polaire – un Présage dans l'Os
De l'atrocement proche Mort –

Je fouillais l'Irrécupérable
Pour y puiser – mon Double –
Un réconfort Hagard surgit

De l'idée que Quelque Part –
À Portée des Griffes de la Pensée –
Demeure une autre Créature
De l'Amour Céleste – oubliée –

Je grattais à notre Paroi –
Comme On doit forcer les Murs –
Entre un Jumeau de l'Horreur – et Soi –
Dans des Cellules Contiguës –

Je parvins presque à étreindre sa Main,
Ce devint – une telle Volupté –
Que tout comme Moi – j'avais pitié de Lui –
Peut-être avait-il – pitié de moi –

*

Le Jour vint lentement – jusqu'à Cinq heures –
Puis bondit devant les Collines
Comme Rubis Refrénés – ou la Lumière
Qu'un Soudain Mousquet – éparpille –

Le Pourpre ne put contenir l'Est –
Le Soleil levant déferla

Like Breadths of Topaz – packed a night –
The Lady just unrolled –

The Happy Winds – their Timbrels took –
The Birds – in docile Rows
Arranged themselves around their Prince
The Wind – is Prince of Those –

The Orchard sparkled like a Jew –
How mighty 'twas – to be
A Guest in this stupendous place –
The Parlor – of the Day – (572*)

*

It was a quiet Way –
He asked if I was His –
I made no answer of the Tongue,
But answer of the Eyes –

And then he bore me high
Before this mortal noise
With swiftness as of Chariots –
And distance – as of Wheels –

The World did drop away
As Counties – from the feet
Of Him that leaneth in Balloon –
Opon an Ether Street –

The Gulf behind – was not –
The Continents – were new –
Eternity – it was – before
Eternity was due –

Comme Laizes de Topaze – pliés la nuit –
Que vient de dérouler la Dame –

Les Vents Heureux – saisirent leurs Tambourins –
Les Oiseaux – en Rangs dociles
Se disposèrent autour de leur Prince
Le Vent – est Prince de Ceux-là –

Le Verger étincela comme un Juif –
Quelle gloire – d'être
Un Hôte dans ce lieu prodigieux –
Le Salon – du Jour –

*

Cela se fit en silence –
Il me demanda si j'étais Sienne –
Je ne lui fis pas réponse de Langue,
Mais réponse d'Yeux –

Alors il m'emporta dans les airs
Devant ce bruit mortel
À une vitesse comme de Chariots –
Une distance – comme de Roues –

Le Monde se détacha
Comme Comtés – des pieds
De Qui se penche d'un Ballon –
Sur une Rue d'Éther –

Le Gouffre par-derrière – n'était plus –
Les Continents – étaient nouveaux –
C'était – l'Éternité – avant
L'Éternité prévue –

No Seasons were – to us –
It was not Night – nor Noon –
For Sunrise – stopped opon the Place –
And fastened it – in Dawn – (573*)

*

I went to Heaven –
'Twas a small Town –
Lit – with a Ruby –
Lathed – with Down –

Stiller – than the fields
At the full Dew –
Beautiful – as Pictures –
No Man drew –
People – like the Moth –
Of Mechlin – frames –
Duties – of Gossamer –
And Eider – names –
Almost – contented –
I – could be –
'Mong such unique
Society – (577)

*

Of Course – I prayed –
And did God Care?
He cared as much as on the Air

Point de Saisons – pour nous –
Point de Nuit – ni de Midi –
Car le Soleil levant – s'arrêta en ce Lieu –
Pour le fixer – en Aube –

*

J'allai au Paradis –
Petit Bourg –
Éclairé – d'un Rubis –
Voligé – de Duvet –

Plus paisible – que les prés
Sous la Rosée –
Beau – comme des Images –
Que nulle Main n'a tracées –
Des Gens – tels des Phalènes –
Arachnéens – leurs corps –
Leurs tâches – de Tulle –
D'Eider – leurs noms –
Heureuse – presque –
Je – pourrais l'être –
En Compagnie
Si choisie –

*

Bien Sûr – que je priais –
Et Dieu en eut-il Souci ?
Pas plus que si dans l'Air

*A Bird – had stamped her foot –
And cried "Give Me" –
My Reason – Life –
I had not had – but for Yourself –
'Twere better Charity
To leave me in the Atom's Tomb –
Merry, and nought, and gay, and numb –
Than this smart Misery. (581*)*

*

*We dream – it is good we are dreaming –
It would hurt us – were we awake –
But since it is playing – kill us,
And we are playing – shriek –*

*What harm? Men die – Externally –
It is a truth – of Blood –
But we – are dying in Drama –
And Drama – is never dead –*

*Cautious – We jar each other –
And either – open the eyes –
Lest the Phantasm – prove the mistake –
And the livid Surprise*

*Cool us to Shafts of Granite –
With just an age – and name –
And perhaps a phrase in Egyptian –
It's prudenter – to dream – (584*)*

Un Oiseau – eût tapé du pied –
Et crié : « Donne-Moi » ! –
Ma Raison – la Vie –
Que je n'aurais eue – sans Vous –
Ç'eût été plus grande Charité
De me laisser au Tombeau de l'Atome –
Joyeuse, et nulle, gaie, atone –
Que ce Malheur si raffiné.

*

Nous rêvons – et c'est bien de rêver –
L'éveil – serait souffrance –
Mais puisque c'est le jeu – qui nous tue,
Que par jeu – nous hurlons –

Quel mal ? L'Homme meurt – Extérieurement –
C'est une vérité – du Sang –
Mais nous – mourons dans un Drame –
Et le Drame – est toujours vivant –

Circonspect – Chacun secoue l'autre –
Et chacun – ouvre les yeux –
De peur que le Fantasme – ne soit faux –
Et que la blême Surprise

Ne le fige en Stèle de Granit –
Avec juste une ère – un nom –
Et peut-être une phrase en Égyptien –
Rêver – est plus prudent –

*

*They called me to the Window, for
"'Twas Sunset" – Some one said –
I only saw a Sapphire Farm –
And just a Single Herd –*

*Of Opal Cattle – feeding far
Opon so vain a Hill –
As even while I looked – dissolved –
Nor Cattle were – nor Soil –*

*But in their Room – a Sea – displayed –
And Ships – of such a size
As Crew of Mountains – could afford –
And Decks – to seat the Skies –*

*This – too – the Showman rubbed away –
And when I looked again –
Nor Farm – nor Opal Herd – was there –
Nor Mediterranean –* (589)

*

*I heard a Fly buzz – when I died –
The Stillness in the Room
Was like the Stillness in the Air –
Between the Heaves of Storm –*

*The Eyes around – had wrung them dry –
And Breaths were gathering firm
For that last Onset – when the King
Be witnessed – in the Room –*

*

On m'appela à la Fenêtre, pour
« Le Coucher de Soleil » – Dit-on –
Je ne vis qu'une Prairie de Saphir –
Avec un Unique Troupeau –

De Vaches Opales – au loin paissant
Sur un si fin Coteau –
Que sous mes yeux – il s'est dissous –
Sol, Bétail – n'étaient plus –

Mais à leur Place – une Mer – déployée –
Des Bateaux – assez spacieux
Pour avoir – des Monts pour Matelots –
Des Ponts – où asseoir les Cieux –

Cela – aussi – le Montreur l'a effacé –
Quand de nouveau j'ai regardé –
Il n'y avait ni Pré – ni Opale Troupeau –
Ni Méditerranée –

*

J'entendis bourdonner une Mouche – à ma mort –
Le Silence dans la Pièce
Était pareil au Silence de l'Air –
Entre les Râles de la Tempête –

Les Yeux à la ronde – s'étaient taris –
Les Souffles rassemblaient leurs forces
Pour l'ultime Assaut – quand le Roi
Ferait son entrée – dans la Chambre –

I willed my Keepsakes – Signed away
What portion of me be
Assignable – and then it was
There interposed a Fly –

With Blue – uncertain – stumbling Buzz –
Between the light – and me –
And then the Windows failed – and then
I could not see to see – (591*)

*

The Brain – is wider than the Sky –
For – put them side by side –
The one the other will contain
With ease – and You – beside –

The Brain is deeper than the sea –
For – hold them – Blue to Blue –
The one the other will absorb –
As Sponges – Buckets – do –

The Brain is just the weight of God –
For – Heft them – Pound for Pound –
And they will differ – if they do –
As Syllable from Sound – (598*)

*

When Bells stop ringing – Church – begins –
The Positive – of Bells –

Je léguai mes Souvenirs – d'une Signature
Cédai la part de moi
Transmissible – et c'est alors
Qu'une Mouche s'interposa –

Un incertain – trébuchant – Bleu Bourdonnement –
Entre la lumière – et moi –
Alors les Vitres se dérobèrent – alors
La vue me manqua pour voir –

*

Le Cerveau – est plus spacieux que le Ciel –
Car – mettez-les côte à côte –
L'un contiendra l'autre sans peine –
Et Vous – de surcroît –

Le Cerveau est plus profond que la mer –
Car – tenez-les – Bleu contre Bleu –
L'un absorbera l'autre –
Comme l'Éponge – l'eau du Seau –

Le Cerveau a le poids exact de Dieu –
Car – Pesez-les – Once pour Once –
S'ils diffèrent – ce sera comme
La Syllabe et le Son –

*

Quand les Cloches ne sonnent plus – l'Église – com-
 mence –
Le Positif – des Cloches –

When Cogs – stop – that's Circumference –
The Ultimate – of Wheels – (601)

*

'Twas warm – at first – like Us –
Until there crept opon
A Chill – like frost opon a Glass –
Till all the scene – be gone.

The Forehead copied stone –
The Fingers grew too cold
To ache – and like a Skater's Brook –
The busy eyes – congealed –

It straightened – that was all –
It crowded Cold to Cold –
It multiplied indifference –
As Pride were all it could –

And even when with Cords –
'Twas lowered, like a Weight –
It made no Signal, nor demurred,
But dropped like Adamant. (614)

*

The Wind – tapped like a tired Man –
And like a Host – "Come in"
I boldly answered – entered then
My Residence within

Quand les Rouages – stoppent – c'est la Circonfé-
   rence –
L'Ultime – des Roues –

           *

C'était tiède – au début – comme Nous –
Puis peu à peu s'y déposa
Une Froideur – de givre sur la Vitre –
La scène entière – s'effaça.

Le Front imita la pierre –
Les Doigts s'engourdirent –
Et comme un Ruisseau sous les Glissades –
Les yeux alertes – se figèrent –

Il se raidit – et ce fut tout –
Entassa Froid sur Froid –
Multiplia l'indifférence –
Fort de son seul Orgueil –

Et même lorsque avec des Cordes –
On le descendit, tel un Poids –
Sans un Signe, sans une hésitation,
Comme un Roc il s'abîma.

           *

Le Vent – heurta comme un Homme las –
Et moi, en Hôte – « Entrez »
Dis-je hardiment – alors pénétra
Dedans ma Résidence

A Rapid – footless Guest –
To offer whom a Chair
Were as impossible as hand
A Sofa to the Air –

No Bone had He to bind Him –
His Speech was like the Push
Of numerous Humming Birds at once
From a superior Bush –

His Countenance – a Billow –
His Fingers, as He passed
Let go a music – as of tunes
Blown tremulous in Glass –

He visited – still flitting –
Then like a timid Man
Again, He tapped – 'twas flurriedly –
And I became alone – (621*)

*

I saw no Way – The Heavens were stitched –
I felt the Columns close –
The Earth reversed her Hemispheres –
I touched the Universe –

And back it slid – and I alone –
A speck opon a Ball –
Went out opon Circumference –
Beyond the Dip of Bell – (633*)

Un Visiteur Rapide – ailé –
À qui offrir un Fauteuil
Eût été aussi fol qu'à l'Air
Avancer un Sofa –

Nul Os pour L'assembler –
Sa Voix était comme l'Envol
D'innombrables Colibris à la fois
D'un sublime Buisson –

Sa Physionomie – une Houle –
Ses Doigts, sur Son passage
Faisaient une musique – un trémolo
D'airs soufflés dans du Verre –

Voltigeant – Il fit sa visite –
Puis tel un Homme timide
Heurta de nouveau – tout agité –
Et ce fut la solitude –

*

Nulle Issue – les Cieux étaient cousus –
Les Colonnes se rapprochaient
La Terre renversa ses Hémisphères –
Je touchai l'Univers –

Mais il se déroba – et seule –
Simple Point sur un Globe –
J'errai à la Circonférence –
Plus loin que Plongeon de Cloche –

*

It struck me – every Day –
The Lightning was as new
As if the Cloud that instant slit
And let the Fire through –

It burned Me – in the Night –
It Blistered to My Dream –
It sickened fresh opon my sight –
With every Morn that came –

I thought that Storm – was brief –
The Maddest – quickest by –
But Nature lost the Date of This –
And left it in the Sky – (636)

*

Death sets a Thing significant
The Eye had hurried by
Except a perished Creature
Entreat us tenderly

To ponder little workmanships
In Crayon – or in wool –
With "This was last Her fingers did" –
Industrious until –

The Thimble weighed too heavy –
The stitches stopped – themselves –

*

Cela me frappait – chaque Jour –
Foudre aussi neuve
Que si la Nue à l'instant se fendait
Pour vomir le Feu –

Cela Me brûlait – dans la Nuit –
Et Calcinait Mon Rêve –
Et se ravivait à mes yeux –
À chaque retour du Matin –

Je croyais l'Orage – chose brève –
La plus Folle – la plus vite –
Mais de Ceci la Nature a perdu la Date –
Elle l'a laissé dans le Ciel –

*

La Mort donne un sens à l'Objet
Sur quoi l'Œil eût glissé
À moins qu'un Être disparu
Tendrement nous supplie

De penser devant de petits ouvrages
Au Pastel – ou en laine –
« C'est le dernier qu'ont fait Ses doigts » –
Si diligents avant –

Que le Dé ne pèse trop lourd –
Que les points ne cessent – d'eux-mêmes –

*And then 'twas put among the Dust
Opon the Closet shelves —*

*A Book I have — a friend gave —
Whose Pencil — here and there —
Had notched the place that pleased Him —
At Rest — His fingers are —*

*Now — when I read — I read not —
For interrupting Tears —
Obliterate the Etchings
Too Costly for Repairs —* (640*)

*

*To fill a Gap
Insert the Thing that caused it —
Block it up
With Other — and 'twill yawn the more —
You cannot solder an Abyss
With Air —* (647)

*

*No Crowd that has occurred
Exhibit — I suppose
That General Attendance
That Resurrection — does —*

*Circumference be full —
The long restricted Grave*

Alors on l'a rangé parmi la Poussière
Sur les étagères du Placard –

J'ai un Livre – offert par un ami –
Dont le Crayon – ici et là –
A coché tel passage qu'Il aimait –
Au Repos – sont Ses doigts –

Aujourd'hui – je le lis – sans le lire –
Les Larmes m'interrompent –
Effacent les Gravures
À Réparer, hors de Prix –

*

Pour boucher un Trou
Insère l'Objet qui l'a causé –
Colmate-le
Avec Autre chose – et il n'en bâillera que plus –
On ne peut souder un Abîme
Avec de l'Air –

*

Aucune Foule jamais rassemblée
Ne déploie – je suppose
Cette Assistance Universelle
Qu'obtient – la Résurrection –

La Circonférence est complète –
Longtemps bornée, la Tombe

Assert her Vital Privilege —
The Dust — connect — and live —

On Atoms — features place —
All Multitudes that were
Efface in the Comparison —
As Suns — dissolve a star —

Solemnity — prevail —
It's Individual Doom
Possess each — separate Consciousness —
August — Absorbed — Numb —

What Duplicate — exist —
What Parallel can be —
Of the Significance of This —
To Universe — and Me? (653*)

*

He parts Himself — like Leaves —
And then — He closes up —
Then stands opon the Bonnet
Of Any Buttercup —

And then He runs against
And oversets a Rose —
And then does Nothing —
Then away opon a Jib — He goes —

And dangles like a Mote
Suspended in the Noon —
Uncertain — to return Below —
Or settle in the Moon —

Affirme son Privilège Vital –
La Poussière – se relie – et vit –

Les Atomes – prennent visage –
Toutes les Multitudes qui furent
S'effacent en Comparaison –
Comme Soleils – dissolvent une étoile –

La Solennité – règne –
Le Destin Individuel
Occupe chaque – Conscience distincte –
Auguste – Absorbée – Engourdie –

Quel Double – existe-t-il –
Quel Parallèle peut-il y avoir –
De la Portée de Ceci –
Pour l'Univers – et Moi ?

*

Comme Feuilles – Il Se déplie –
Et puis – Il se referme –
Puis se perche sur la Capeline
De Quelque Bouton d'Or –

Puis dans sa course Il heurte
Et renverse une Rose –
Et puis il ne fait Rien –
Puis plus loin sur un Foc – Se pose –

Et balance, Grain de Poussière
Dans Midi suspendu –
Entre – revenir Ici-bas –
Ou migrer vers la Lune –

What come of Him at Night –
The privilege to say
Be limited by Ignorance –
What come of Him – That Day –

The Frost – possess the World –
In Cabinets – be shown –
A Sepulchre of quaintest Floss –
An Abbey – a Cocoon – (655*)

*

I started Early – Took my Dog –
And visited the Sea –
The Mermaids in the Basement
Came out to look at me –

And Frigates – in the Upper Floor
Extended Hempen Hands –
Presuming Me to be a Mouse –
Aground – opon the Sands –

But no Man moved Me – till the Tide
Went past my simple Shoe –
And past my Apron – and my Belt
And past my Boddice – too –

And made as He would eat me up –
As wholly as a Dew
Opon a Dandelion's Sleeve –
And then – I started – too –

De Lui qu'adviendra-t-il la Nuit –
L'Ignorance borne
Le privilège de le dire –
De Lui qu'adviendra-t-il – Le Jour –

Où le Gel – étreindra le Monde -
Des Vitrines – le montrent –
Un Sépulcre en curieuse Soie floche –
Une Abbaye – un Cocon –

*

Je partis Tôt – Pris mon Chien –
Rendis visite à la Mer –
Les Sirènes du Sous-sol
Montèrent pour me voir –

Et les Frégates – à l'Étage
Tendirent des Mains de Chanvre –
Me prenant pour une Souris –
Échouée – sur les Sables –

Mais nul Homme ne Me héla – et le Flot
Dépassa ma Chaussure –
Puis mon Tablier – et ma Ceinture
Puis mon Corsage – aussi –

Il menaçait de m'avaler toute –
Comme la Rosée
Sur le Gilet d'un Pissenlit –
Alors – je courus moi aussi –

And He – He followed – close behind –
I felt His Silver Heel
Opon my Ancle – Then My Shoes
Would overflow with Pearl –

Until We met the Solid Town –
No One He seemed to know –
And bowing – with a Mighty look –
At me – The Sea withdrew – (656*)

*

An ignorance a Sunset
Confer opon the Eye –
Of Territory – Color –
Circumference – Decay –

It's Amber Revelation
Exhilirate – Debase –
Omnipotence' inspection
Of Our inferior face –

And when the solemn features
Confirm – in Victory –
We start – as if detected
In Immortality – (669*)

*

One Crucifixion is recorded – only –
How many be

Et Lui – Il me serrait – de près –
Je sentis sur ma Cheville
Son Talon d'Argent – Mes Souliers allaient
Déborder de Perles –

Enfin ce fut la Cité Ferme –
Nul, semblait-il, qu'Il connût là –
Et m'adressant un Impérieux – salut –
L'Océan se retira –

*

Le Couchant à nos yeux
Confère une ignorance –
De Territoire – Couleur –
Circonférence – Déclin –

Son Ambre Révélation
Exalte – Ravale –
Examen par la Toute-Puissance
De Notre humble face –

Et quand les traits solennels
En Triomphe – s'affirment –
Nous tressaillons – comme pris en délit
D'Immortalité –

*

On ne cite – qu'une Crucifixion –
Combien en est-il

Is not affirmed of Mathematics —
Or History —

One Calvary — exhibited to stranger —
As many be
As Persons — or Peninsulas —
Gethsemane —

Is but a Province — in the Being's Centre —
Judea —
For Journey — or Crusade's Achieving —
Too near —

Our Lord — indeed — made Compound Witness —
And yet —
There's newer — nearer Crucifixion
Than That — (670*)

*

Sweet — safe — Houses —
Glad — gay — Houses —
Sealed so stately tight —
Lids of Steel — on Lids of Marble —
Locking Barefeet out —

Brooks of Plush — in Banks of Satin
Not so softly fall
As the laughter — and the whisper —
From their People Pearl —

No Bald Death — affront their Parlors —
No Bold Sickness come

L'Histoire ne l'établit pas —
Ni les Mathématiques —

On ne montre à l'étranger — qu'un Calvaire —
Sans doute en est-il
Autant que de Personnes — ou de Péninsules —
Gethsémani —

N'est qu'une Province — au Centre de l'Être —
La Judée —
Un Terme de Voyage — ou de Croisade —
Trop voisin —

Notre-Seigneur — certes — porta Témoignage Multiple —
Mais il est —
Plus proche — plus fraîche Crucifixion
Que la Sienne —

*

Douces — sûres — Demeures —
Gaies — heureuses — Demeures —
Scellées en telle majesté —
Couvercles d'Acier — sur Couvercles de Marbre —
Excluant les Nu-pieds —

Ruisseaux de Peluche — entre Rives de Satin
Moins doucement coulent
Que le rire — et les murmures —
De leur Peuple Perle —

Nulle Mort Crue — n'offense leurs Salons —
Nul Mal Hardi ne vient

To deface their stately Treasures –
Anguish – and the Tomb –

Hum by – in muffled Coaches –
Lest they – wonder Why –
Any – for the Press of Smiling –
Interrupt – to die – (684*)

*

Forever – is composed of Nows –
'Tis not a different time –
Except for Infiniteness –
And Latitude of Home –

From this – experienced Here –
Remove the Dates – to These –
Let Months dissolve in further Months –
And Years – exhale in Years –

Without Debate – or Pause –
Or Celebrated Days –
No different Our Years would be
From Anno Dominies (690*)

*

'Twas a long Parting – but the time
For Interview – had Come –
Before the Judgment Seat of God –
The last – and second time

Dégrader leurs splendides Trésors –
L'Angoisse – et la Tombe –

Bruissent – en Calèches feutrées –
De peur qu'elles – ne s'étonnent –
Que – face à la Foule de Sourires –
On s'arrête – pour mourir –

*

L'À-jamais – est fait d'Aujourd'huis –
Ce n'est pas un autre temps –
Sauf pour l'Infini du Séjour –
Et pour sa Latitude –

De ce temps – vécu Ici –
Transférons les Dates – Là-bas –
Laissons les Mois se dissoudre en d'autres Mois –
Les Années – s'exhaler en Années –

Sans Débat – sans Trêve –
Ni Jours de Célébration –
Nos Années à l'Anno Domini
Seront identiques –

*

Longue l'Absence – mais enfin le temps
Était Venu – du Face-à-Face –
Devant Dieu sur le Trône du Jugement –
Dernière – et seconde rencontre

These Fleshless Lovers met —
A Heaven in a Gaze —
A Heaven of Heavens — the Privilege
Of One another's Eyes —

No Lifetime set — on Them —
Appareled as the new
Unborn — except They had beheld —
Born infiniter — now —

Was Bridal — e'er like This?
A Paradise — the Host —
And Cherubim — and Seraphim —
The unobtrusive Guest — (691*)

*

I cannot live with You —
It would be Life —
And Life is over there —
Behind the Shelf

The Sexton keeps the key to —
Putting up
Our Life — His Porcelain —
Like a Cup —

Discarded of the Housewife —
Quaint — or Broke —
A newer Sevres pleases —
Old Ones crack —

De ces Amants sans Chair –
Le Ciel dans un Regard –
Le Ciel des Ciels – le Privilège
Des Yeux L'un de l'autre –

Nulle durée de Vie – à endosser –
Parés comme les nouveaux
Non-nés – sinon qu'Ils avaient contemplé –
Nés plus infinis – à présent –

Y eut-il jamais – pareille Noce ?
Un paradis – pour Hôte –
Et des Chérubins – des Séraphins –
Pour discrets Invités –

*

Je ne puis vivre avec Toi –
Ce serait la Vie –
Or la Vie est là-bas –
Derrière l'Armoire

Le Sacristain en a la clef –
Il y range
Notre Vie – Sa Porcelaine –
Comme un Bol –

Que l'on met au rebut –
Désuet – ou Brisé –
Un Sèvres plus neuf a plu –
Les Vieux se fêlent –

I could not die – with You –
For One must wait
To shut the Other's Gaze down –
You – could not –

And I – Could I stand by
And see You – freeze –
Without my Right of Frost –
Death's privilege?

Nor could I rise – with You –
Because Your Face
Would put out Jesus' –
That New Grace

Glow plain – and foreign
On my homesick eye –
Except that You than He
Shone closer by –

They'd judge Us – How –
For You – served Heaven – You know,
Or sought to –
I could not –

Because You saturated sight –
And I had no more eyes
For sordid excellence
As Paradise

And were You lost, I would be –
Though my name
Rang loudest
On the Heavenly fame –

Je ne pourrais mourir – avec Toi –
Car l'Un doit attendre
Pour clore le Regard de l'Autre –
Toi – tu ne pourrais pas –

Et moi – Pourrais-je rester là
À Te voir – transir –
Sans user de mon Droit au Gel –
Mortel privilège ?

Je ne pourrais non plus – avec Toi –
Ressusciter, car Ta Face
Éclipserait celle de Jésus –
Cette Nouvelle Grâce

Serait lueur banale – étrangère
À mon œil nostalgique –
À moins que Tu ne brilles
Plus près que Lui –

On Nous jugerait – Ô combien –
Car Toi – tu servais le Ciel – Tu sais,
Ou y aspirais –
Je ne le pouvais –

Parce que Tu comblais ma vue –
Et je n'avais plus d'yeux
Pour la sordide excellence
D'un Paradis

Et si Tu étais perdu, je le serais –
Même si mon nom
Résonnait le plus haut
Dans la Céleste renommée –

And were You – saved –
And I – condemned to be
Where You were not
That self – were Hell to me –

So we must meet apart –
You there – I – here –
With just the Door ajar
That Oceans are – and Prayer –
And that White Sustenance –
Despair – (706*)

*

Doom is the House without the Door –
'Tis entered from the Sun –
And then the Ladder's thrown away,
Because Escape – is done –

'Tis varied by the Dream
Of what they do outside –
Where Squirrels play – and Berries dye –
And Hemlocks – bow – to God – (710*)

*

If He were living – dare I ask –
And how if He be dead –
And so around the Words I went –
Of meeting them – afraid –

Et si Tu étais – sauvé –
Et moi – condamnée à être
Où Tu ne serais pas
Ce moi – pour moi serait l'Enfer –

Que nous unisse donc l'absence –
Toi là-bas – moi – ici –
Par cette Porte entrebâillée
Que sont les Mers – la Prière –
Et ce Blanc Viatique –
Le Désespoir –

*

Le Destin est la Demeure sans Porte –
On y entre par le Soleil –
Après quoi on jette l'Échelle,
Car l'Évasion – est faite –

La variété vient du Rêve
De ce qui a lieu dehors –
Où l'Écureuil joue – où les Baies se colorent –
Et les Sapins – s'inclinent – devant Dieu –

*

S'Il était en vie – oserai-je demander –
Et s'Il était mort –
Et ainsi je tournais autour des Mots –
Redoutant – de les rencontrer –

I hinted Changes – Lapse of Time –
The Surfaces of Years –
I touched with Caution – lest they crack –
And show me to my fears –

Reverted to adjoining Lives –
Adroitly turning out
Wherever I suspected Graves –
'Twas prudenter – I thought –

And He – I pushed – with sudden force –
In face of the Suspense –
"Was buried" – "Buried"! "He!"
My Life just holds the Trench – (719*)

*

As if the Sea should part
And show a further Sea –
And that – a further – and the Three
But a Presumption be –

Of Periods of Seas –
Unvisited of Shores –
Themselves the Verge of Seas to be –
Eternity – is Those – (720*)

*

Behind Me – dips Eternity –
Before Me – Immortality –

J'évoquais les Changements – le Passage du Temps –
Tâtais les Surfaces des Ans –
Avec Précaution – de peur qu'elles ne craquent –
Et ne m'exposent à mes craintes –

Retournais aux Vies adjacentes –
Obliquant avec adresse
Lorsque je devinais des Tombes –
C'était plus prudent – pensais-je –

Et Lui – ai-je lancé – soudain avec force –
Face au Suspens –
« Est enterré » – « Enterré ! » « Lui ! »
Ma Vie recèle cette Fosse –

*

Comme si la Mer s'écartait
Pour révéler une Mer nouvelle –
Et cette mer – une autre – et qu'Elles
Ne fussent que Prémisses –

De Cycles de Mers –
Ignorées de Rivages –
Elles-mêmes Orée de Mers futures –
Telle est – l'Éternité –

*

Derrière Moi – à pic, l'Éternité –
Devant Moi – l'Immortalité –

Myself – the Term between –
Death but the Drift of Eastern Gray,
Dissolving into Dawn away,
Before the West begin –

'Tis Kingdoms – afterward – they say –
In perfect – pauseless Monarchy –
Whose Prince – is Son of none –
Himself – His Dateless Dynasty –
Himself – Himself diversify –
In Duplicate divine –

'Tis Miracle before Me – then –
'Tis Miracle behind – between –
A Crescent in the Sea –
With Midnight to the North of Her –
And Midnight to the South of Her –
And Maelstrom – in the Sky – (743*)

*

It's easy to invent a Life –
God does it – every Day –
Creation – but the Gambol
Of His Authority –

It's easy to efface it –
The thrifty Deity
Could scarce afford Eternity
To Spontaneity –

The Perished Patterns murmur –
But His Perturbless Plan

Et Moi – le Terme entre –
La Mort, rien qu'une Vapeur Grise à l'Est,
Qui en Aube va se dissiper,
Avant que l'Ouest ne commence –

Après – dit-on – il y aura des Royaumes –
En Monarchie sans fin – parfaite –
Dont le Prince – n'est Fils de personne –
Est Lui-même – Son Intemporelle Dynastie –
Et Lui-même – Se diversifie –
En Doubles divins –

Miracle donc – devant Moi –
Miracle derrière – entre eux –
Un Croissant dans la Mer –
Avec Minuit au Nord –
Avec Minuit au Sud –
Et dans le Ciel – un Maelström –

*

Il est aisé d'inventer une Vie –
Chaque jour – Dieu le fait –
La Création – simple Gambade
De Son Autorité –

Il est aisé de l'effacer –
L'économe Déité
Ne pourrait guère au Spontané
Offrir l'Éternité –

Les Formes Abolies protestent –
Mais Son Plan Impossible

Proceed – inserting Here – a Sun –
There – leaving out a Man – (747*)

*

Precious to Me – She still shall be –
Though She forget the name I bear –
The fashion of the Gown I wear –
The very Color of My Hair –

So like the Meadows – now –
I dared to show a Tress of Their's
If haply – She might not despise
A Buttercup's Array –

I know the Whole – obscures the Part –
The fraction – that appeased the Heart
Till Number's Empery –
Remembered – as the Milliner's flower
When Summer's Everlasting Dower –
Confronts the dazzled Bee – (751*)

*

I had no time to Hate –
Because
The Grave would hinder me –
And Life was not so
Ample I
Could finish – Enmity –

Se poursuit – il insère Ici – un Soleil –
Là – il omet un Homme –

*

Précieuse pour Moi – Elle le sera quand même –
Dût-Elle oublier mon nom –
La façon de la Robe que je porte –
Jusqu'à la Couleur de Mes Cheveux –

Si pareille aux Prés – à présent –
J'oserais montrer une de Leurs Tresses
Si peut-être – Elle ne méprisait pas
Un Bouquet de Boutons d'Or –

Je sais que le Tout – occulte la Partie –
Que la fraction – qui combla le Cœur
Jusqu'à l'Empire du Nombre –
N'est au souvenir – que fleur de Modiste
Quand de l'Été la Dot Immortelle –
S'offre à l'Abeille éblouie –

*

Je n'avais pas le temps de Haïr –
Parce que
La Tombe m'en aurait empêchée –
Et la Vie n'était pas si
Vaste que
J'épuise – l'Inimitié –

Nor had I time to Love –
But since
Some Industry must be –
The little Toil of Love –
I thought
Be large enough for Me – (763)

*

My Life had stood – a Loaded Gun –
In Corners – till a Day
The Owner passed – identified –
And carried Me away –

And now We roam in Sovreign Woods –
And now We hunt the Doe –
And every time I speak for Him
The Mountains straight reply –

And do I smile, such cordial light
Opon the Valley glow –
It is as a Vesuvian face
Had let it's pleasure through –

And when at Night – Our good Day done –
I guard My Master's Head –
'Tis better than the Eider Duck's
Deep Pillow – to have shared –

To foe of His – I'm deadly foe –
None stir the second time –
On whom I lay a Yellow Eye –
Or an emphatic Thumb –

Ni n'avais le temps d'Aimer –
Mais puisque
Il faut bien s'Occuper –
La menue Peine d'Amour –
Me suis-je dit
Me suffirait –

*

Immobile ma Vie – Fusil Chargé –
Dans un Coin – puis un Jour
Le Maître passa – me reconnut –
Et M'emporta –

Et maintenant Nous hantons des Bois Royaux –
Et maintenant Nous chassons la Biche –
Et chaque fois que je parle en Son nom
La Montagne répond aussitôt –

Et je souris, si chaleureuse luit
La clarté sur la Vallée –
On dirait qu'un visage de Vésuve
Laisse son plaisir s'exhaler –

Et la Nuit – accomplie Notre bonne Journée –
Quand sur Sa Tête je veille –
C'est mieux que du profond Oreiller –
Avoir partagé le Duvet –

De Ses ennemis – je suis l'ennemie mortelle –
Nul une seconde fois ne remue –
Sur qui j'ai posé un Œil Jaune –
Ou un Doigt résolu –

Though I than He – may longer live
He longer must – than I –
For I have but the power to kill,
Without – the power to die – (764*)

*

Essential Oils – are wrung –
The Attar from the Rose
Be not expressed by Suns – alone –
It is the gift of Screws –

The General Rose – decay –
But this – in Lady's Drawer
Make Summer – When the Lady lie
In Ceaseless Rosemary – (772*)

*

Life, and Death, and Giants –
Such as These – are still –
Minor – Apparatus – Hopper of the Mill –
Beetle at the Candle –
Or a Fife's Fame –
Maintain – by Accident that they proclaim – (777)

*

Il se peut que je Lui – survive
Mais Lui ne peut que vivre – après Moi –
Car j'ai seulement le pouvoir de tuer,
Sans avoir – celui de mourir –

*

Les Huiles essentielles – s'extraient –
Le Suc de la Rose
Les Soleils ne l'expriment pas – seuls –
C'est le don des Vis –

La Rose Végétale – se fane –
Mais dans le Tiroir – l'arôme
Recrée l'Été – Quand dort la Dame
Dans l'Impérissable Baume –

*

La Vie, la Mort, et les Géants –
Ces Sortes-là – se taisent –
Les Appareils – mineurs – Trémie de Moulin –
Insecte à la Chandelle –
Ou Gloire de Fifre –
Maintiennent – par Accident qu'ils proclament –

*

Four Trees – opon a solitary Acre –
Without Design
Or Order, or Apparent Action –
Maintain –

The Sun – opon a Morning meets them –
The Wind –
No nearer Neighbor – have they –
But God –

The Acre gives them – Place –
They – Him – Attention of Passer by –
Of Shadow, or of Squirrel, haply –
Or Boy –

What Deed is Their's unto the General Nature –
What Plan
They severally – retard – or further –
Unknown – (778)

*

Renunciation – is a piercing Virtue –
The letting go
A Presence – for an Expectation –
Not now –
The putting out of Eyes –
Just Sunrise –
Lest Day –
Day's Great Progenitor –
Outvie
Renunciation – is the Choosing
Against itself –

Quatre Arbres – dans un Arpent solitaire –
Sans Dessein,
Ordre, ni Apparente Action –
Maintiennent –

Le Soleil – au Matin les rencontre –
Le Vent –
Pour eux – point de Voisin plus proche –
Que Dieu –

L'Arpent leur donne – un Lieu –
Eux – en retour – l'Attention du Passant –
Ombre, Écureuil, peut-être –
Enfant –

Quelle Œuvre est la Leur dans toute la Nature –
Quel Plan
Chacun – retarde-t-il – ou fait-il mûrir –
Mystère –

*

Le Renoncement – est une Vertu poignante –
C'est lâcher
Une Présence – pour une Espérance –
Plus tard –
Se crever les Yeux –
Dès l'Aurore –
De peur que le Jour –
Ne surpasse
Du Jour le Grand Procréateur –
Le Renoncement – c'est Choisir
Contre soi –

Itself to justify
Unto itself —
When larger function —
Make that appear —
Smaller — that Covered Vision — Here — (782)

*

Bloom opon the Mountain stated —
Blameless of a name —
Efflorescence of a Sunset —
Reproduced — the same —

Seed had I, my Purple Sowing
Should address the Day —
Not — a Tropic of a Twilight —
Show itself away —

Who for tilling — to the Mountain
Come — and disappear —
Whose be her Renown — or fading —
Witness is not here —

While I state — the Solemn Petals —
Far as North — and East —
Far as South — and West expanding —
Culminate — in Rest —

And the Mountain to the Evening
Fit His Countenance —
Indicating by no Muscle
His Experience — (787*)

Pour se justifier
Devant soi –
Quand un rôle plus ample –
Fera paraître –
Mineure – la Vision Voilée – qui est Nôtre –

*

Énoncée l'Éclosion sur la Montagne –
Innocente de tout nom –
Efflorescence d'un Soleil couchant –
Reproduit – sans variation –

Si Graines j'avais, mes Pourpres Semailles
Rehausseraient le Jour –
Pas – un seul Tropique de Crépuscule –
Ne pâlirait alentour –

Qui pour labourer – sur cette Montagne
Vient – et disparaît –
À qui devra-t-elle Gloire – ou déclin –
Nul ici ne le sait –

Tandis que j'énonce – les Solennels Pétales –
Loin à l'Est – et au Nord –
Loin à l'Ouest – et au Sud se déploient –
Vers un zénith – de Repos –

Et la Montagne au Ciel nocturne
Adapte Sa Physionomie –
Sans que par aucun Muscle
Son Expérience soit trahie –

*

*All but Death, Can be adjusted
Dynasties repaired –
Systems – settled in their Sockets –
Citadels – dissolved –*

*Wastes of Lives – resown with Colors
By Succeeding Springs –
Death – unto itself – Exception –
Is exempt from Change –* (789*)

*

*The Veins of other Flowers
The Scarlet Flowers are
Till Nature leisure has for Terms
As "Branch", and "Jugular".*

*We pass, and she abides.
We conjugate Her Skill
While She creates and federates
Without a syllable –* (798*)

*

*I never saw a Moor.
I never saw the Sea –
Yet know I how the Heather looks
And what a Billow be –*

*

Hormis la Mort, tout s'adapte
Ressoudées les Dynasties –
Réenclenchés – les Mécanismes –
Dissoutes – les Citadelles –

Reverdis – les Déserts des Vies
Par le Triomphe des Printemps –
La Mort – en soi – fait Exception –
Car exempte de Changement –

*

Les Veines d'autres Fleurs
Sont Fleurs Écarlates
Tant que pour « Branche » ou « Jugulaire »
La Nature n'est pas prête.

Nous passons et elle demeure.
Nous conjuguons Son Art
Mais Elle, sans syllabe,
Crée et fédère –

*

Je n'ai jamais vu de Lande.
Je n'ai jamais vu la Mer –
Mais je sais ce qu'est un Brisant
Et de quoi la Bruyère a l'air –

I never spoke with God
Nor visited in Heaven –
Yet certain am I of the spot
As if the Checks were given – (800*)

*

This Consciousness that is aware
Of Neighbors and the Sun
Will be the one aware of Death
And that itself alone

Is traversing the interval
Experience between
And most profound experiment
Appointed unto Men –

How adequate unto itself
It's properties shall be
Itself unto itself and None
Shall make discovery –

Adventure most unto itself
The Soul condemned to be –
Attended by a single Hound
It's own identity. (817*)

*

Je n'ai jamais parlé avec Dieu
Ni visité le Ciel –
Mais suis aussi sûre du lieu
Que si on donnait des Billets –

*

Cette Conscience qui perçoit
Voisins et Soleil
Sera celle qui percevra la Mort
Et qu'elle seule

Traverse l'intervalle
Entre l'Expérience
Et la plus profonde expérimentation
Assignée aux Hommes –

Combien adéquates pour elle
Seront ses propriétés
Elle-même en elle-même et nul Autre
En fera la découverte –

À l'Aventure avant tout en soi
L'Âme est condamnée –
Escortée d'un seul Chien
Son identité.

*

The only news I know
Is Bulletins all Day
From Immortality.

The only Shows I see –
Tomorrow and Today –
Perchance Eternity –

The only one I meet
Is God – The only Street –
Existence – This traversed

If other news there be –
Or admirabler show –
I'll tell it You – (820*)

*

Midsummer, was it, when They died –
A full, and perfect time –
The Summer closed opon itself
In Consummated Bloom –

The Corn, her furthest Kernel filled
Before the coming Flail –
When These – leaned into Perfectness –
Through Haze of Burial – (822*)

*

A nearness to Tremendousness –
An Agony procures –

Mes seules nouvelles :
Des Bulletins à toute heure
De l'Immortalité.

Mes seuls Spectacles –
Aujourd'hui et Demain –
Parfois l'Éternité –

Ma seule rencontre :
Dieu – La seule Rue –
La Vie – Celle-ci traversée

S'il est d'autres nouvelles –
Ou plus sublime spectacle –
Je Vous le dirai –

*

C'était la Mi-été, quand Ils moururent –
Un temps plein, et parfait –
L'Été se refermait sur lui-même
En Floraison Consommée –

Le Blé, avait gonflé son dernier Grain
Avant le Fléau proche –
Quand Ceux-ci – ont versé dans la Perfection –
À travers la Brume du Tombeau –

*

La proximité de l'Énormité –
Se ressent dans la Détresse –

Affliction ranges Boundlessness –
Vicinity to Laws

Contentment's quiet Suburb –
Affliction cannot stay
In Acres – It's Location
Is Illocality – (824)

*

The Admirations – and Contempts – of time –
Show justest – through an Open Tomb –
The Dying – as it were a Hight
Reorganizes Estimate
And what We saw not
We distinguish clear –
And mostly – see not
What We saw before –

'Tis Compound Vision –
Light – enabling Light –
The Finite – furnished
With the Infinite –
Convex – and Concave Witness –
Back – toward Time –
And forward –
Toward the God of Him – (830*)

*

Till Death – is narrow Loving –
The scantest Heart extant

L'Affliction parcourt l'Illimité –
Le voisinage des Lois

Tranquille Faubourg du Contentement –
L'Affliction ne peut tenir
Dans des Arpents – Son Lieu
Est l'Illocalisable –

*

Les Admirations – et les Mépris – du temps –
Se montrent les plus justes – par la Tombe Ouverte –
Le Mourir – comme un Sommet
Recompose l'Estime,
Ce que Nous n'avions pas vu
Nous le distinguons clairement –
Et souvent – ne voyons pas
Ce que Nous avions vu avant –

Vision Complexe –
La Clarté – aidant la Clarté –
Le Fini – doté
De l'Infini –
Convexe – et Concave Témoignage –
En arrière – vers le Temps –
Et en avant –
Vers le Dieu en Lui –

*

D'ici la Mort – étroit l'Amour –
Le Cœur le plus succinct

Will hold you till your privilege
Of Finiteness – be spent –

But He whose loss procures you
Such Destitution that
Your Life too abject for itself
Thenceforward imitate –

Until – Resemblance perfect –
Yourself, for His pursuit
Delight of Nature – abdicate –
Exhibit Love – somewhat – (831)

*

Pain – expands the Time –
Ages coil within
The minute Circumference
Of a single Brain –

Pain contracts – the Time –
Occupied with Shot
Gammuts of Eternities
Are as they were not – (833)

*

Color – Caste – Denomination –
These – are Time's Affair –
Death's diviner Classifying
Does not know they are –

Vous contiendra jusqu'à épuisement
De votre don de Finitude –

Mais Celui dont la perte vous procure
Un Dénuement tel
Que votre Vie en soi trop abjecte
Sur lui se modèle –

Et que – la Ressemblance étant parfaite –
Vous-même, abdiquiez
Le Délice Naturel – pour Sa quête –
Montre quelque Amour – peut-être –

*

La Douleur – dilate le Temps –
Des Âges s'enroulent
Dans la Sphère minuscule
D'un simple Cerveau –

La Douleur contracte – le Temps –
L'Explosion l'emplit
Des gammes d'Éternités
Sont comme anéanties –

*

Couleur – Caste – Confession –
C'est – l'Affaire du Temps –
Mort, dans son Classement plus divin
Ignore leur existence –

As in sleep – all Hue forgotten –
Tenets – put behind –
Death's large – Democratic fingers
Rub away the Brand –

If Circassian – He is careless –
If He put away
Chrysalis of Blonde – or Umber –
Equal Butterfly –

They emerge from His Obscuring –
What Death – knows so well –
Our minuter intuitions –
Deem unplausible (836)

*

Unfulfilled to Observation –
Incomplete – to Eye –
But to Faith – a Revolution
In Locality –

Unto Us – the Suns extinguish –
To our Opposite –
New Horizons – they embellish –
Fronting Us – with Night. (839*)

*

A Drop fell on the Apple Tree –
Another – on the Roof –

Comme dans le sommeil – toute Couleur oubliée –
Les Dogmes – relégués –
Mort – de ses gros doigts Démocratiques
Efface toute Marque –

Circassien ? – Il s'en moque –
A-t-il mis au rebut
Chrysalide de Blond – ou d'Ombre –
Même Papillon –

Ils émergent de Son Obscurcissement –
Ce que Mort – connaît si bien –
Nos intuitions les plus fines –
Le jugent improbable

*

Inaccomplis pour l'Observation –
Incomplets – pour l'Œil –
Mais pour la Foi – Révolution
En matière de Lieu –

Pour Nous – les Soleils s'éteignent –
À nos Antipodes –
Ils embellissent – des Horizons neufs –
Tournant vers Nous – leur Nuit.

*

Une Goutte tomba sur le Pommier –
Une autre – sur le Toit –

A Half a Dozen kissed the Eaves –
And made the Gables laugh –

A few went out to help the Brook
That went to help the Sea –
Myself Conjectured were they Pearls –
What Necklaces could be –

The Dust replaced, in Hoisted Roads –
The Birds jocoser sung –
The Sunshine threw his Hat away –
The Bushes – spangles flung –

The Breezes brought dejected Lutes –
And bathed them in the Glee –
Then Orient showed a single Flag,
And signed the Fete away – (846*)

*

Who Giants know, with lesser Men
Are incomplete, and shy –
For Greatness, that is ill at ease
In minor Company –

A Smaller, could not be perturbed –
The Summer Gnat displays –
Unconscious that his single Fleet
Do not comprise the skies – (848)

*

Cinq ou Six embrassèrent le Rebord –
Et firent rire les Pignons –

Une poignée alla renforcer le Ruisseau
Qui alla renforcer la Mer –
Moi j'Imaginais si c'étaient des Perles –
Quels Colliers elles feraient –

La Poussière revint, sur les Chemins Ravivés –
Les Oiseaux chantaient plus joyeux –
Le Soleil lança au loin son Chapeau –
Les Buissons – jetaient des feux –

Les Brises apportant des Luths moroses –
Les baignèrent dans l'Allégresse –
Puis l'Orient montra un unique Drapeau
Et marqua la fin de la Fête –

*

Qui connaît des Géants, avec leurs Inférieurs
Se sent timide, et incomplet –
Car la Grandeur, est mal à l'aise
En moins haute Société –

Un plus Petit, ne serait pas troublé –
Le Moucheron parade –
Ignorant que sa Flotte unique
N'englobe pas les cieux –

*

*Time feels so vast that were it not
For an Eternity –
I fear me this Circumference
Engross my Finity –*

*To His exclusion, who prepare
By Processes of Size
For the Stupendous Vision
Of His Diameters –* (858*)

*

*On the Bleakness of my Lot
Bloom I strove to raise –
Late – my Garden of a Rock
Yielded Grape – and Maise –*

*Soil of Flint, if steady tilled
Will refund the Hand –
Seed of Palm, by Lybian Sun
Fructified in Sand –* (862*)

*

*Fairer through Fading – as the Day
Into the Darkness dips away –
Half Her Complexion of the Sun –
Hindering – Haunting – Perishing –*

*Rallies Her Glow, like a dying Friend –
Teazing, with glittering Amend –*

Le temps me semble si vaste que faute
D'une Éternité –
La présente Circonférence, je le crains,
Absorberait ma Finitude –

À l'exclusion de Qui prépare
Par Degrés de Grandeur
À la Prodigieuse Vision
De Ses Diamètres –

*

Sur la Désolation de mon Lot
J'ai fait fleurir des plantes –
Tard – mon Jardin de Roc
A donné Raisins – et Blé –

Sol de Silex, bien labouré,
Paiera de retour le Bras –
Graine de Palmier, au Soleil de Libye
Dans le Sable fructifiera –

*

Plus beau de s'Abolir – le Jour
Quand dans la Ténèbre il plonge –
Son Teint, de Soleil pour moitié –
S'obstine – Obsède – Se corrompt –

Reprend Son Éclat, comme un Ami mourant –
D'un étincelant Répit nous nargue –

Only to aggravate the Dark
Through an expiring – perfect – look – (868*)

*

It is a lonesome Glee –
Yet sanctifies the Mind –
With fair association –
Afar opon the Wind

A Bird to overhear –
Delight without a Cause –
Arrestless as invisible –
A Matter of the Skies. (873)

*

The Loneliness One dare not sound –
And would as soon surmise
As in it's Grave go plumbing
To ascertain the size –

The Loneliness whose worst alarm
Is lest itself should see –
And perish from before itself
For just a scrutiny –

The Horror not to be surveyed –
But skirted in the Dark –
With Consciousness suspended –
And Being under Lock –

Mais seulement pour aggraver la Nuit
D'un masque – parfait – d'agonie –

*

Solitaire Jubilation –
Mais qui sanctifie l'Âme –
Par une juste analogie –
Au loin dans le Vent

Surprendre le chant d'un Oiseau –
Délice sans Cause –
Perpétuel et invisible –
Substance des Cieux.

*

La Solitude qu'On n'ose sonder –
Qu'à supputer on répugne
Autant qu'à descendre en sa Tombe
Pour en prendre la mesure –

La Solitude dont la pire angoisse
Est de se percevoir –
Et de périr sous ses propres yeux
D'un simple regard –

L'Horreur à ne pas contempler –
Mais à longer dans l'Ombre –
La Conscience en suspens –
L'Être sous les Verrous –

I fear me this – is Loneliness –
The Maker of the soul
It's Caverns and it's Corridors
Illuminate – or seal – (877*)

*

Bereaved of all, I went abroad –
No less bereaved was I
Opon a New Peninsula –
The Grave preceded me –

Obtained my Lodgings, ere myself –
And when I sought my Bed –
The Grave it was reposed opon
The Pillow for my Head –

I waked, to find it first awake –
I rose – It followed me –
I tried to drop it in the Crowd –
To lose it in the Sea –

In Cups of artificial Drowse
To steep it's shape away –
The Grave – was finished – but the Spade
Remained in Memory – (886)

*

A Coffin – is a small Domain,
Yet able to contain

Voilà, j'en ai peur – la Solitude
Ses Grottes et ses Couloirs
Le Créateur de l'âme à son gré
Les illumine – ou les scelle –

*

Endeuillée de tout, j'allais –
Non moins endeuillée étais-je
Sur une Nouvelle Péninsule –
La Tombe me précédait –

Obtenait mon Logis, avant moi –
Et quand je cherchais mon Lit –
La Tombe était là, reposant
Sur mon propre Oreiller –

À mon réveil, je la trouvais éveillée –
Je me levais – Elle me suivait –
J'essayais de la lâcher dans la Foule –
De la perdre dans la Mer –

Dans des Coupes d'artificielle Torpeur
De noyer sa forme –
La Tombe – fut détruite – mais la Pelle
Est restée dans la Mémoire –

*

Étroit Domaine – le Cercueil,
Mais apte à contenir

*A Citizen of Paradise
In it's diminished Plane –*

*A Grave – is a restricted Breadth –
Yet ampler than the Sun –
And all the Seas He populates –
And Lands He looks opon*

*To Him who on it's small Repose
Bestows a single Friend –
Circumference without Relief –
Or Estimate – or End –* (890)

En sa Hauteur rabotée
Un Citoyen du Paradis —

Largeur bornée — la Tombe —
Mais plus ample que le Soleil —
Que toutes les Mers qu'Il peuple —
Et les Pays qu'Il surplombe

Pour Qui à son mince Repos
Confie un seul Ami —
Circonférence sans Recours —
Ni Mesure — ni Fin —

LIASSES

Further in Summer than the Birds
Pathetic from the Grass
A minor Nation celebrates
It's unobtrusive Mass.

No Ordinance be seen
So gradual the Grace
A pensive Custom it becomes
Enlarging Loneliness.

Antiquest felt at Noon
When August burning low
Arise this spectral Canticle
Repose to typify

Remit as yet no Grace
No Furrow on the Glow
Yet a Druidic Difference
Enhances Nature now (895*)

*

Plus éloignée dans l'Été que l'Oiseau
Pathétique au creux de l'Herbe
Une Nation mineure célèbre
Sa discrète Liturgie.

Nulle Ordonnance visible
Si graduelle l'action de Grâces
Qu'elle devient Rite méditatif
Dilatant la Solitude.

Oh si antique à Midi
Quand Août brûlant bas
S'élève ce spectral Cantique
Symbole du Repos

Nulle rémission de Grâce encore
D'Ombre sur la Braise aucune
Mais une Modulation Druidique
Exalte désormais la Nature

*

The Soul's distinct connection
With immortality
Is best disclosed by Danger
Or quick Calamity –

As Lightning on a Landscape
Exhibits Sheets of Place –
Not yet suspected – but for Flash –
And Click – and Suddenness. (901*)

*

We met as Sparks – Diverging Flints
Sent various – scattered ways –
We parted as the Central Flint
Were cloven with an Adze –
Subsisting on the Light We bore
Before We felt the Dark –
We knew by change between itself
And that etherial Spark. (918*)

*

The Poets light but Lamps –
Themselves – go out –
The Wicks they stimulate
If vital Light

Inhere as do the Suns –
Each Age a Lens

Le lien précis de l'Âme
Avec l'immortalité,
Le Danger le mieux le révèle
Ou un vif Malheur –

Comme la Foudre sur un Paysage
Montre des Plans d'Espaces –
Insoupçonnés – n'était l'Éclair –
Le Fracas – la Soudaineté.

*

D'Étincelles notre rencontre – Silex
Divergents – volant de tous côtés –
Notre séparation, une Hache
Le Cœur de la Pierre clivé –
Nous vivons de la Clarté qui fut Nôtre
Avant d'éprouver la Ténèbre –
Par sa différence avec cette céleste
Étincelle, révélée.

*

Les Poètes allument des Lampes –
Eux-mêmes – s'éteignent –
Ils remontent les Mèches
Si la Clarté vitale

Perdure comme les Soleils –
Chaque Âge sera un Verre

Disseminating their
Circumference – (930*)

*

An Everywhere of Silver
With Ropes of Sand
To keep it from effacing
The Track called Land – (931)

*

These tested Our Horizon –
Then disappeared
As Birds before achieving
A Latitude.

Our Retrospection of Them
A fixed Delight,
But Our Anticipation
A Dice – a Doubt – (934)

*

As imperceptibly as Grief
The Summer lapsed away –
Too imperceptible at last
To feel like Perfidy –

Qui diffusera leur
Halo de lumière –

*

Un Alentour d'Argent
Et des Cordes de Sable
Pour qu'il n'efface pas
La Terre, cette Piste –

*

Ils ont sondé Notre Horizon –
Puis disparu
Tels des Oiseaux avant d'atteindre
Une Latitude.

Notre Remémoration d'Eux
Délice assuré,
Mais Notre Anticipation
Doute – Coup de dés –

*

Imperceptiblement l'Été
Tel un Chagrin s'est écoulé –
Trop imperceptible à la fin
Pour sembler Trahison –

A Quietness distilled
As Twilight long begun
Or Nature spending with herself
Sequestered Afternoon.

The Dusk drew earlier in
The Morning foreign shone
A Courteous yet harrowing grace
As Guest that would be gone

And thus without a Wing
Or service of a keel
Our Summer made her light escape
Into the Beautiful. (935*)

*

A Moth the hue of this
Haunts Candles in Brazil –
Nature's Experience would make
Our Reddest Second pale –

Nature is fond, I sometimes think,
Of Trinkets, as a Girl. (944)

*

The good Will of a Flower
The Man who would possess
Must first present Certificate
Of minted Holiness. (954)

Une Quiétude se distillait
Comme d'un long Crépuscule
Ou si la Nature passait seule à seule
Un Après-midi Reclus.

Le Soir s'annonçait plus tôt
Le Matin brillait en étranger
Courtoise mais navrante grâce
D'un Hôte qui songe au départ

Ainsi notre Été, sans Aile
Ni recours à l'esquif,
A-t-il accompli sa fuite légère
Dans la Beauté.

*

Un Papillon de cette couleur
Hante les Bougies au Brésil –
La Chimie de la Nature ferait pâlir
La plus Rouge de nos Heures –

La Nature, je crois, aime les Babioles,
Comme une Jeune Fille.

*

La bonne Volonté d'une Fleur
L'Homme qui s'en voudrait doter
Doit présenter d'abord un Certificat
Avec sceau de Sainteté.

*

The Heart has narrow Banks
It measures like the Sea
In mighty – unremitting Bass
And Blue monotony

Till Hurricane bisect
And as itself discerns
It's insufficient Area
The Heart convulsive learns

That Calm is but a Wall
Of Unattempted Gauze
An instant's Push demolishes
A Questioning – dissolves. (960)

*

When One has given up One's life
The parting with the rest
Feels easy, as when Day lets go
Entirely the West

The Peaks, that lingered last
Remain in Her regret
As scarcely as the Iodine
Opon the Cataract – (961*)

*

Le Cœur a d'étroites Rives
Qu'il mesure comme la Mer
D'une vaste – incessante Rumeur
Et Bleue monotonie

Mais que l'Ouragan le divise
Alors discernant
Son manque de Superficie
Le Cœur convulsif apprend

Que le Calme n'est qu'un Rempart
De Tulle inviolé
Qu'une brusque Poussée détruit
Qu'un Questionnement – dissout.

*

Quand On a renoncé à Sa vie
Se séparer du reste
Semble aisé, comme lorsque le Jour
Abandonne tout l'Ouest

Les Pics, derniers à s'en aller,
Demeurent dans Son regret
Aussi impalpables que l'Iode
Sur la Cascade –

*

A Death blow is a Life blow, to Some,
Who till they died, did not alive become
Who had they lived had died, but when
They died, Vitality begun. (966*)

*

The Mountain sat opon the Plain
In his tremendous Chair.
His observation omnifold,
His inquest, everywhere –

The Seasons played around his knees
Like Children round a Sire –
Grandfather of the Days is He
Of Dawn, the Ancestor – (970)

*

The largest Fire ever known
Occurs each Afternoon –
Discovered is without surprise
Proceeds without concern –
Consumes and no report to men
An Occidental Town,
Rebuilt another morning
To be burned down again (974*)

*

Un coup Mortel est un coup Vital, pour Certains,
Qui avant leur mort, n'étaient pas venus à la vie
Qui s'ils avaient vécu seraient morts, mais quand
Ils moururent, la Vitalité vint.

*

Le Mont était assis sur la Plaine
Dans son imposant Fauteuil.
Son observation multiforme,
Son examen, omniprésent –

Les Saisons jouaient à ses genoux
Comme Enfants autour de l'Aïeul –
Le Grand-Père des Jours, c'est Lui
De l'Aube, l'Ancêtre –

*

Le plus vaste Incendie
A lieu chaque Soir –
On le découvre sans surprise
Il se poursuit sans souci –
Consume à l'insu des humains
Une Cité d'Occident,
Rebâtie un autre matin
Pour cendres redevenir

*

*The missing All, prevented Me
From missing minor Things.
If nothing larger than a World's
Departure from a Hinge
Or Sun's Extinction, be observed
'Twas not so large that I
Could lift my Forehead from my work
For Curiosity.* (995*)

*

*The Stimulus, beyond the Grave
His Countenance to see
Supports me like imperial Drams
Afforded Day by Day.* (1001)

*

*There is no Silence in the Earth — so silent
As that endured
Which uttered, would discourage Nature
And haunt the World —* (1004)

*

*

Manquer de Tout, M'a empêchée
De manquer le Moindre.
N'y eût-il rien de plus vaste à observer
Qu'un Univers hors de ses Gonds
Ou l'Extinction du Soleil,
Ce ne l'était pas au point que je
Ne lève le Front de mon ouvrage
Par Curiosité.

*

La Perspective, par-delà la Tombe
De voir sa Contenance
Me soutient comme des Gouttes impériales
Administrées au Quotidien.

*

Il n'est pas de Silence sur Terre – **aussi silencieux**
Que celui enduré
Qui énoncé, découragerait la Nature
Et hanterait l'Univers –

*

Crumbling is not an instant's Act
A fundamental pause
Dilapidation's processes
Are organized Decays —

'Tis first a Cobweb on the Soul
A Cuticle of Dust
A Borer in the Axis
An Elemental Rust —

Ruin is formal — Devil's work
Consecutive and slow —
Fail in an instant, no man did
Slipping — is Crashe's law — (1010)

*

Superfluous were the Sun
When Excellence be dead
He were superfluous every Day
For every Day be said

That syllable whose Faith
Just saves it from Despair
And whose "I'll meet You" hesitates
If Love inquire "Where"?

Opon His dateless Fame
Our Periods may lie
As Stars that drop anonymous
From an abundant sky. (1013)

S'effondrer n'est pas le Fait d'un instant
Une pause capitale
Les processus de Délabrement
Sont de méthodiques Déclins –

D'abord une Toile d'araignée sur l'Âme
Une Pellicule de Poussière
Une Vrille dans l'Axe
Une Rouille Élémentaire –

La Ruine a des règles – Œuvre diabolique
Lente et cohérente –
Perdre en un moment, ne s'est jamais vu
Glisser – régit la Chute –

*

Superflu serait le Soleil
Si mourait l'Excellence
Il serait superflu chaque Jour
Car chaque Jour est censé être

Cette syllabe dont la Foi
Le sauve à peine du Désespoir
Et dont le « Je Vous reverrai » hésite
Si l'Amour demande : « Où ? »

Sur Son immémoriale Gloire
Nos Ères reposent
Comme des Étoiles qui tombent anonymes
D'un ciel foisonnant.

*

*There is a Zone whose even Years
No Solstice interrupt –
Whose Sun constructs perpetual Noon
Whose perfect Seasons wait –*

*Whose Summer set in Summer, till
The Centuries of June
And Centuries of August cease
And Consciousness – is Noon –* (1020)

*

*The Hills in Purple syllables
The Day's Adventures tell
To little Groups of Continents
Just going Home from School –* (1026)

*

*To die – without the Dying
And live – without the Life
This is the hardest Miracle
Propounded to Belief.* (1027)

*

*

Il est une Zone aux Années égales
Que nul Solstice n'interrompt –
Dont le Soleil crée un perpétuel Midi
Et parfaites sont les Saisons –

Dont l'Été dans l'Été persiste
Avant que les Siècles de Juin
Et les Siècles d'Août cessent
Et que la Conscience soit – Midi –

*

Les Collines en syllabes Pourpres
Content les Aventures du Jour
À de petits Groupes de Continents
Qui s'en retournent de l'École –

*

Mourir – sans le Mourir
Et vivre – sans la Vie
Voilà le Miracle le plus ardu
Proposé à la Foi.

*

As the Starved Maelstrom laps the Navies
As the Vulture teazed
Forces the Broods in lonely Valleys
As the Tiger eased

By but a Crumb of Blood, fasts Scarlet
Till he meet a Man
Dainty adorned with Veins and Tissues
And partakes – his Tongue

Cooled by the Morsel for a moment
Grows a fiercer thing
Till he esteem his Dates and Cocoa
A Nutrition mean

I, of a finer Famine
Deem my Supper dry
For but a Berry of Domingo
And a Torrid Eye – (1064)

*

Crisis is a Hair
Toward which forces creep
Past which – forces retrograde
If it come in sleep

To suspend the Breath
Is the most we can
Ignorant is it Life or Death
Nicely balancing –

Let an instant push
Or an Atom press

Comme le Maelström Affamé gobe les Flottes
Comme le Vautour tenaillé
Fond sur les Couvées dans les Vallées désertes
Comme le Tigre, sa faim trompée

Avec une Bribe de Sang, reste à jeun d'Écarlate
Jusqu'à ce qu'il trouve un Homme
Orné de Veines et Membranes délicates
Et le consomme – sa Langue

Un moment calmée par ce friand Morceau
Se fait plus féroce
Il estime alors ses Dattes, son Cacao
Nutrition médiocre

Moi, à la Faim plus fine,
Je juge mon Souper fade
À moins d'une Baie de Saint-Domingue
Et d'un Œil Torride –

*

La Crise est un Cheveu
Vers quoi les forces rampent
Après quoi – les forces reculent
Si elle advient dans le sommeil

Suspendre son Souffle
Est le mieux qu'on puisse faire
Ne sachant si c'est la Vie ou la Mort
Qui sont en subtil suspens –

La poussée d'un instant
La pression d'un Atome

Or a Circle hesitate
In Circumference

It may jolt the Hand
That adjusts the Hair
That secures Eternity
From presenting — Here — (1067)

*

Under the Light, yet under,
Under the Grass and the Dirt,
Under the Beetle's Cellar
Under the Clover's Root,

Further than Arm could stretch
Were it Giant long,
Further than Sunshine could
Were the Day Year long,

Over the Light, yet over,
Over the Arc of the Bird —
Over the Comet's chimney —
Over the Cubit's Head,

Further than Guess can gallop
Further than Riddle ride —
Oh for a Disc to the Distance
Between Ourselves and the Dead! (1068)

*

L'hésitation d'un Cercle
Sur sa Circonférence

Peut faire trembler la Main
Ajustant le Cheveu
Qui empêche l'Éternité
De se présenter – Ici –

              *

Plus bas que la Lumière, plus bas,
Plus bas que l'Herbe et la Boue,
Plus bas que Racine de Trèfle
Plus bas que Blatte en son Trou,

Plus loin que Bras déployé
Fût-il bras de Géant,
Plus loin qu'atteindrait le Soleil
Le Jour durât-il l'An,

Plus haut que la Lumière, plus haut,
Plus haut que l'Arc de l'Oiseau –
Plus haut que cheminée de Comète –
Plus haut que Tête de Toise,

Plus loin que chevauchée d'Énigme
Plus loin que galop de Clé –
Ô pour un Disque dans la Distance
Entre Nous et les Morts !

              *

A loss of something ever felt I –
The first that I could recollect
Bereft I was – of what I knew not
Too young that any should suspect

A Mourner walked among the children
I notwithstanding went about
As one bemoaning a Dominion
Itself the only Prince cast out –

Elder, Today, A session wiser,
And fainter, too, as Wiseness is
I find Myself still softly searching
For my Delinquent Palaces –

And a Suspicion, like a Finger
Touches my Forehead now and then
That I am looking oppositely
For the Site of the Kingdom of Heaven – (1072)

*

Herein a Blossom lies –
A Sepulchre, between –
Cross it, and overcome the Bee –
Remain – 'tis but a Rind – (1073)

*

To help our Bleaker Parts
Salubrious Hours are given

Toujours j'ai ressenti une perte —
Du plus loin qu'il me souvienne
J'étais veuve — de quoi je ne savais
Trop jeune pour qu'on se doute

Qu'une Endeuillée rôdait parmi les enfants
J'allais cependant pareille
À qui sur un Empire se lamente
Étant le seul Prince en exil —

Plus vieille, Aujourd'hui, d'un cycle assagie
Et plus effacée, comme est la Sagesse
Doucement je poursuis encor la quête
De mes Insolvables Palais —

Et un Soupçon, comme un Doigt
De temps en temps touche mon Front
Je crois que je cherche aux antipodes
Le Lieu du Céleste Royaume —

*

Ci-gît une Fleur —
Un Sépulcre, en sépare —
Franchis-le, et vaincs l'Abeille —
Reste — ce n'est qu'une Peau —

*

Pour aider nos Côtés plus Sombres
Des Heures salubres sont dispensées

Which if they do not fit for Earth –
Drill silently for Heaven – (1087)

*

I've dropped my Brain – My Soul is numb –
The Veins that used to run
Stop palsied – 'tis Paralysis
Done perfecter in stone –

Vitality is Carved and cool –
My nerve in marble lies –
A Breathing Woman
Yesterday – endowed with Paradise.

Not dumb – I had a sort that moved –
A Sense that smote and stirred –
Instincts for Dance – a caper part –
An Aptitude for Bird –

Who wrought Carrara in me
And chiselled all my tune
Were it a witchcraft – were it Death –
I've still a chance to strain

To Being, somewhere – Motion – Breath –
Though Centuries beyond,
And every limit a Decade –
I'll shiver, satisfied. (1088)

*

Qui à défaut de rendre apte à la Terre –
En silence rompent au Ciel –

*

J'ai lâché mon Cerveau – Mon Âme est gourde –
Les Veines qui jadis coulaient
S'arrêtent, figées – Paralysie
Mieux rendue dans la pierre –

Vitalité Sculptée et froide –
Mon nerf gît dans du marbre –
Femme Respirante
Hier – dotée de Paradis.

Non muette – quelque chose bougeait –
Un Sens en éveil, en émoi –
Des instincts de Danse – un art de pirouette –
Une Aptitude d'Oiseau –

Qui a fait œuvre de Carrare en moi
Et buriné mon chant
Que ce soit magie – que ce soit la Mort –
Si j'ai une chance de tendre

À l'Être, quelque part – au Mouvement – au Souffle –
Fût-ce par-delà les Siècles,
Et chaque limite une Décennie –
Je frémirai, comblée.

*

This quiet Dust was Gentlemen and Ladies
And Lads and Girls –
Was laughter and ability and Sighing
And Frocks and Curls.

This Passive Place a Summer's nimble mansion
Where Bloom and Bees
Exist an Oriental Circuit
Then cease, like these – (1090*)

*

We outgrow love, like other things
And put it in the Drawer –
Till it an Antique fashion shows –
Like Costumes Grandsires wore. (1094)

*

At Half past Three, a single Bird
Unto a silent Sky
Propounded but a single term
Of cautious melody –

At Half past Four, Experiment
Had subjugated test
And lo, Her silver Principle
Supplanted all the rest –

At Half past Seven, Element
Nor Implement, be seen –

Ces Cendres placides furent Dames, Messieurs,
Garçons et Demoiselles –
Furent rires, talents, Soupirs,
Boucles et Dentelles.

Ce Lieu Passif, pavillon ailé de l'Été
Où Fleurs et Bourdons
Forment une Orientale Ronde
Puis tels ces défunts, se défont –

*

L'amour devient trop petit, comme le reste
On le range dans un Tiroir –
Puis un jour sa mode apparaît Désuète –
Comme l'Habit que portaient nos Aïeux.

*

À Trois heures et Demie, un unique Oiseau
Dans un Ciel silencieux
A proposé une phrase unique
De prudente mélodie –

À Quatre heures et Demie, l'Expérience
A maîtrisé l'essai
Et voici que le Principe argentin
A supplanté tout le reste –

À Sept heures et Demie, Élément
Ni Instrument, ne se voient –

And Place was where the Presence was
Circumference between – (1099*)

*

The Bustle in a House
The Morning after Death
Is solemnest of industries
Enacted opon Earth –

The Sweeping up the Heart
And putting Love away
We shall not want to use again
Until Eternity – (1108)

*

This is a Blossom of the Brain –
A small – italic Seed
Lodged by Design or Happening
The Spirit fructified –

Shy as the Wind of his Chambers
Swift as a Freshet's Tongue
So of the Flower of the Soul
It's process is unknown –

When it is found, a few rejoice
The Wise convey it Home
Carefully cherishing the spot
If other Flower become –

Le Lieu est où fut la Présence
Entre, la Circonférence –

*

Le Remue-Ménage
Au Lendemain de la Mort
Des occupations d'Ici-bas
Est la plus solennelle –

On Balaie le Cœur
On range l'Amour
Jusqu'à l'Éternité
Désormais inutiles –

*

Ceci est une Fleur du Cerveau –
Mince – Graine italique
Logée par tel Dessein ou Hasard
Qu'a fait fructifier l'Esprit –

Pudique comme en ses Chambres le Vent
Prompte comme Langue de Crue
Ainsi en est-il de la Fleur de l'Âme
Sa genèse est inconnue –

Découverte, une poignée se réjouit
Les Sages l'accueillent en Eux
Soignant le lieu avec tendresse
Si elle donne une autre Fleur –

When it is lost, that Day shall be
The Funeral of God,
Opon his Breast, a closing Soul
The Flower of Our Lord – (1112*)

*

It is an honorable Thought
And makes One lift One's Hat
As One met sudden Gentlefolk
Opon a daily Street

That We've immortal Place
Though Pyramids decay
And Kingdoms, like the Orchard
Flit Russetly away (1115)

*

Count not that far that can be had
Though sunset lie between
Nor that adjacent that beside
Is further than the sun. (1124*)

*

Paradise is of the Option –
Whosoever will

Si elle se perd, ce Jour-là verra
L'Enterrement de Dieu,
Sur son Sein, une Âme se refermant
La Fleur de Notre-Seigneur —

*

C'est une honorable Pensée
Qui Nous fait mettre Chapeau bas
Comme devant un Bourgeois croisé soudain
Dans une Rue populaire

Que Nous avons Rang immortel
Bien que les Pyramides croulent
Et que les Royaumes, tel le Verger,
Passent dans la Rousseur

*

Ne juge pas si lointain ce qui peut s'atteindre
Bien que le couchant t'en sépare
Ni si proche ce qui, voisin,
Est plus loin que le soleil.

*

Le Paradis est au Choix —
Quiconque l'élit

Own in Eden notwithstanding
Adam, and Repeal. (1125*)

*

The Frost of Death was on the Pane –
"Secure your Flower" said he.
Like Sailors fighting with a Leak
We fought Mortality –

Our passive Flower we held to Sea –
To mountain – to the Sun –
Yet even on his Scarlet shelf
To crawl the Frost begun –

We pried him back
Ourselves we wedged
Himself and her between –
Yet easy as the narrow Snake
He forked his way along

Till all her helpless beauty bent
And then our wrath begun –
We hunted him to his Ravine
We chased him to his Den –

We hated Death and hated Life
And nowhere was to go –
Than Sea and continent there is
A larger – it is Woe (1130*)

Aura part à l'Éden nonobstant
Adam et l'Exil.

*

Le Gel de la Mort était sur la Vitre –
« Protège ta Fleur », dit-il.
Tels des Marins luttant contre une Voie d'eau
Nous avons combattu la Mortalité –

Notre Fleur passive, nous l'avons tournée vers la Mer –
Vers la montagne – vers le Soleil –
Mais jusque sur son rebord Écarlate
Le Gel s'est mis à ramper –

Nous l'avons refoulé
Nous nous sommes calés nous-mêmes
Entre Lui et la fleur –
Mais souple comme l'étroit Serpent
Il ondulait toujours

Et de toute sa frêle beauté elle a plié
Alors notre colère a éclaté –
Nous l'avons poursuivi vers son Ravin
L'avons chassé vers son Repaire –

Nous haïssions la Mort et haïssions la Vie
Et nulle part où aller –
Que Mer et continent il y a
Plus vaste – le Chagrin

*

Too cold is this
To warm with Sun –
Too stiff to bended be.
To joint this Agate were a work –
Outstaring Masonry –

How went the Agile Kernel out
Contusion of the Husk
Nor Rip, nor wrinkle indicate
But just an Asterisk. (1137*)

*

The Lightning is a yellow Fork
From Tables in the Sky
By inadvertent fingers dropt
The awful Cutlery

Of mansions never quite disclosed
And never quite concealed
The Apparatus of the Dark
To ignorance revealed – (1140)

*

The murmuring of Bees, has ceased
But murmuring of some
Posterior, prophetic,

*

Trop glacé est ceci
Pour tiédir au Soleil –
Trop raide pour être ployé.
Jointoyer cette Agate serait un défi –
À la Maçonnerie –

Comment est sortie l'Agile Amande
Ni contusion de la Coque
Ni Fente, ni ride ne l'indiquent
Mais un simple Astérisque.

*

L'Éclair est une jaune Fourchette
Des Tables du Ciel
Lâchée par des doigts distraits
Terrible Argenterie

De palais jamais tout à fait
Dévoilés ni dérobés
Attirail de la Ténèbre
À l'ignorance révélé –

*

Le murmure des Abeilles, s'est tu
Mais d'autres murmures
Postérieurs, prophétiques,

Has simultaneous come.
The lower metres of the Year
When Nature's laugh is done
The Revelations of the Book
Whose Genesis was June.
Appropriate Creatures to her change
The Typic Mother sends
As Accent fades to interval
With separating Friends
Till what we speculate, has been
And thoughts we will not show
More intimate with us become
Than Persons, that we know. (1142*)

*

In thy long Paradise of Light
No moment will there be
When I shall long for Earthly Play
And mortal Company – (1145*)

*

Soft as the massacre of Suns
By Evening's sabres slain (1146*)

*

After a hundred years
Nobody knows the Place

Simultanément sont venus.
Prosodie plus sourde de l'Année
Quand le rire de la Nature est consommé
Apocalypse du Livre
Dont Juin fut la Genèse.
À son changement la Mère des Espèces
Envoie les Créatures appropriées
Comme l'Accent s'estompe en intervalle
Chez des Amis qui se séparent
Et puis nos spéculations, cessent
Et des pensées que nous gardons secrètes
Nous deviennent plus intimes
Que les Personnes, que nous connaissons.

*

Dans ton long Paradis de Lumière
À nul instant je n'aurai
La nostalgie du Théâtre Terrestre
Et de la Troupe mortelle –

*

Sourd comme le massacre de Soleils
Occis par les sabres du Soir

*

Un siècle écoulé
Nul ne connaît le Lieu

Agony that enacted there
Motionless as Peace

Weeds triumphant ranged
Strangers strolled and spelled
At the lone Orthography
Of the Elder Dead

Winds of Summer Fields
Recollect the way —
Instinct picking up the Key
Dropped by memory — (1149*)

*

The longest day that God appoints
Will finish with the sun.
Anguish can travel to it's stake,
And then it must return. (1153*)

*

The Day grew small, surrounded tight
By early, stooping Night —
The Afternoon in Evening deep
It's Yellow shortness dropt —
The Winds went out their martial ways
The Leaves obtained excuse —
November hung his Granite Hat
Opon a nail of Plush — (1164*)

L'agonie jouée là
Figée comme la Paix

L'ortie a triomphé partout
Les flâneurs ont épelé
L'Orthographe solitaire
Des Morts Anciens

Les Brises des Champs de l'Été
N'oublient pas le chemin –
L'Instinct ramassant la Clé
Lâchée par la mémoire –

*

Le jour le plus long fixé par Dieu
Avec le soleil prendra fin.
L'angoisse peut aller jusqu'à son pieu,
Puis doit rebrousser chemin.

*

Le Jour se fit court, de près cerné
Par la Nuit précoce, voûtée –
L'Après-Midi dans le Soir profond
Abîma sa Jaune brièveté –
Les Vents prirent leurs airs martiaux
Les Feuilles obtinrent un sursis –
Novembre à un clou de Peluche
Accrocha son Chapeau de Granit –

*

Great Streets of silence led away
To Neighborhoods of Pause –
Here was no Notice – no Dissent
No Universe – no Laws –

By Clocks, 'Twas Morning, and for Night
The Bells at Distance called –
But Epoch had no basis here
For Period exhaled (1166*)

*

The Suburbs of a Secret
A Strategist should keep –
Better than on a Dream intrude
To scrutinize the Sleep – (1171*)

*

Where every Bird is bold to go
And Bees abashless play
The Foreigner before he knocks
Must thrust the Tears away – (1179*)

*

*

De grandes Rues de silence s'ouvraient
Sur des Faubourgs de Repos –
Ici nul Avis – nulle Dissidence
Nul Univers – nulles Lois –

Aux Horloges, C'était le Matin, et pour la Nuit
Les Cloches sonnaient au loin –
Mais l'Époque n'avait pas d'assise ici
Où la Période s'exhalait.

*

Les Faubourgs d'un Secret
Le Stratège doit les garder –
Plutôt que d'envahir un Rêve
Pour épier le Sommeil –

*

Où tout Oiseau a l'audace d'aller,
Où l'Abeille joue sans gêne,
L'Étranger avant de frapper
Doit balayer les Larmes –

*

The Riddle that we guess
We speedily despise –
Not anything is stale so long
As Yesterday's Surprise. (1180*)

*

Experiment escorts us last –
His pungent company
Will not allow an Axiom
An Opportunity – (1181*)

*

Too happy Time dissolves itself
And leaves no remnant by –
'Tis Anguish not a Feather hath
Or too much weight to fly – (1182*)

*

We introduce ourselves
To Planets and to Flowers
But with ourselves
Have etiquettes
Embarrassments
And awes (1184)

L'Énigme qu'on devine
Bien vite on la méprise –
Rien ne s'évente aussi longtemps
Que d'Hier la Surprise.

*

L'Expérience nous escorte en dernier –
Son âpre société
Ne laissera pas à l'Axiome
De Possibilité –

*

Trop heureux, le Temps se dissout
Sans laisser de trace –
C'est que sans Plumes ou trop lourde
Pour voler est l'Angoisse –

*

Nous nous présentons
Aux Fleurs, aux Planètes
Mais entre nous
Nous avons des étiquettes,
Des gênes
Des effrois

*

A great Hope fell
You heard no noise
The Ruin was within
Oh cunning Wreck
That told no Tale
And let no Witness in

The mind was built for mighty Freight
For dread occasion planned
How often foundering at Sea
Ostensibly, on Land

A not admitting the wound
Until it grew so wide
That all my Life had entered it
And there were troughs beside —

A closing of the simple lid that opened to the sun
Until the tender Carpenter
Perpetual nail it down — (1187-1188*)

*

White as an Indian Pipe
Red as a Cardinal Flower
Fabulous as a Moon at Noon
Febuary Hour — (1193*)

*

Un grand Espoir s'écroula
On ne perçut aucun bruit
Au-dedans était la Ruine
Ô Naufrage sournois
Qui ne se Trahit pas
Et n'admit nul Témoin

L'esprit bâti pour une Charge immense
Conçu pour la tourmente
Sombrant en Mer tant de fois
Et sur Terre, ostensiblement

Un refus de m'avouer la blessure
Et tant elle s'élargit
Que toute ma Vie s'y engouffra
Autour, ce n'étaient que failles –

Rabattu le simple couvercle qui bâillait au soleil
Jusqu'à ce que le tendre Menuisier
À jamais le cloue –

*

Blanche comme Pipe d'Indien
Rouge comme Cardinale
Fabuleuse comme Lune en plein Jour
Heure de Février –

*

*Somehow myself survived the Night
And entered with the Day –
That it be saved the Saved suffice
Without the Formula –*

*Henceforth I take my living place
As one commuted led –
A Candidate for Morning Chance
But dated with the Dead.* (1209)

*

*A Wind that rose
Though not a Leaf
In any Forest stirred
But with itself did cold engage
Beyond the Realm of Bird –
A Wind that woke a lone Delight
Like Separation's Swell
Restored in Arctic Confidence
To the Invisible –* (1216*)

*

*Immortal is an ample word
When what we need is by
But when it leaves us for a time
'Tis a nescessity.*

*

J'ai pu moi-même survivre à la Nuit
Et rallier le Jour –
Au Sauvé le Salut suffit
Sans la Formule –

Désormais je prends mon rang de vivante
Comme une graciée –
Candidate à la Chance du Matin
Mais parmi les Morts marquée.

*

Un Vent qui se levait
Sans remuement de Feuille
En aucune Forêt
Mais se livrait un froid duel
Par-delà l'Aire de l'Oiseau –
Un vent qui éveillait une solitaire Volupté
Houle de la Séparation
Dans une Arctique Intimité
Rendue à l'Invisible –

*

Immortel est un mot vaste
Quand ce qu'il nous faut est à portée
Mais quand cela nous quitte un temps
C'est une nécessité.

Of Heaven above the firmest proof
We fundamental know
Except for it's marauding Hand
It had been Heaven below – (1223*)

*

The Mountains stood in Haze –
The Valleys stopped below
And went or waited as they liked
The River and the Sky.

At leisure was the Sun –
His interests of Fire
A little from remark withdrawn –
The Twilight spoke the Spire.

So soft opon the Scene
The Act of evening fell
We felt how neighborly a thing
Was the Invisible. (1225)

*

Somewhere opon the general Earth
Itself exist Today –
The Magic passive but extant
That consecrated me –

Indifferent Seasons doubtless play
Where I for right to be –

Du Ciel la preuve la plus sûre
Nous la connaissons en substance
N'était sa Main maraudeuse
Ç'eût été le Ciel ici-bas —

*

Les Monts se dressaient dans la Brume —
Les Vallées en bas cessaient
Et s'en allaient ou demeuraient à leur gré
Le Fleuve et le Ciel.

Le Soleil prenait ses loisirs —
Ses soucis de Feu
Un peu moins prononcés —
Le Soir proclamait le Clocher.

Si doucement sur cette Scène
Tombait l'Acte du crépuscule
On sentait quel bonhomme de voisin
Est l'Invisible.

*

Quelque part sur la Terre universelle
Elle existe Aujourd'hui —
La Magie passive mais durable
Qui m'a consacrée —

Les Saisons indifférentes jouent nul doute
Là où pour avoir le droit d'être —

Would pay each Atom that I am
But Immortality —

Reserving that but just to prove
Another Date of Thee —
Oh God of Width, do not for us
Curtail Eternity! (1226)

*

I should not dare to be so sad
So many Years again —
A Load is first impossible
When we have put it down —

The Superhuman then withdraws
And we who never saw
The Giant at the other side
Begin to perish now. (1233)

*

Like Brooms of Steel
The Snow and Wind
Had swept the Winter Street —
The House was hooked
The Sun sent out
Faint Deputies of Heat —
Where rode the Bird
The Silence tied
His ample – plodding Steed

Je donnerais chaque Atome que je suis
Sauf l'Immortalité –

Ne la réservant que pour confirmer
Un autre Rendez-vous avec Toi –
Oh Dieu de l'Immensité, pour nous
Ne rogne pas l'Éternité !

*

Je n'oserais pas être aussi triste
À nouveau pendant tant d'Années –
Un Fardeau tout d'abord est impossible
Une fois qu'on l'a déposé –

Le Surhumain alors se retire
Et nous qui n'avions pas vu
Le Géant de l'autre côté
Commençons à périr.

*

Comme Crins d'Acier
Le Vent et la Neige
Avaient balayé la Rue d'Hiver –
La Maison pliait
Le Soleil dépêchait
De pâles Messagers de Chaleur –
Là où piétait l'Oiseau
Le Silence attacha
Son lourd – poussif Coursier

*The Apple in the Cellar snug
Was all the one that played.* (1241*)

*

*Shall I take thee, the Poet said
To the propounded word?
Be stationed with the Candidates
Till I have finer tried –*

*The Poet searched Philology
And was about to ring
for the suspended Candidate
There came unsummoned in –
That portion of the Vision
The Word applied to fill
Not unto nomination
The Cherubim reveal –* (1243*)

*

*The Clouds their Backs together laid
The North begun to push
The Forests galloped till they fell
The Lightning played like mice*

*The Thunder crumbled like a stuff
How good to be in Tombs
Where nature's Temper cannot reach
Nor missile ever comes* (1246)

La Pomme dans le Cellier tiède
Était la seule à jouer.

*

Vais-je te prendre ? dit le Poète
Au mot qui se proposait.
Mets-toi parmi les Postulants
Que j'affine mon choix –

Le Poète chercha dans la Philologie
Et il allait sonner
le Candidat en attente
Quand surgit sans qu'il l'appelle –
Cette part de la Vision
Que le Mot voulait recouvrir
Ce n'est pas par nomination
Que les Chérubins révèlent –

*

Les Nuages se mirent Dos à dos
Le Nord commença à pousser
Les Forêts galopaient jusqu'à tomber
La Foudre jouait comme souris

Le Tonnerre s'écroulait comme gravats
Qu'il est bon d'être dans la Tombe
Où la Colère de la nature ne peut atteindre
Ni projectile ne pénètre

*

*Had I not seen the Sun
I could have borne the shade
But Light a newer Wilderness
My Wilderness has made –* (1249)

*

*If my Bark sink
'Tis to another Sea –
Mortality's Ground Floor
Is Immortality –* (1250*)

*

*Fortitude incarnate
Here is laid away
In the swift Partitions
Of the awful Sea –*

*Babble of the Happy
Cavil of the Bold
Hoary the Fruition
But the Sea is old*

*Edifice of Ocean
Thy tumultuous Rooms
Suit me at a venture
Better than the Tombs* (1255*)

*

Si je n'avais vu le Soleil
J'aurais supporté l'ombre
Mais de mon Désert la Lumière
A fait un plus neuf Désert –

*

Si ma Barque sombre
C'est vers une autre Mer –
Le Rez-de-Chaussée du Mortel
Est l'Immortalité –

*

Le Courage incarné
Ici est déposé
Dans les Cloisons mouvantes
De la terrible Mer –

Babil des Heureux
Vétille des Chicaneurs
Chenue la Récolte
Mais vieille est la Mer

Charpente d'Océan
Tes tumultueuses Chambres
À l'estime me plaisent
Plus que les Tombes

*

Tell all the truth but tell it slant —
Success in Circuit lies
Too bright for our infirm Delight
The Truth's superb surprise
As Lightning to the Children eased
With explanation kind
The Truth must dazzle gradually
Or every man be blind — (1263*)

*

A word left careless on a page
May consecrate an eye,
When folded in perpetual seam
The wrinkled author lie. (1268*)

*

The Past is such a curious Creature
To look her in the Face
A Transport may receipt us
Or a Disgrace —

Unarmed if any meet her
I charge him fly
Her faded Ammunition
Might yet reply. (1273*)

*

Dis toute la vérité mais obliquement –
Le succès tient au Détour
Trop vive pour notre Plaisir débile
La superbe surprise du Vrai
Comme la Foudre qu'adoucit pour les Enfants
Une bienveillante explication
La Vérité doit éblouir peu à peu
Ou elle aveuglera chacun –

*

Un mot jeté sur une page
Peut consacrer un œil,
Quand en la pliure éternelle
Gît son auteur ridé.

*

Un Être bien curieux que le Passé
À le fixer en Face
Un Transport peut nous gagner
Ou une Disgrâce –

Qui désarmé l'affronte
Je l'adjure de fuir
Ses Munitions défraîchies
Pourraient encor servir.

*

When Memory is full
Put on the perfect Lid —
This Morning's finest syllable
Presumptuous Evening said — (1301*)

*

The Butterfly in honored Dust
Assuredly will lie
But none will pass the Catacomb
So chastened as the Fly — (1305*)

*

Lain in Nature — so suffice us
The enchantless Pod
When we advertise existence
For the missing Seed —

Maddest Heart that God created
Cannot move a sod
Pasted by the simple summer
On the Longed for Dead — (1309)

*

Quand la Mémoire est pleine
Mets le parfait Couvercle –
La plus belle syllabe de ce Matin
Présomptueuse dite le Soir –

*

Le Papillon en glorieuse Poussière
Reposera sans aucun doute
Mais nul ne franchira la Catacombe
Aussi mortifié que la Mouche –

*

Ci-gît dans la Nature – nous suffise
La Cosse sans charme
Quand nous proclamons l'existence
De la Graine absente –

Le Cœur le plus fol de la Création
Ne peut bouger la motte
Collée par le naïf été
Sur les Morts Désirés –

*

As Summer into Autumn slips
And yet we sooner say
The Summer than the Autumn – lest
We turn the Sun away

And count it almost an Affront
The Presence to concede
Of one however lovely – not
The one that we have loved

So we evade the Charge of Years
On one attempting shy
The Circumvention of the shaft
Of Life's Declivity – (1341*)

*

Not with a Club, the Heart is broken
Nor with a Stone –
A Whip so small you could not see it
I've known

To lash the Magic Creature
Till it fell,
Yet that Whip's Name
Too noble then to tell.

Magnanimous as Bird
By Boy descried –
Singing unto the Stone
Of which it died –

*

Comme dans l'Automne l'Été glisse
Et pourtant nous préférons dire
Été plutôt qu'Automne – de crainte
De détourner le Soleil

Et estimons presque une Insulte
D'admettre la Présence
De qui tout aimable qu'il soit – n'est pas
Celui que nous aimions

Nous esquivons le Poids des Ans
Par un essai timide
De Contournement du puits
De la Vie Déclive –

*

Ni avec un Gourdin, on ne brise le Cœur
Ni avec une Pierre –
Un Fouet mince au point d'être invisible,
J'ai pu le voir

Cingler la Magique Créature
Jusqu'à ce qu'elle tombe,
Le Nom de ce Fouet trop noble pourtant
Pour qu'on le révèle alors.

Magnanime comme l'Oiseau
Débusqué par le Garçon –
Chantant pour la Pierre
Dont il est mort –

Shame need not crouch
In such an Earth as Our's –
Shame – stand erect –
The Universe is your's. (1349)

*

To pile like Thunder to it's close
Then crumble grand away
While everything created hid
This – woud be Poetry –

Or Love – the two coeval come –
We both and neither prove –
Experience either and consume –
For none see God and live – (1353*)

*

Two Lengths has every Day –
It's absolute extent
And Area superior
By Hope or Horror lent –

Eternity will be
Velocity or Pause
At Fundamental Signals
From Fundamental Laws.

To die is not to go –
On Doom's consummate Chart

La Honte n'a pas à se tapir
Sur une Terre comme la Nôtre –
Honte – dresse-toi –
L'Univers t'appartient.

*

S'amasser à terme comme la Foudre
Puis, la Création blottie,
Se dissoudre en majesté
Voilà – qui serait Poésie –

Ou bien Amour – ils sont concomitants –
On les prouve tous deux ou aucun –
Connaître l'un ou l'autre consume –
Car nul ne peut voir Dieu et vivre –

*

Chaque Jour a deux Longueurs –
Sa dimension absolue
Et un Espace supérieur
Créé par l'Espoir ou l'Horreur –

L'Éternité sera
Vélocité ou Arrêt
Selon les Signaux Fondamentaux
De Lois Fondamentales.

Mourir n'est pas partir –
Sur la Carte achevée du Destin

No Territory new is staked –
Remain thou as thou Art. (1354*)

*

I'd rather recollect a Setting
Than own a rising Sun
Though one is beautiful forgetting
And true the other one.

Because in going is a Drama
Staying cannot confer –
To die divinely once a twilight –
Than wane is easier – (1366*)

*

Not any more to be lacked –
Not any more to be known –
Denizen of Significance
For a span so worn –

Even Nature herself
Has forgot it is there –
Sedulous of her Multitudes
Notwithstanding Despair –

Of the Ones that pursued it
Suing it not to go
Some have solaced the longing
To accompany –

Nul Territoire nouveau n'est porté —
Demeure, toi, tel que tu Es.

*

J'aime mieux me souvenir d'un Couchant
Que jouir d'une Aurore
Bien que l'un soit superbe oubli
Et l'autre réel.

Car il y a dans le départ un Drame
Que rester ne peut offrir —
Mourir divinement en une fois le soir —
Est plus aisé que décliner —

*

Ne plus manquer à personne —
Ne plus être connu —
Citoyen d'Importance
Pour un temps si miné —

La Nature elle-même
A oublié sa présence —
Trop occupée de ses Multitudes
Malgré le Désespoir —

De Ceux qui le poursuivaient
Le sommant de rester
Certains ont calmé le désir
De l'accompagner —

Some – rescinded the Wrench –
Others – Shall I say
Plated the residue of Adz
With Monotony. (1382*)

*

The Mind lives on the Heart
Like any Parasite –
If that is full of Meat
The Mind is fat –

But if the Heart omit –
Emaciate the Wit –
The Aliment of it
So absolute. (1384*)

Certains – ont relégué la Tenaille –
D'autres – Dirais-je
Ont revêtu de Monotonie
Ce qu'arasa la Doloire.

*

Du Cœur, l'Esprit se nourrit
Comme tout Parasite –
Si le Cœur est riche
L'Esprit profite –

Mais si le Cœur faillit –
L'Esprit s'émacie –
Si absolu Ce qu'il
Y puise.

POÈMES ÉPARS

Take all away —
The only thing worth larceny
Is left — the Immortality — (1390*)

*

The long sigh of the Frog
Opon a Summer's Day
Enacts intoxication
Opon the Passer by.

But his receding Swell
Substantiates a Peace
That makes the Ear inordinate
For corporal release — (1394*)

*

How firm eternity must look
To crumbling men like me —

Ôtez tout – reste
La seule chose digne d'un larcin –
L'Immortalité –

*

Le long soupir de la Grenouille
Par un Jour d'Été
Pour le passant trahit
L'ébriété.

Mais son Decrescendo
Incarne une Paix
Qui rend l'Oreille éperdue
De délivrance corporelle –

*

Combien solide doit sembler l'éternité
À ceux qui comme moi se délitent –

The only adamant Estate
In all Identity

How mighty to the insecure –
Thy Physiognomy
To whom not any Face cohere –
Unless concealed in thee. (1397)

*

The worthlessness of Earthly things
The Ditty is that Nature Sings –
And then – enforces their delight
Till Synods are inordinate – (1400)

*

Long Years apart – can make no
Breach a second cannot fill –
The absence of the Witch does not
Invalidate the spell –

The embers of a Thousand Years
Uncovered by the Hand
That fondled them when they were Fire
Will gleam and understand (1405)

*

Seule Condition adamantine
En toute Identité –

Combien puissante pour les précaires –
Ta Physionomie
À qui nulle Face n'adhère –
Sinon celée en toi.

*

La vanité des choses Terrestres
De la Nature est le Refrain –
Mais – elle en ordonne la volupté
Jusqu'à dérégler les Synodes –

*

Des Années de séparation – ne peuvent créer
De Brèche que ne comble une seconde –
L'absence du Sorcier ne
Détruit pas le sortilège –

Les braises d'un Millier d'Années
Remuées par la Main
Qui les caressait lorsqu'elles étaient Feu
Luiront et comprendront

*

Praise it – 'tis dead –
It cannot glow –
Warm this inclement Ear
With the encomium it earned
Since it was gathered here –
Invest this alabaster Zest
In the Delights of Dust –
Remitted – since it flitted it
In recusance august. (1406*)

*

The Bat is dun, with wrinkled Wings –
Like fallow Article –
And not a song pervade his Lips –
Or none perceptible.

His small Umbrella quaintly halved
Describing in the Air
An Arc alike inscrutable
Elate Philosopher.

Deputed from what Firmament –
Of what Astute Abode –
Empowered with what malignity
Auspiciously withheld –

To his adroit Creator
Ascribe no less the praise –
Beneficent, believe me,
His eccentricities – (1408*)

Glorifie-le – c'est mort –
Ça ne peut luire –
Réchauffe cette Oreille austère
De l'éloge qu'il suscite
Depuis qu'il repose ici –
Investis ce Zeste albâtre
Des Délices de la Poussière –
Absous – puisqu'il s'est éclipsé
En dissidence auguste.

*

La Chauve-souris est bistre, avec des Ailes ridées –
Comme un Article jauni –
Et pas un chant ne monte à ses Lèvres –
Du moins qui soit audible.

Son petit Parapluie drôlement fendu en deux
Décrivant dans l'Air
Un Arc tout aussi énigmatique
Exalte le Philosophe.

Déléguée de quel Firmament –
De quel Subtil Séjour –
Douée de quelle malignité
Par bonheur refoulée –

De son habile Créateur
Ne la mets pas moins au crédit –
Bénéfiques, crois-moi,
Ses bizarreries –

*

How much the present moment means
To those who've nothing more –
The Fop – the Carp – the Atheist –
Stake an entire store
Opon a moment's shallow Rim
While their commuted Feet
The Torrents of Eternity
Do all but inundate – (1420)

*

Of Paradise' existence
All we know
Is the uncertain certainty –
But it's vicinity, infer,
By it's Bisecting Messenger – (1421*)

*

Bees are Black – with Gilt Surcingles –
Buccaneers of Buzz –
Ride abroad in ostentation
And subsist on Fuzz –

Fuzz ordained – not Fuzz contingent –
Marrows of the Hill.
Jugs – a Universe's fracture
Could not jar or spill. (1426*)

*

Combien importe le moment présent
À ceux qui n'ont rien d'autre –
Le Snob – l'Ergoteur – l'Athée –
Misent tout un stock
Sur le mince Rebord d'un instant
Tandis qu'à l'autre bout
Les Torrents de l'Éternité
Leur lèchent les Pieds –

*

De l'existence du Paradis
Nous ne connaissons
Que la certitude incertaine –
Mais qu'il est proche, nous le savons
Par le Bissecteur, son Messager –

*

Les Abeilles sont Brunes – Sanglées d'Or –
Boucanières Sonores –
Naviguent avec ostentation
Et vivent de Mousseux –

Mousseux sacré – non contingent –
Sucs de la Colline.
Jarres – qu'une cassure de l'Univers
Ne pourrait désemplir.

*

*Lay this Laurel on the One
Too intrinsic for Renown —
Laurel — vail your deathless Tree —
Him you chasten, that is He!* (1428*)

*

*What mystery pervades a well!
The water lives so far —
A neighbor from another world
Residing in a jar*

*Whose limit none have ever seen,
But just his lid of glass —
Like looking every time you please
In an abyss's face!*

*The grass does not appear afraid,
I often wonder he
Can stand so close and look so bold
At what is awe to me.*

*Related somehow they may be,
The sedge stands next the sea
Where he is floorless
And does no timidity betray —*

*But nature is a stranger yet;
The ones that cite her most*

*

De ce Laurier ceignez un Être
Pour la Gloire trop intrinsèque –
Laurier – voile ton Arbre immortel –
C'est Lui, que tu mortifies !

*

Qu'un puits recèle de mystère !
L'eau habite si loin –
Voisine venue d'un autre univers
Logée dans une jarre

Dont nul n'a jamais vu les bords,
Sinon ce couvercle de verre –
Par où contempler à loisir
La face d'un abîme !

L'herbe ne paraît pas intimidée
Et souvent je m'étonne
Qu'elle fixe, si proche et si hardie,
Ce qui fait mon effroi.

Un lien l'unit à l'eau peut-être,
Les joncs jouxtent la mer
Là où cesse la rive
Et ne trahissent nulle crainte –

Mais la nature reste une étrangère ;
Ceux qui en parlent le plus

Have never passed her haunted house,
Nor simplified her ghost.

To pity those that know her not
Is helped by the regret
That those who know her, know her less
The nearer her they get. (1433*)

*

Sweet skepticism of the Heart –
That knows – and does not know –
And tosses like a Fleet of Balm –
Affronted by the snow –
Invites and then retards the truth
Lest Certainty be sere
Compared with the delicious throe
Of transport thrilled with Fear – (1438)

*

With Pinions of Disdain
The soul can farther fly
Than any feather specified
in – Ornithology –
It wafts this sordid Flesh
Beyond it's dull – control
And during it's electric gale –
The Body is – a soul –
instructing by the same –
How little work it be –

N'ont jamais passé sa maison hantée
Ni élucidé son spectre.

On plaint moins qui l'ignore
Si l'on songe à regret
Qu'on la connaît d'autant moins
Qu'on l'a le plus approchée.

*

Doux scepticisme du Cœur –
Qui sait – et ne sait pas –
Oscille comme une Flotte Balsamique –
Assaillie par la neige –
Invite et puis retarde la vérité
De crainte que le Sûr ne s'use
Comparé aux affres exquises
D'une extase que la Peur aiguise –

*

Avec des Ailes de Dédain
L'âme peut voler plus loin
Qu'aucune plume décrite
en – Ornithologie –
Elle soulève cette sordide Chair
Au-dessus de son morne – empire
Et pendant son électrique ouragan –
Le Corps est – une âme –
montrant par là même –
Quel travail léger ce sera –

*To put off filaments like this
for immortality –* (1448*)

*

*It sounded as if the streets were running
And then – the streets stood still –
Eclipse – was all we could see at the Window
And Awe – was all we could feel.*

*By and by – the boldest stole out of his Covert
To see if Times was there –
Nature was in an Opal Apron –
Mixing fresher Air.* (1454*)

*

*Could mortal lip divine
The undeveloped Freight
Of a delivered syllable
'Twould crumble with the weight.* (1456*)

*

*Than Heaven more remote,
For Heaven is the Root,
But these the flitted Seed,
More flown indeed,
Than Ones that never were,
Or those that hide, and are –*

De déployer semblables filaments
pour l'immortalité –

*

On aurait dit au bruit que les Rues couraient
Et puis – les rues se sont figées –
L'Éclipse – est tout ce qu'on voyait à la Vitre
L'Effroi – tout ce qu'on ressentait.

Enfin – le plus hardi est sorti de son Couvert
Pour voir si le Temps était là –
La Nature, en Tablier Opale –
Pétrissait un Air plus frais.

*

Si lèvre mortelle devinait
La Charge latente
D'une syllabe dite
Le poids la ferait s'effriter.

*

Plus distants que le Ciel
Car le Ciel est Racine,
Mais eux Graines envolées,
Oui, plus loin en allés
Que Ceux qui ne furent
Ou qui se cachent, et sont –

What madness, by their side,
A Vision to provide
Of future Days
They cannot praise –

My Soul – to find them – come –
They cannot call – they're dumb –
Nor prove – nor Woo –
But that they have Abode –
Is absolute as God –
And instant – too – (1460*)

*

Death is the supple Suitor
That wins at last –
It is a stealthy Wooing
Conducted first
By pallid innuendoes
And dim approach
But brave at last with Bugles
And a bisected Coach
It bears away in triumph
To Troth unknown
And Kinsmen as divulgeless
As throngs of Down – (1470*)

*

The Road was lit with Moon and star –
The Trees were bright and still –

Quelle folie, près d'eux,
De proposer une Vision
De Jours à venir
Qu'ils ne peuvent fêter –

Mon Âme – avec moi – cherche-les –
Ils ne peuvent appeler – ils sont muets –
Ni prouver – ni Séduire –
Mais qu'ils ont un Lieu –
Est absolu comme Dieu –
Et immédiat – aussi –

*

Mort est le souple Soupirant
Qui gagne à la fin –
Furtive est sa Cour
Faite d'abord
De pâles insinuations
Et d'avances obscures
Mais crâne à la fin avec Clairons
Et Carrosse coupé en deux
Il vous emporte en triomphe
Vers une Promesse inconnue
Et des Proches aussi impalpables
Que nuées de Duvet –

*

Étoiles et Lune éclairaient le Chemin –
Les Arbres étaient brillants, immobiles –

Descried I – by – the distant Light
A traveller on a Hill –
To magic Perpendiculars
Ascending, though terrene –
Unknown his shimmering ultimate –
But he indorsed the sheen – (1474)

*

One note from One Bird
Is better than a Million Word –
A scabbard has – but one sword (1478*)

*

Go not too near a House of Rose –
The depredation of a Breeze
Or inundation of a Dew
Alarm it's Walls away –
Nor try to tie the Butterfly,
Nor climb the Bars of Ecstasy –
In insecurity to lie
Is Joy's insuring quality – (1479*)

*

We knew not that we were to live –
Nor when – we are to die –
Our ignorance our Cuirass is –

Je discernais – sous – cette Clarté lointaine
Un voyageur sur une Colline –
Qui vers de magiques Verticales
S'élevait, bien que terrien –
Inconnue sa scintillante destination –
Mais il endossait la radiance –

*

Une note d'Un Oiseau
Vaut mieux qu'un Million de Mots –
Il n'y a qu'une épée – par fourreau

*

N'approche pas trop près de la Maison d'une Rose –
Les ravages d'une Brise
Ou les crues d'une Rosée
En alarment les Murs –
Ni n'essaie de lier le Papillon,
Ni ne franchis les Grilles de l'Extase –
Habiter le précaire
De la Joie est le gage –

*

Nous ne savions pas que nous allions vivre –
Ni quand – nous allons mourir –
Notre ignorance est notre Cuirasse –

We wear Mortality
As lightly as an Option Gown
Till asked to take it off —
By his intrusion, God is known —
It is the same with Life — (1481*)

*

A Route of Evanescence,
With a revolving Wheel —
A Resonance of Emerald
A Rush of Cochineal —
And every Blossom on the Bush
Adjusts it's tumbled Head —
The Mail from Tunis — probably,
An easy Morning's Ride — (1489*)

*

Their Barricade against the Sky
The martial Trees withdraw,
And with a Flag at every turn
Their Armies are no more —

What Russet Halts in Nature's March
They indicate or cause,
An inference of Mexico
Effaces the Surmise —

Recurrent to the After Thought
That Massacre of Air —

Nous portons la Mortalité
Sans souci, comme une Robe à l'Essai
Jusqu'à ce qu'on nous prie de l'ôter –
Par son intrusion, Dieu se révèle –
Ainsi de la Vie –

*

Un Trajet d'Évanescence,
Sous un tourbillon de Roue –
Une Vibration d'Émeraude
Une Ruée de Cochenille –
Et chaque Fleur du Buisson
Relève sa Tête échevelée –
La Malle de Tunis – sans doute,
Étape aisée d'un Matin –

*

Leur Barricade contre le Ciel
Les Arbres martiaux l'abandonnent,
À chaque tournant un Drapeau
Et leurs Troupes ne sont plus –

De quelles Haltes Rousses dans la Marche de Nature
Sont-ils le signe ou la cause,
Une inférence de Mexique
En efface l'Hypothèse –

Revient après coup à l'Esprit
Ce Massacre de l'Air –

The Wound that was not Wound nor Scar,
But Holidays of War – (1505*)

*

We talked with each other about each other
Though neither of us spoke –
We were listening to the Second's Races
And the Hoofs of the Clock –
Pausing in Front of our Palsied Faces
Time compassion took –
Arks of Reprieve he offered to us –
Ararats – we took – (1506*)

*

Estranged from Beauty – none can be –
For Beauty is Infinity –
And power to be finite ceased
Before Identity was creased – (1515*)

*

The Face in Evanescence lain
Is more distinct than our's –
And our's surrendered for it's sake
As Capsules are for Flower's –
Or is it the confiding Sheen
Dissenting to be won

Blessure qui n'était ni Plaie ni Cicatrice,
Mais Fêtes de la Guerre –

*

Nous parlions l'un de l'autre l'un avec l'autre
Mais tous deux sans mot dire –
Nous écoutions les Courses des Secondes
Le Galop de l'Horloge –
Devant nos Visages Paralysés
Le Temps s'arrêtant eut pitié –
Il nous offrit des Arches pour Sursis –
Nous avons pris – des Ararat –

*

Aliéné de la Beauté – nul ne peut l'être –
Car la Beauté est l'Infini –
Et le pouvoir du fini a cessé
Avant le bail de l'Identité –

*

Le Visage gisant dans l'Évanescence
Est plus distinct que le nôtre –
Et le nôtre abandonné pour lui
Comme Gousses pour la Fleur –
Ou est-ce l'Éclat confiant
Rebelle à la conquête

Descending to enamor us
Of Detriment divine? (1521*)

*

A Dimple in the Tomb
Makes that ferocious Room
A Home – (1522*)

*

Could that sweet Darkness where they dwell
Be once disclosed to us
the clamor for their loveliness
would burst the Loneliness – (1524*)

*

More than the Grave is closed to me –
The Grave and that Eternity
To which the Grave adheres –
I cling to nowhere till I fall –
The Crash of nothing, yet of all –
How similar appears – (1532*)

*

Qui descend nous énamourer
Du divin Détriment ?

*

Une Fossette dans la Tombe
Fait de cette Chambre féroce
Un Chez-soi –

*

Si la douce Ténèbre où ils demeurent
Pouvait nous être dévoilée
le cri pour réclamer leur beauté
forcerait la Solitude –

*

Plus que la Tombe se dérobe à moi –
La Tombe et cette Éternité
À quoi la Tombe adhère –
Je m'accroche à nulle part et tombe –
La Chute de rien, et celle de tout –
Ne se distinguent guère –

*

You cannot make Remembrance grow
When it has lost it's Root –
The tightening the Soil around
And setting it upright
Deceives perhaps the Universe
But not retrieves the Plant –
Real Memory, like Cedar Feet
Is shod with Adamant –
Nor can you cut Remembrance down
When it shall once have grown –
It's Iron Buds will sprout anew
However overthrown –
Disperse it – slay it – (1536*)

*

We never know we go – when we are going –
We jest and shut the door
Fate following behind us bolts it
And we accost no more. (1546*)

*

The Blood is more showy than the Breath
But cannot dance as well – (1558*)

*

On ne peut faire pousser la Souvenance
Quand elle a perdu sa Racine –
Tasser autour d'elle le Sol
Et redresser sa tige
Leurre peut-être l'Univers
Mais ne sauve pas la Plante –
La vraie Mémoire, comme Pieds de Cèdre
Est ferrée de dure Matière –
On ne peut non plus abattre la Souvenance
Une fois qu'elle a poussé –
Ses Bourgeons de Fer écloront à nouveau
Bien que jetée à terre –
Disperse-la – tue-la –

*

On ne sait jamais qu'on part – quand on part –
On plaisante, on ferme la porte
Le Destin qui suit derrière nous la verrouille
Et jamais plus on n'aborde.

*

Le Sang est plus voyant que le Souffle
Mais ne peut danser aussi bien –

*

No Autumn's intercepting Chill
Appalls this Tropic Breast –
But African Exuberance
And Asiatic rest. (1563*)

*

Come show thy Durham Breast
To her who loves thee best
Delicious Robin –
And if it be not me
At least within my Tree
Do the avowing –
Thy Nuptial so minute
Perhaps is more astute
Than vaster suing –
For so to soar away
Is our propensity
The Day ensuing – (1572*)

*

The Bible is an antique Volume –
Written by faded Men
At the suggestion of Holy Spectres –
Subjects – Bethlehem –
Eden – the ancient Homestead –
Satan – the Brigadier –
Judas – the Great Defaulter –
David – the Troubadour –
Sin – a distinguished Precipice

Nul adverse Frisson d'Automne
N'effraie cette Gorge Tropicale –
Mais l'Exubérance de l'Afrique
Le calme de l'Asie.

*

Viens, montre ta Gorge de Durham
À celle qui mieux que tous t'aime
Délicieux Rouge-gorge –
Et si ce n'est à moi
Dans mon Arbre au moins
Fais ton aveu –
Ton minuscule chant Nuptial
Est peut-être plus habile
Qu'une cour plus ample –
Car prendre ainsi notre essor
Est notre propension
Le Jour suivant –

*

La Bible est un Volume antique –
Écrit par des Hommes éteints
À la suggestion de Fantômes Sacrés –
Sujets – Bethléem –
L'Éden – l'antique Demeure –
Satan – le Brigadier –
Judas – le Grand Coupable –
David – le Troubadour –
Le Péché – un éminent Précipice

Others must resist –
Boys that "believe" are very lonesome –
Other Boys are "lost" –
Had but the Tale a warbling Teller –
All the Boys would come –
Orpheu's Sermon captivated –
It did not condemn – (1577*)

*

Those – dying then,
Knew where they went –
They went to God's Right Hand –
That Hand is amputated now
And God cannot be found –

The abdication of Belief
Makes the Behavior small –
Better an ignis fatuus
Than no illume at all – (1581*)

*

A Sloop of Amber slips away
Upon an Ether Sea,
And wrecks in peace a Purple Tar,
The Son of Ecstasy – (1599*)

*

Auquel l'autre doit résister –
Les Garçons « croyants » sont très solitaires –
D'autres sont « perdus » –
Si le Récit était conté par un Rossignol –
Tous les Garçons accourraient –
Le Sermon d'Orphée captivait –
Sans condamner –

*

Ceux qui – jadis mouraient,
Savaient où ils allaient –
Ils allaient à la Droite de Dieu –
Cette Main est tranchée aujourd'hui
Et Dieu ne se peut trouver –

Abdiquer la Croyance
Rend la Conduite mesquine –
Mieux vaut un ignis fatuus
Qu'aucune illumination –

*

Un Sloop d'Ambre glisse au loin
Sur une Mer d'Éther
Et coule en paix un Pourpre Flibustier,
Fils de l'Extase –

*

To the bright east she flies,
Brothers of Paradise
Remit her home
Without a change of wings
Or Love's convenient things
Enticed to come.

Fashioning what she is,
Fathoming what she was,
We deem we dream –
And that dissolves the days
Through which existence strays
Homeless at home. (1603*)

*

How slow the Wind – how slow the Sea –
how late their Feathers be! (1607*)

*

By homely gifts and hindered words
The human heart is told
Of nothing –
"Nothing" is the force
That renovates the World – (1611*)

*

Vers l'est clair elle vole,
Frères du Paradis
Ramenez celle qui
Sans bagage d'Amour
Ni ailes nouvelles
Est appelée dans sa patrie.

Sculptant ce qu'elle est,
Sondant ce qu'elle fut,
Il nous semble rêver –
Et ce rêve dissout
Les jours où s'égare
L'existence exilée.

*

Que lent est le Vent – que lente est la Mer –
et lointaines leurs Palmes !

*

Par dons modestes et mots entravés
Le cœur humain apprend
Le rien –
« Rien » est la force
Qui rend le Monde neuf –

*

There came a Wind like a Bugle –
It quivered through the Grass
And a Green Chill upon the Heat
So ominous did pass
We barred the Windows and the Doors
As from an Emerald Ghost –
The Doom's Electric Moccasin
That very instant passed –
On a strange Mob of panting Trees
And Fences fled away
And Rivers where the Houses ran
Those looked that lived – that Day –
The Bell within the steeple wild
The flying tidings told –
How much can come
And much can go,
And yet abide the World! (1618*)

*

Pass to thy Rendezvous of Light,
Pangless except for us –
Who slowly ford the Mystery
Which thou hast leaped across! (1624*)

*

Each that we lose takes part of us;
A crescent still abides,
Which like the moon, some turbid night,
Is summoned by the tides. (1634*)

Vint un vent comme un Clairon –
Il vibra à travers l'Herbe
Sur la Touffeur passa un Vert Frisson
De si mauvais augure
Que nous barrâmes Portes et Fenêtres
Comme pour un Spectre Émeraude –
L'Apocalypse au même instant
Posa son électrique Mocassin
Sur une Horde étrange d'Arbres pantelants,
De Palissades échappées,
De Fleuves où fuyaient les Maisons
Ceux-là virent qui vécurent – ce Jour –
La Cloche dans le clocher affolé
Sonnait la fugace nouvelle –
Tant de choses viennent
Tant de choses s'en vont,
Et pourtant le Monde demeure !

*

Va-t'en à ton Rendez-vous de Clarté,
Sans Affres sinon pour nous –
Qui lentement passons à gué le Mystère
Que d'un bond tu as franchi !

*

Chaque être perdu emporte une part de nous ;
Mais un croissant subsiste,
Que les marées appellent, comme la lune,
Par une nuit troublée.

*

A World made penniless by that departure
Of minor fabrics begs
But sustenance is of the spirit
The Gods but Dregs — (1642*)

*

Sunset that screens, reveals —
Enhancing what we see
By menaces of Amethyst
And Moats of Mystery. (1644*)

*

The Auctioneer of Parting
His "Going, going, gone"
Shouts even from the Crucifix,
And brings his Hammer down —
He only sells the Wilderness,
The prices of Despair
Range from a single human Heart
To Two — not any more — (1646*)

*

*

Un Monde que ce départ spolie
Mendie de moindres étais
Mais la subsistance vient de l'âme
Les Dieux n'étant que Lie —

*

Le Soleil couchant voile, et révèle —
Qui par menaces d'Améthyste
Et Douves de Mystère
Exalte la vision.

*

Le Commissaire-priseur de l'Adieu
Son « Une fois, deux fois, adjugé »
Crie du Crucifix même,
Avant d'abattre son Marteau —
Il ne vend que Désolation,
Les enchères du Désespoir
Vont d'un unique Cœur humain
À Deux — pas davantage —

*

Not knowing when the Dawn will come,
I open every Door,
Or has it Feathers, like a Bird,
Or Billows, like a Shore – (1647*)

*

Back from the Cordial Grave I drag thee
He shall not take thy Hand
Nor put his spacious Arm around thee
That none can understand (1649*)

*

The pedigree of Honey
Does not concern the Bee,
Nor lineage of Ecstasy
Delay the Butterfly
On spangled journeys to the peak
Of some perceiveless Thing –
The right of way to Tripoli
A more essential thing – (1650*)

*

As from the Earth the light Balloon
Asks nothing but release –
Ascension that for which it was,
It's soaring, Residence.

Ne sachant quand viendra l'Aube,
J'ouvre toutes les Portes,
Ou a-t-elle des Plumes, comme l'Oiseau,
Des Vagues, comme un Rivage –

*

Au Cordial Tombeau je t'arrache
Il ne te prendra pas la Main
Ni ne t'enlacera de son vaste Bras
Que nul ne peut comprendre

*

La généalogie du Miel
N'importe à l'Abeille,
Ni la filiation de l'Extase
Ne retient le Papillon
Dans ses vols pailletés vers la cime
D'un imperceptible Rien –
La voie libre vers Tripoli
Est un souci plus essentiel –

*

Comme de la Terre le Ballon léger
Ne demande que sa libération –
L'ascension vers sa raison d'être,
Son essor, Résidence.

The spirit looks upon the Dust
That fastened it so long
With indignation,
As a Bird
Defrauded of it's Song. (1651)

*

Oh Future! thou secreted peace
Or subterranean Wo —
Is there no wandering route of grace
That leads away from thee —
No circuit sage of all the course
Descried by cunning men
To balk thee of thy sacred Prey —
Advancing to thy Den — (1652*)

*

So give me back to Death —
The Death I never feared
Except that it deprived of thee —
And now, by Life deprived,
In my own Grave I breathe
And estimate it's size —
It's size is all that Hell can guess —
And all that Heaven was — (1653)

*

L'âme considère la Poussière
Qui l'a liée si longtemps
Avec indignation,
Comme un Oiseau
Frustré de son Chant.

*

Oh Futur ! lieu secret de paix
Ou Malheur souterrain –
N'est-il pas de chemin errant de grâce
Qui mène loin de toi –
De circuit avisé parmi les voies
Découvertes par d'habiles humains
Pour te frustrer de ta Proie sacrée –
Avançant vers ta Tanière –

*

Qu'on me rende donc à la Mort –
La Mort dont je n'avais pas peur
Sauf qu'elle me prive de toi –
À présent, privée par la Vie,
Je respire dans ma propre Tombe
Et en prends la mesure –
C'est tout ce que l'Enfer laisse entrevoir –
Et tout ce qu'était le Ciel –

*

Talk not to me of Summer Trees
The foliage of the mind
A Tabernacle is for Birds
Of no corporeal kind
And winds do go that way at noon
To their Etherial Homes
Whose Bugles call the least of us
To undepicted Realms (1655)

*

The farthest Thunder that I heard
Was nearer than the Sky
And rumbles still – though Torrid Noons
Have lain their Missiles by –

The Lightning that preceded it
Struck no one but myself
And I would not exchange the Bolt
For all the rest of Life –

Indebtedness to Oxygen
The Chemist can repay –
But not the obligation
To Electricity –
It founds the Homes
And decks the Days
And every clamor bright
Is but the gleam concomitant
Of that waylaying Light –

Ne me parlez pas des Arbres de l'Été
Le feuillage du cerveau
Est un Tabernacle abritant
D'immatériels Oiseaux
Par là les vents regagnent à midi
Leurs Patries Aériennes
Dont les Clairons appellent le moindre d'entre nous
À des Royaumes inouïs

*

Le plus lointain Tonnerre que j'aie perçu
Était plus proche que le Ciel
Et gronde encore – bien que de Torrides Midis
Aient remisé leurs Projectiles –

L'Éclair qui l'a précédé
N'a frappé que moi
Mais je n'échangerais pas cette Foudre
Contre le restant de la Vie –

La dette envers l'Oxygène
Le Chimiste peut s'en acquitter –
Mais non l'obligation
Envers l'Électricité –
Elle fonde les Foyers
Et orne les Jours
Et chaque vive clameur
N'est que le reflet concomitant
De cette Clarté en embuscade –

The Thought is quiet as a Flake —
A Crash without a sound —
That Life's reverberation
It's explanation found — (1665*)

*

Why should we hurry — Why indeed
When every way we fly
we are molested equally
by immortality
no respite from the inference
that this which is begun
though where it's labors lie
A bland uncertainty
Besets the sight
This mighty night (1683*)

La Pensée est calme comme un Flocon –
Une Explosion silencieuse –
Écho de la Vie qui a trouvé
Son explication –

*

Pourquoi nous hâter – oui Pourquoi
Quand où que nous volions
nous moleste pareillement
l'immortalité
ce raisonnement nous poursuit
que ce qui est a commencé
même si dans cette vaste nuit
Une incertitude bénigne
Voile à nos yeux
Le lieu de la gésine

ANNEXE :

POÈMES NON DATÉS

*To tell the Beauty would decrease
To state the spell demean
There is a syllableless Sea
Of which it is the sign
My will endeavors for it's word
And fails, but entertains
A Rapture as of Legacies –
Of introspective mines –* (1689*)

*

*Summer begins to have the look
Peruser of enchanting Book
Reluctantly but sure perceives
A gain upon the backward leaves*

*Autumn begins to be inferred
By millinery of the cloud
Or deeper color in the shawl
That wraps the everlasting hill*

Dire la Beauté serait affadir
Déchoir qu'exprimer la magie
Il est un Océan sans syllabes
Dont elles sont les signes
Ma volonté en cherche le vocable,
Échoue, mais goûte
Une Extase comme de Legs –
De mines introspectives –

*

L'été commence à avoir cet air
Que lisant un Livre enchanteur
On perçoit sûrement quoique à regret
Une épaisseur de feuilles tournées

L'automne commence à s'induire
De la nuageuse chapellerie
Ou du ton plus sombre du châle
Drapant la colline éternelle

The eye begins it's avarice
A meditation chastens speech
Some Dyer of a distant tree
Resumes his gaudy industry

Conclusion is the course of all
Almost *to be perennial*
And then elude stability
Recalls to immortality – (1693*)

*

There is a solitude of space
A solitude of sea
A solitude of Death, but these
Society shall be
Compared with that profounder site
That polar privacy
A soul admitted to itself – (1696*)

*

The Sun retired to a cloud
A Woman's shawl as big
And then he sulked in mercury
Upon a scarlet log –
The drops on Nature's forehead stood
Home flew the loaded bees
The South unrolled a purple fan
And handed to the trees (1709)

L'œil commence son avarice
Une méditation épure le discours
Le Teinturier d'un arbre lointain
Reprend sa criarde occupation

Tout va vers une conclusion
Presque pérenne,
Puis échappant à la stabilité
Rappelle à l'immortalité –

*

Il est une solitude de l'espace
Une solitude de la mer
Une solitude de la Mort, mais elles
Sont société
Comparées à ce site plus profond
Cette polaire intimité
D'une âme qui se visite –

*

Le Soleil s'est retiré dans un nuage
Pas plus grand qu'un Châle
Et puis a boudé dans la touffeur
Sur une bûche écarlate –
Les gouttes au front de la Nature perlaient
Volaient vers la ruche les abeilles chargées
Le Sud a déroulé un pourpre éventail
Et l'a tendu aux arbres

*

Winter under cultivation
Is as arable as Spring (1720)

*

Down Time's quaint stream
Without an oar
We are enforced to sail
Our Port a secret
Our Perchance a Gale
What Skipper would
Incur the Risk
What Buccaneer would ride
Without a surety from the Wind
Or schedule of the Tide – (1721)

*

A – Cap of Lead across the sky
Was tight and surly drawn
We could not find the mighty Face
The Figure was Withdrawn –

A Chill came up as from a shaft
Our noon became a well
A Thunder storm combines the charms
Of Winter and of Hell (1735*)

*

L'Hiver pourvu qu'on le cultive
Est aussi arable que le Printemps

*

Sur le cours fantasque du Temps
Sans une rame
Nous sommes contraints de voguer
Notre Port un secret
Notre Sort une Bourrasque
Quel Capitaine voudrait
Courir le Risque
Quel Boucanier naviguer
Sans garantie contre le Vent
Ou horaire de la Marée –

*

Une – Chape de Plomb sur le ciel
S'est tendue, dense et maussade
On ne pouvait distinguer la puissante Face
La Silhouette était en Retrait –

Un Froid est monté comme d'un gouffre
Notre midi est devenu puits
Un Orage combine les charmes
De l'Hiver et de l'Enfer

*

On my volcano grows the Grass
A meditative spot –
An acre for a Bird to choose
Would be the general thought –

How red the Fire rocks below
How insecure the sod
Did I disclose
Would populate with awe my solitude (1743*)

*

Did life's penurious length
Italicize it's sweetness,
The men that daily live
Would stand so deep in joy
That is would clog the cogs
Of that revolving reason
Whose esoteric belt
Protects our sanity. (1751*)

*

God is indeed a jealous God –
He cannot bear to see
That we had rather not with Him
But with each other play. (1752)

*

Sur mon volcan l'Herbe croît
Lieu de méditation –
Aire idéale pour l'Oiseau
De l'avis général –

Combien rouge au-dessous la houle du Feu
Combien précaire le gazon
Le révéler
Serait peupler d'effroi ma solitude

*

Si l'avare longueur de la vie
Italicisait ses délices,
Les hommes du quotidien
Baigneraient dans une telle joie
Qu'elle gripperait l'engrenage
De cette raison rotative
Dont l'ésotérique courroie
Protège notre équilibre.

*

Dieu est en vérité un Dieu jaloux –
Il ne supporte pas de voir
Qu'on aime mieux plutôt qu'avec Lui
Jouer entre nous.

*

*That it will never come again
Is what makes life so sweet.
Believing what we dont believe
Does not exhilirate.*

*That if it be, it be at best
An ablative estate –
This instigates an appetite
Precisely opposite.* (1761)

*

*Softened by Time's consummate plush,
How sleek the woe appears
That threatened childhood's citadel
And undermined the years.*

*Bisected now, by bleaker griefs,
We envy the despair
That devastated childhood's realm,
So easy to repair.* (1772*)

*

*

Qu'elle ne reviendra jamais plus
Est ce qui rend la vie si douce.
Croire ce que nous ne croyons pas
Ne donne pas d'ivresse.

Qu'au futur, elle ne sera au mieux
Qu'un état mutilé –
Voilà qui stimule un appétit
Précisément opposé.

*

Adouci par le velours lustré du Temps,
Que le malheur paraît lisse
Qui menaçait la citadelle de l'enfance
Et minait l'assise des ans.

Scindés aujourd'hui, par de pires chagrins,
Nous envions le désespoir
Qui dévastait le royaume de l'enfance,
À réparer si facile.

*

To make a prairie it takes a clover and one bee,
One clover, and a bee,
And revery.
The revery alone will do,
If bees are few. (1779*)

*

How dare the robins sing,
When men and women hear
Who since they went to their account
Have settled with the year! –
Paid all that life had earned
In one consummate bill.
And now, what life or death can do
Is immaterial.
Insulting is the sun
To him whose mortal light
Beguiled of immortality
Bequeath him to the night.
Extinct be every hum
In deference to him
Whose garden wrestled with the dew,
At daybreak overcome! (1782*)

*

Death is like the insect
Menacing the tree,
Competent to kill it,
But decoyed may be.

Pour faire une prairie il faut du trèfle et une abeille,
Un trèfle, et l'abeille,
La rêverie.
Si les abeilles sont rares,
La rêverie suffit.

*

Comment le rouge-gorge ose-t-il chanter
À l'oreille d'hommes et de femmes
Qui depuis leur dernier bilan
Ont réglé leur note à l'année ! –
Payé tout ce que la vie avait gagné
D'un coup, pour solde de tout compte.
Et à présent, ce que peuvent vie ou mort
Est sans substance.
Insultant est le soleil
Pour celui dont la lumière mortelle
Leurrée d'immortalité
Le lègue à la nuit.
Que toute rumeur se taise
Par respect envers lui
Dont le jardin a lutté contre la rosée,
Vaincu au point du jour !

*

La mort est pareille à l'insecte
Qui menace l'arbre,
Apte à le tuer,
Mais on peut la piéger.

Bait it with the balsam
Seek it with the saw,
Baffle, if it cost you
Everything you are.

Then if it have burrowed
Out of reach of skill —
Wring the tree and leave it.
'Tis the vermin's will. (1783)

*

The grave my little cottage is,
Where "keeping house" for thee
I make my parlor orderly
And lay the marble tea.

For two divided, briefly,
A cycle, it may be,
Till everlasting life unite
In strong society. (1784*)

*

Fame is a bee.
It has a song —
It has a sting —
Ah, too, it has a wing. (1788*)

Appâte-la avec du baume,
Poursuis-la avec la scie,
Déjoue-la, fût-ce au prix
De tout ce que tu es.

Puis si elle a creusé
Hors d'atteinte de l'art –
Tords l'arbre et quitte-le.
C'est le vœu de la vermine.

*

La tombe est mon petit cottage,
C'est là que « tenant ton ménage »
Je sers le goûter de marbre
Dans le salon bien rangé.

Pour deux divisé, brièvement,
Le temps d'un cycle, peut-être,
Avant que par la vie éternelle
Notre union soit scellée.

*

La gloire est une abeille.
Elle a un chant –
Elle a un dard –
Ah, elle a aussi une aile.

DOSSIER

CHRONOLOGIE
1830-1886

1830. *10 décembre* : naissance à Amherst (Massachusetts), d'Emily Dickinson, fille d'Edward Dickinson, homme de loi, plusieurs fois membre du Congrès, et d'Emily Norcross. Austin, son frère aîné, est né un an auparavant. Lavinia (Vinnie), sa sœur cadette, naîtra en 1833.

1840-1847. Études à Amherst College, haut lieu de la culture puritaine, fondé en 1814 par son grand-père, Samuel F. Dickinson.
En 1846, publication en Angleterre des poèmes des sœurs Brontë et, l'année suivante, de leurs trois romans : *Jane Eyre*, *Wuthering Heights* et *Agnes Grey*.

1847-1848. Études à Mount Holyoke Seminary. Refuse de participer au mouvement de renouveau religieux. Est retirée de l'institution par son père en août 1848.
Sonnets portugais, d'Elizabeth Barrett Browning. *Kavanagh*, de Longfellow.

1848. Début d'amitiés précieuses, notamment avec Benjamin Newton, stagiaire chez son père, qui joue un rôle d'initiateur (il lui enverra en 1850 les poèmes d'Emerson) et Susan Gilbert, sa future belle-sœur et principale destinataire de ses poèmes.

1850. Premier poème connu d'Emily, écrit à l'occasion de la Saint-Valentin.
The Scarlet Letter, de Hawthorne.

1852. *20 février* : publication dans le *Springfield Daily Republican* d'un autre poème de la Saint-Valentin.

1855. *Mai* : voyage à Washington et à Philadelphie, où Emily a pu entendre et rencontrer le révérend Charles Wadsworth.

Novembre : les Dickinson reprennent possession de leur maison familiale, le Homestead, maison natale d'Emily, vendue en 1833.

Leaves of Grass, de Walt Whitman.

Aurora Leigh, poème-roman d'Elizabeth Barrett Browning.

1856. Mariage d'Austin avec Susan Gilbert.

1858. Emily se consacre de plus en plus à la poésie et commence à rassembler ses poèmes dans des « cahiers cousus ». Entame une correspondance avec Samuel Bowles, directeur du *Springfield Daily Republican* et ami de la famille.

Première des *Master Letters*, dont le destinataire (Bowles ? Wadsworth ?) demeure inconnu.

1860. Visite de Charles Wadsworth à Amherst.

1861. Deuxième des *Master Letters*.

Publication anonyme du premier de cinq poèmes (n° 207) dans le *Springfield Daily Republican*. Les autres paraîtront respectivement en 1862, 1864 et 1866.

1862. Troisième des *Master Letters*.

15 avril : première lettre d'Emily, accompagnée de quatre poèmes, à Thomas W. Higginson, célèbre critique : « Si vous n'êtes pas trop occupé, pourriez-vous me dire si mes poèmes sont vivants ? » La correspondance ainsi entamée se poursuivra jusqu'à la mort d'Emily.

1er mai : départ de Charles Wadsworth pour San Francisco, où il est nommé pasteur de l'église du Calvaire.

1863. Année d'intense production poétique (près d'un poème par jour).

1864. *12 mars* : publication d'un poème d'Emily dans *The Round Table*, à New York.

Dramatis Personae, de Robert Browning.

Fin avril-fin novembre : séjour à Cambridgeport, près de Boston, chez ses cousines Norcross, pour soigner une maladie des yeux. Ce séjour se renouvellera l'année suivante. Après cette date, Emily ne quittera plus la demeure familiale et se retranchera peu à peu de la société.

1870. *16 août* : visite de T.W. Higginson à Amherst : « D'un pas léger est entrée une femme petite et quelconque, avec deux bandeaux lisses de cheveux un peu roux... vêtue d'une robe blanche en piqué très simple, d'une propreté exquise... Elle s'est approchée de moi portant deux lis qu'elle m'a mis dans la main d'un geste enfantin en disant d'une voix douce, effrayée et volubile d'enfant : "En guise de présentation" » (lettre de Higginson à sa femme).

1874 et 1875. Événements familiaux importants : mort du père d'Emily à Boston (16 juin 1874), attaque de paralysie de sa mère en 1875, naissance cette même année de son neveu très aimé, Gilbert, après Ned et Martha, future éditrice de ses poèmes.

1876. Emily retrouve Helen Hunt Jackson, la plus célèbre poétesse américaine de l'époque, qui avait été sa camarade de classe : « Vous êtes un grand poète, lui écrit celle-ci en mars, et c'est très dommage que vous ne veuilliez pas chanter tout haut. » Quelques mois plus tard, elle l'invite à participer à la *No Name Series* (anthologie de poètes anonymes) des éditions Roberts Brothers, de Boston. Le poème *Success* (n° 112) paraîtra deux ans plus tard dans l'anthologie *A Masque of Poets*.

1877. Amour déclaré avec le juge Otis P. Lord, ami de longue date d'Edward Dickinson. Projet de mariage.

1878. Mort de Samuel Bowles.

1880. Visite imprévue de Charles Wadsworth à Amherst. Thomas Niles, des éditions Roberts Brothers, presse Emily de publier. Mabel Todd, femme d'un astronome nommé directeur de l'Observatoire à Amherst, noue avec elle (sans la voir) des relations amicales. Ce sera sa première éditrice.

14 novembre : mort de la mère d'Emily.

1883. Mort de son neveu Gilbert, à l'âge de huit ans.

1884. Mort du juge Otis P. Lord. Emily traverse une dépression nerveuse en juin. Helen Hunt Jackson lui offre d'être sa légataire et exécutrice testamentaire, mais meurt l'année suivante.

1886. *15 mai* : mort d'Emily à Amherst.
1890. Publication des *Poèmes* d'Emily Dickinson, par Mabel Loomis Todd et T.W. Higginson, aux éditions Roberts Brothers. Le succès est immédiat : on compte onze rééditions à la fin de 1892.

BIBLIOGRAPHIE SOMMAIRE

I. ŒUVRES

Éditions des *Poèmes*

Poems, by Emily Dickinson, eds. Mabel Loomis Todd and Thomas W. Higginson, Roberts Brothers, Boston, 1890; second series, id., 1891; third series, ed. Mabel Loomis Todd, id., 1896.

The Single Hound; Poems of a Lifetime, ed. Martha Dickinson Bianchi, Little, Brown & Co, Boston, 1914; *The Complete Poems of Emily Dickinson,* eds. Martha Dickinson Bianchi and Alfred Leete Hampson, id., 1924; *Further Poems of Emily Dickinson,* id., 1929; *Unpublished Poems of Emily Dickinson,* id., 1935; *Poems,* id., 1937.

Bolts of Melody: New Poems of Emily Dickinson, eds. Mabel Loomis Todd and Millicent Todd Bingham, Harper & Brothers, New York & London, 1945.

The Poems of Emily Dickinson, Including Variant Readings, Critically Compared With All Known Manuscripts, 3 vols., ed. Thomas H. Johnson, Belknap Press of Harvard University Press, Cambridge, Massachusetts, 1955.

The Manuscript Books of Emily Dickinson, 2 vols., ed. Ralph W. Franklin, Harvard University Press, Cambridge, Massachusetts, 1981.

The Poems of Emily Dickinson, 3 vols., ed. Ralph W. Franklin, variorum Edition, Belknap Press of Harvard University Press, 1998.

Éditions de la *Correspondance*

Letters of Emily Dickinson, 2 vols., ed. Mabel Loomis Todd, Roberts Brothers, Boston, 1894,

The Life and Letters of Emily Dickinson, 2 vols., ed. Martha Dickinson Bianchi, Houghton Mifflin, Boston, 1924.

Letters of Emily Dickinson, ed. Mabel Loomis Todd, Harper, New York, 1931.

Emily Dickinson Face to Face : Unpublished Letters with Notes and Reminiscences, Martha Dickinson Bianchi, Houghton Mifflin, Boston, 1935.

Emily Dickinson Letters to Dr. and Mrs. Josiah Gilbert Holland, ed. Theodora Van Wagenen Ward, Harvard University Press, 1951.

The Letters of Emily Dickinson, 3 vols., eds. Thomas H. Johnson and Theodora Ward, Harvard University Press, 1958.

II. TRADUCTIONS FRANÇAISES

Traduction des *Poèmes*

Poèmes choisis, traduction, préface et bibliographie par Pierre Messiaen, Aubier, 1956.

Emily Dickinson, Alain Bosquet, Seghers, coll. «Poètes d'aujourd'hui», 1957.

Vingt poèmes, traduction de Claude Berger et Paul Zweig, Minard, coll. «Passeport», n° 3, 1963.

Poèmes, introduction et traduction de Guy Jean Forgue, Aubier-Flammarion, 1970.

Les 100 plus belles pages d'Emily Dickinson, présentées et traduites par Alain Bosquet, Belfond, 1984. (Reprise, avec quelques légères modifications, des traductions parues chez Seghers.)

Poèmes, traduction et introduction de Félix et Violette Ansermoz-Dubois, préface de Jean-Louis Cornuz, Éditions Ouverture, Lausanne, 1986.

Quarante-sept poèmes, traduction de Philippe Denis, La Dogana, Genève, 1986.

Poèmes, traduction et préface par Claire Malroux, coll. «L'extrême contemporain», Belin, 1989 (nouvelle édition 2002). Réunit près de 250 poèmes.

Vivre avant l'éveil, poèmes traduits par William English et Gérard Pfister, avec le concours de Margherita Guidacci, auteur de la postface, Arfuyen, 1989.

Autoportrait au roitelet, extraits de la correspondance et poèmes traduits par Patrick Reumaux, Hatier, 1990.

Lettre au monde, 40 poèmes, traduits par Georges Tari, Éd. du Limon/ L'Arbre Voyageur, 1991.

Escarmouches, choix traduit et présenté par Charlotte Melançon, Orphée/ La Différence, 1992.

Le temps n'a jamais guéri, 81 poèmes traduits par Odile des Fontenelles, éd. Cazimi, 1994.

Esquisse d'une anthologie de la poésie américaine du XIXᵉ siècle : Pierre Leyris a consacré une grande partie de cet ouvrage à des poèmes d'Emily Dickinson (qu'il fut le premier à traduire dans la revue *Mesures*, n° 15 en 1939), Gallimard, 1995.

56 Poèmes, traduits par Simone Normand et Marcelle Fonfreide, Le Nouveau Commerce, 1996.

Renchérir sur minuit, poèmes choisis et traduits par Odile des Fontenelles, Alidades, 1997.

Une âme en incandescence, traduit et présenté par Claire Malroux, José Corti, 1998. Regroupe la majeure partie des poèmes de la grande période de création (1861-1863).

Le Paradis est au choix, traduit et présenté par Patrick Reumaux, Librairie Élisabeth Brunet, Rouen, 1998. Réunit près de 400 poèmes.

Quatrains et autres poèmes brefs, traduit et présenté par Claire Malroux, *Poésie*/Gallimard, 2000.

Y aura-t-il pour de vrai un matin ? Premiers poèmes, traduit et préfacé par Claire Malroux, à paraître chez José Corti.

Traduction de la *Correspondance*

Correspondance avec les sœurs Norcross et avec Thomas W. Higginson, traduit par Patrick Reumaux, in *Autoportrait au roitelet*, Hatier, 1990.

Les Lettres au maître, traduit et présenté par Claudine Prache, éd. Cazimi, 1997. (Inclut la traduction de 18 poèmes traduits par Odile des Fontenelles.)

Lettres au maître, à l'ami, au précepteur, à l'amant, traduit et présenté par Claire Malroux, José Corti, 1999.

Avec amour, Emily, Lettres aux amies intimes, traduit et présenté par Claire Malroux, José Corti, 2001.

III. ÉTUDES CRITIQUES ET OUVRAGES DE RÉFÉRENCE

CODY, JOHN : *After Great Pain : The Inner Life of Emily Dickinson*, The Belknap Press of Harvard University Press, Cambridge, Massachusetts, 1971.

CRUMBLEY, PAUL : *Inflections of the Pen : Dash and Voice in Emily Dickinson*, University Press of Kentucky, Lexington, 1997.

DELPHY, FRANÇOISE : *Emily Dickinson*, Didier Érudition, 1984.

DIEHL, JOANNE FEIT : *Dickinson and the Romantic Imagination*, Princeton University Press, Princeton, N.J., 1981.

FARR, JUDITH : *The Passion of Emily Dickinson*, Harvard University Press, Cambridge, Massachusetts, London, England, 1992.

FERLAZZO, PAUL J. : *Critical Essays on Emily Dickinson*, G.K. Hall & Co., Boston, 1984.

FUSSELL, PAUL : *Poetic Meter and Poetic Form*, Random House, New York, 1965.

GELPI, ALBERT J. : *Emily Dickinson, The Mind of the Poet*, Harvard University Press, 1965.

GRABHER, GUDRUN, HAGENBÜCHLE, ROLAND and MILLER, CRISTANNE eds. : *The Emily Dickinson Handbook*, Amherst University of Massachusetts Press, 1998.

GRIFFIN WOLFF, CYNTHIA : *Emily Dickinson*, Knopf, New York, 1987.

HABEGGER, ALFRED : *My Wars are laid away in Books, The Life of Emily Dickinson*, Random House, New York, 2001.

HOWE, SUSAN : *My Emily Dickinson*, North Atlantic Books, Berkeley, California, 1985.

LINDBERG-SEYERSTED, BRITA : *The Voice of the Poet, Aspects of Style in the Poetry of Emily Dickinson*, Harvard University Press, 1968.

MCINTOSH, JAMES : *Nimble Believing : Dickinson and the Unknown*, Ann Harbour, University of Michigan Press, 2000.

MALROUX, CLAIRE : *Chambre avec vue sur l'éternité : Emily Dickinson*, Gallimard, 2005.

MILLER, CRISTANNE : *A Poet's Grammar*, Harvard University Press, 1987.

MITCHELL, DOMHNALL : *Emily Dickinson : Monarch of Perception*, Amherst University Press, 2000.

PORTER, DAVID T. : *Dickinson : The Modern Idiom*, Harvard University Press, 1981.

SAVINEL, CHRISTINE : *Emily Dickinson et la grammaire du secret*, Presses universitaires de Lyon, 1993.

SEWALL, RICHARD B. : *The Life of Emily Dickinson*, 2 vols., Farrar, Straus and Giroux, New York, 1974.

NOTES

Les notes suivent l'ordre chronologique des textes recensés dans l'édition américaine la plus récente, celle de Ralph W. Franklin (1998). En tête de chaque note, le numéro (correspondant à celui de l'édition Franklin) rappelle celui qui, dans la présente édition, figure à la fin de la version anglaise de chaque poème. Chaque changement d'année est indiqué en caractères gras. Lorsque le poème existe en plusieurs exemplaires, la préférence a été accordée à celui qui figure dans un Cahier ou une Liasse s'il n'a pas subi par la suite de changements importants ou, dans le cas contraire, à une version ultérieure donnant un aperçu des modifications opérées par le poète. Le sigle id. signifie « dans le même Cahier » ou « dans la même Liasse ». Le nom d'Emily Dickinson figure dans ces notes sous ses initiales.

CAHIERS

3. De **1858**, dans le Cahier 1. Ce poème est le plus ancien poème connu d'E. D., si l'on excepte deux longs poèmes de circonstance composés à l'occasion de la Saint-Valentin en 1850 et 1852. Précédé des mots : « Écris, Camarade, écris ! », il a été adressé cinq ans auparavant à son amie et future belle-sœur, Susan Gilbert Dickinson. Dans la transcription, E. D. a joint les deux premiers vers, peut-être pour donner plus d'ampleur à son évocation, et remplacé au v. 1 de la seconde strophe l'adjectif *peaceful* (paisible) par *silent* (silencieux), ce qui apporte une note un peu plus angoissante. E. D. révèle ainsi dès le début le motif central de sa poésie, l'opposition vie/éternité. Comme souvent dans sa poésie, ciel et mer renvoient l'un à l'autre. La comparaison de l'éternité avec une mer céleste se retrouvera plus tard dans le poème 720.

16. Id. Il existe trois autres exemplaires de ce poème. E. D. en a fait deux copies vers la fin de l'été, dont l'une a été incorporée dans le Cahier 14. Au début de 1859, elle a adressé le poème, disposé en quatrains, à Susan Dickinson, précédé du mot « Chérie » et signé : « Avec amour, Emily ». Le texte est le même dans tous les exemplaires, à part quelques différences de ponctuation. Cette première description du paradis est encore vibrante d'enthousiasme. Les images, dont certaines seront reprises par la suite (les perles, le chariot du séraphin, les paysans anges), foisonnent. Au v. 9, le mot *farthings*, « monnaie », introduit la notion de richesse, qui apparaît fréquemment dans la poésie d'E. D.

27. Id. Cette série de métaphores exprime l'inassouvissement. On les retrouvera souvent par la suite.

34. Dans le Cahier 3. On remarquera l'image violente de la mort contenue dans le mot *marshalled* (enrôlée), attribuée non pas à Dieu, mais aux « Dieux », puissances non identifiées, par opposition aux hommes.

36. Id. Le mot *Stocks*, au v. 11, renvoie aussi à l'horticulture (tige, greffe). *Daisies*, au v. 12, désigne aussi bien les pâquerettes que les marguerites, E. D. se donnant elle-même le prénom de *Daisy*. À noter au v. 15 la notion de séparation (*parting*) : le tableau exubérant de la création ne peut masquer le caractère éphémère de celle-ci.

44. Dans le Cahier 2. Il existe un autre exemplaire, exceptionnellement intitulé : « Couchant marin ! » et adressé à Susan Dickinson. Le poème est d'un seul tenant.

51. De 1859, id. Un exemple de la virtuosité d'E. D. qui aime rapprocher des mots de même sonorité, mais avec un sens différent, ici *count*, au v. 1, et *con*, au v. 4. Le mot important est *faith*, la foi.

79. Dans le Cahier 3. Au v. 6 E. D. substantive l'adjectif *Weary*, ce que nous avons fait également. Aux v. 7 et 8, l'adverbe *still* est à entendre dans le sens de « pourtant ».

80. Dans le Cahier 40, transcrit quelques années après sa composition. Cette version diffère sensiblement d'une première version de 1859, recueillie dans le Cahier 3.

I hide myelf within my flower	Je me cache dans ma fleur
That wearing on your breast –	Pour que la portant sur ton sein –
You – unsuspecting, wear me too –	Tu – me portes aussi à ton insu –
And angels know the rest!	Et les anges savent le reste !

93. Dans le Cahier 4. Le poème étant construit sur des oppositions, il faut sans doute interpréter «effigie» comme signifiant «absence» et «neige» comme signifiant «hiver».

112. Dans le Cahier 5. Ce poème est l'un des très rares qui aient été publiés du vivant d'E. D. Il a paru dans le *Brooklyn Daily Union* le 27 avril 1864, cinq ans après sa composition, et bien plus tard, malgré les réticences du poète, dans un recueil de poèmes anonymes, *A Masque of Poets,* publié en 1878, huit ans avant sa mort. Il existe trois autres exemplaires. Le texte reproduit ici, le deuxième par ordre chronologique, est le seul à être divisé en quatrains. Dans les trois autres, aussi bien dans le premier, adressé à Susan Dickinson pendant l'été 1859, que dans le dernier, joint par E. D. à sa lettre à T.W. Higginson en juillet 1862, le poème se présente en effet d'un seul tenant. Le texte est partout semblable, à l'exception de quelques différences de ponctuation et de majuscules. Il est assez ironique et paradoxal que le seul poème édité en volume du vivant d'E. D. traite du succès, c'est-à-dire, dans son cas, de la gloire qu'elle n'a pu connaître pendant son existence.

124. Dans le Cahier 6. Il existe six ou sept versions de ce poème — l'un des plus célèbres d'E. D. — datant respectivement de 1859, 1861 et 1862. Il illustre en particulier la collaboration qui s'était établie entre E. D. et Susan Dickinson, ou du moins l'importance qu'E. D. attachait au jugement de celle-ci. Comme à son habitude, elle lui soumit ce poème, probablement vers la fin de l'année 1859, avant de le transcrire dans le Cahier. Ce premier état fut publié le 1ᵉʳ mars 1862 sous le titre *The Sleeping* (Les dormants) dans le *Springfield Daily Republican,* après une visite rendue quelques mois auparavant par le directeur de ce journal, Samuel Bowles, à Susan Dickinson dont il était un grand ami. Peut-être à la suite de cette même visite, Susan critiqua la seconde strophe et E. D. en composa une nouvelle, laquelle lui déplut encore davantage : « La seconde strophe, chère Emily, ne me satisfait pas – Elle est remarquable comme le sont les éclairs en chaîne qui nous aveuglent par les chaudes nuits dans le ciel du Sud, mais ne s'accorde pas aussi bien que la précédente à la lueur spectrale de la première strophe – Il me vient à l'esprit que la première strophe est complète en soi, n'a pas besoin d'une autre, et ne peut avoir sa pareille – Les choses étranges vont toujours seules – de même qu'il n'y a qu'un Gabriel et qu'un soleil – Tu n'as jamais écrit l'équivalent de cette strophe, et je suppose qu'il n'en existe pas dans ton royaume ». E. D. fit deux nouveaux essais, en envoya un en demandant : « Est-ce que ceci est plus glacial ? :

> *Les printemps – secouent les Seuils –*
> *Mais – les Échos – se figent –*
> *De Givre – est la Vitre – et engourdie – la Porte –*
> *Tribus de l'Éclipse – dans des Tentes de Marbre –*
> *Que les Rivets des Âges – ont fixées – là –* »

et l'accompagna du billet suivant :

« Chère Sue —

« Ta louange vaut à mes yeux — parce que je *sais* qu'elle *sait* — et *suppose* qu'elle *signifie* —

« Si je pouvais te rendre — fière — ainsi qu'Austin — un jour — après beaucoup de chemin — cela hausserait ma stature — ».

E. D. transcrivit à nouveau le poème au cours de la seconde moitié de 1861 dans un Cahier (le 10), en ajoutant les secondes strophes écrites sur le conseil de Susan Dickinson. Lorsqu'elle le joignit à sa première lettre à T.W. Higginson, le 15 avril 1862, elle scinda en deux le 1er et le 4e vers de la seconde strophe, jugés sans doute trop longs. Est reproduite ici l'alternative de la seconde strophe. Au v. 5, *stone* (pierre) est traduit par « stuc » afin de respecter les sonorités « s » et « t » de *satin* et de *stone*.

132. Dans le Cahier 10, transcrit un an après sa composition en 1860. E. D. avait adressé auparavant ce poème à Susan Dickinson. Le mot *line*, au v. 8, possède plusieurs sens, désignant aussi bien le parcours ou la frontière que le vers et par conséquent la poésie. On notera dans la dernière strophe les manifestations contradictoires du temps, E. D. établissant une distinction entre les Âges, les Siècles et les Cycles dont la vitesse est différemment perçue.

141. Dans le Cahier 6. Il existe un autre exemplaire adressé à Susan Dickinson. Qui est ce « elle » du premier vers ? Fantôme de jeune fille ? Sans doute un jour d'été, l'été étant toujours du genre féminin chez E. D.

143. Id. Il existe également un autre exemplaire adressé à Susan Dickinson. J'ai essayé de rendre la parenté *inland* (v. 2) et *Land* (v. 9) par « terrienne » et « Terroir », mais le mot *inland*, bien que composé du mot « terre », possède une nuance d'intériorité plus forte, et sa sonorité, plus liquide, convient mieux au climat du texte.

148. Dans le Cahier 7. C'est l'un des poèmes où E. D. pose une question métaphysique en adoptant un ton enfantin, fort différent du raisonnement sérieux du poème 403, écrit deux ans plus tard.

162. Id. Un autre exemplaire a été envoyé auparavant à Susan Dickinson. On relève entre les deux versions des variantes mineures. Ce poème parsemé de points d'exclamation rend bien compte de l'état d'excitation où la venue du printemps pouvait mettre E. D. La forme employée est une de celles que privilégie le poète : strophes de six vers disposés selon un schéma de rimes aabccb.

165. Dans le Cahier 8. Les volcans ont toujours fasciné E. D., comme en témoignent maints poèmes. On notera ici l'extrême contraction de l'écriture dans ce poème spéculatif, puisqu'il faut sous-entendre avant la 3e strophe le verbe principal : « je me demande », qui gouverne les subordonnées commençant par *if* (si). E. D. dénonce le stoïcisme apparent des êtres humains. L'angoisse évoquée est métaphysique, et c'est le regret de la vie qui l'emporte dans la dernière strophe.

166. Id. Un autre exemplaire a été envoyé à Susan Dickinson. On relève quelques variantes mineures entre les deux textes, dont au v. 12, *Stiller* (plus calme, donc sournois, furtif) au lieu de *Swifter* (plus rapide). Au v. 1, *Dust* (la Poussière) est traduit ici par « cendre », la connotation biblique du terme « poussière » étant moins perceptible en français qu'en anglais.

181. Id. Un exemplaire adressé à Susan Dickinson s'est perdu. Au v. 3, l'« extase » de la mort peut avoir un sens ironique. À noter que le « Cerf blessé » est mis sur le même plan que des entités beaucoup plus dures comme le rocher et l'acier.

182. Id. Un autre exemplaire a été également envoyé à Susan Dickinson. Au v. 10, E. D. emploie le substantif « brigadier » comme un adjectif. La métaphore militaire est peut-être appelée par la couleur rouge, à la fois menaçante (le soleil est vu comme un envahisseur) et exaltante. L'effet est en tout cas surréaliste.

185. Dans le Cahier 32, transcrit en 1863, c'est le dernier état d'un poème composé en **1861**. La première version était d'un seul tenant et s'accompagnait de deux variantes, notamment au v. 12 où à la place de *The Vision flutters in the door* (La Vision flotte sur le seuil), E. D. indiquait : *Eternity, – I'm coming Sir* (Éternité – j'arrive, Monsieur), variante adoptée dans la version du Cahier. Pendant l'été 1862 E. D. recopia le poème en le divisant en deux strophes et introduisit une autre variante, en remplaçant au dernier vers le mot *Master* (Maître) par *Savior* (Sauveur). Ce texte très ambivalent peut décrire aussi bien un mariage qu'une consécration. Il peut également s'agir d'une vision paradisiaque après la mort.

187. Dans le Cahier 36, transcrit également en 1863. Deux exemplaires datant de 1861 ont été respectivement adressés à Susan Dickinson et à Samuel Bowles. Le poème envoyé à Samuel Bowles était précédé de ces mots :

« Cher ami,

« Si vous avez douté de ma Neige – un instant – vous n'en douterez – jamais plus – je sais –

« Parce que je ne pouvais le dire – je l'ai gravé dans le Poème – pour que vous le lisiez – quand votre pensée vacillera, en quête d'un pied comme le mien – ».

Le mot *Snow* (Neige), dans le vocabulaire d'E. D., a au moins deux sens. Il renvoie soit à la poésie, soit à l'intégrité de la personne. On retrouve presque la même expression dans le poème 332, daté de 1862, qui commence ainsi : « Douter de Moi ! Mon Obscur Compagnon ! » et se termine par ces vers : « Mais vénère la neige/ Pour toi, ô Chicaneur, intacte !/ Dans l'Éternel flocon ! » Le mot *feet* (pieds) renvoie également à la poésie. Les relations du poète avec Samuel Bowles demeurent ambiguës. Certains critiques ou biographes voient en lui un confident, d'autres un des amours possibles d'E. D. Il est certain en tout cas que les poèmes reflètent la crise qu'elle traversait à l'époque et les nombreuses questions qu'elle se posait à l'égard du mariage. Au v. 10, E. D. indiquait la variante *sure* (sûre)/*fair* (au beau), adoptée ici.

191. Dans le Cahier 30, transcrit également en 1863. Un exemplaire a été adressé à Susan Dickinson l'année de la composition du poème, en 1861. Le texte est réparti en deux strophes, de 8 et 6 vers, alors que le poème transcrit en compte deux de 5 vers chacune. On relève des différences dont les plus importantes sont au v. 7, *Brides – an Apocalypse* – (Les Épousées – une Apocalypse) au lieu de *Heroes – a Battle* (Les Héros – un Combat) ; au v. 8, *Worlds* (Les Mondes) au lieu de *Miller* (Meunier) et au v. 9, *Lives* (Les Vies) au lieu de *Eyes* (Les Yeux), ce qui élargit sensiblement la portée du poème. Le mot *dice* (v. 3) a plusieurs sens. Ici, il indique un type de broderie, mais le sens le plus répandu est celui de dés à jouer (non à coudre), ce qui par association d'idées a pu entraîner le mot « Risque » au vers suivant, encore qu'E. D. ait pu avoir à l'esprit une scène de *Roméo et Juliette*, de Shakespeare.

194. Envoyé à Samuel Bowles, suivi de ces simples mots : « Voilà – ce que j'avais à "vous dire" – Vous ne le direz à personne ? L'Honneur – est son propre gage – ». (E. D. emploie la même expression dans sa première lettre du 15 avril 1862 à Thomas W. Higginson : « Que vous ne me trahirez pas – nul besoin de vous en prier – car l'Honneur est son propre gage – »). Quatre ans plus tard, E. D. a adressé une copie de ce poème à Susan Dickinson. Après le v. 11, elle a ajouté un vers supplémentaire, *Tri Victory* (Triple Victoire), comme pour mieux se moquer. Au v. 10, il faut entendre derrière *bridalled*, qui signifie mariée, le mot *bridled* (mise sous le joug).

195. Dans le Cahier 34, transcrit en 1863. Un autre exemplaire composé auparavant, en 1861, constitue une lettre adressée à Samuel Bowles. E. D. a remplacé au v. 4 *to mind* (pour s'en soucier) par *to take* (pour la prendre), terme plus concret, ici traduit par « la boire » ; au v. 12, *dazzles* (éblouit) par *strangles* (étrangle), ce qui rend la scène plus forte. On perçoit une révolte rentrée dans tout le poème.

207. Dans le Cahier 12. Un autre exemplaire, peut-être adressé à Susan Dickinson, a paru le 4 mai 1861 dans le *Springfield Daily Republican* sous le titre : *The May Wine* (Vin de mai). C'est l'un des poèmes où E. D. se laisse le plus aller à la joie de la création, au point de proclamer la prééminence de la poésie non seulement par rapport à l'ordre social (représenté par les aubergistes) mais par rapport à l'ordre divin, anges et saints venant saluer l'ivresse poétique. Au v. 16, on note une association d'idées entre manzanilla, nom d'un vin, et Manzanillo, port de Cuba réputé pour l'exportation du rhum. À la fin du poème, au v. 16, E. D. propose une variante : *Leaning against the – Sun –* (Appuyée contre le – Soleil –).

210. Id. Il y a ici une véritable identification du poète à l'oiseau qui le perpétue.

216. Id. La métaphore de la tempête, synonyme de crise et de mort, est récurrente chez E. D. Le pronom *her*, au dernier vers, renvoie à sa victime.

217. Dans le Cahier 9. Un autre exemplaire a été adressé à Susan Dickinson au printemps de l'année suivante. Il présente deux changements, le plus important étant *Bumble* (bourdonnement) au lieu de *murmur* (rumeur).

243. Dans le Cahier 11. Un an après, E. D. a conclu une lettre à T.W. Higginson par la deuxième strophe, en s'excusant auprès de lui de l'avoir peut-être offensé : « Si je puis être celle à qui, ce soir, vous pardonnez, c'est un Honneur Supérieur – Ma Requête n'est que celle du Voleur –

Je vous prie, Monsieur, Exaucez

« Barabas » –

Au v. 4, « Sauveur » renvoie au débris de granit, mais fait venir inévitablement à l'esprit le Christ.

283. De 1862, transcrit dans le Cahier 33. E. D. a envoyé au préalable la quatrième strophe du poème à Susan Dickinson. Entre ces deux versions, on note quelques changements mineurs. Dans une variante, elle suggère au v. 24 *faints* (défaille) au lieu de *bleats* (bêle).

286. Adressé à Susan Dickinson. E. D. a transcrit le poème un an plus tard dans le Cahier 36. La première version est retenue ici en raison de son caractère spontané, marqué par les points d'exclamation. Au v. 10, *the Earl* (Le Comte), dont le son lui plaisait et qui offrait l'avantage de rimer avec *Pearl* (Perle), est ici une personnification de la Mort ou de Dieu.

292. Dans le Cahier 12. Allusion directe à une scène « capitale » de séparation (voir la préface). À noter au v. 3 la création verbale *Stop-sensation*.

297. Id. C'est l'un des nombreux poèmes consacrés par E. D. au soleil couchant, qui peut symboliser la fin de la vie ou au contraire précéder une renaissance. On a rapproché la seconde strophe de ces vers de Tennyson dans *Locksley Hall* : « Vit les cieux s'emplir de commerce, de galions aux magiques voiles,/ Pilote du pourpre crépuscule, déchargeant de précieuses Balles ».

304. Ce poème est l'un des quatre poèmes joints par E. D. à sa première lettre à T.W. Higginson, du 15 avril 1862. Dans ce second état, élaboré trois mois après sa transcription dans le Cahier 14, elle a modifié la structure en quatrains du texte, supprimant les strophes, fondant à plusieurs reprises deux vers en un seul, ce qui donne un poème de forme moins traditionnelle, et a adopté les variantes indiquées. Au v. 1, au lieu de *maddest* (le plus fou), *nearest* (le plus proche) ; au v. 8 au lieu de *Spreads* (Déplie)/ *Lifts* (élève) (variante adoptée dans la traduction) ; au v. 10, au lieu de *defrauded* (frustré)/ *bewildered* (déconcerté). L'« Abeille qui ne fuit point » représente évidemment la poésie.

307. Dans le Cahier 14. E. D. a indiqué des variantes importantes, notamment au v. 5, au lieu de *timid* (timide), *hallowed* (sacrée), en soulignant ce mot pour marquer sa préférence (variante adoptée dans la traduction) ; au v. 6, au lieu de *mystic* (mystique), *purple* (pourpre), mot également souligné, couleur pour laquelle E. D. a souvent manifesté sa prédilection. C'est à la fois la couleur de la passion amoureuse et de la passion chrétienne. La femme en « blanc », autre couleur symbolique, renchérit sur la dimension mystique de la vocation poétique, ici pleinement affirmée. Au v. 8, *until* joue à la fois le rôle d'une préposition (« d'ici à »), mais aussi d'une conjonction de subordination introduisant le v. 9 : « Jusqu'à ce que je spécule sur ce bonheur ».

318. Dans le Cahier 13. En 1865, E. D. a envoyé ce poème à Susan Dickinson, avec une troisième strophe ainsi remaniée :

And still she plies Her spotted thrift	Et toujours elle fait Son ménage moucheté
And still the scene prevails	Et toujours la scène persiste
Till Dusk obstructs the Diligence –	Avant que le Soir gêne la Diligence –
Or Contemplation fails.	Ou que la Contemplation cesse.

C'est un des poèmes où E. D. pousse le plus loin et le plus hardiment la métaphore domestique.

319. Id. La contemplation du soleil couchant, associé à des mots évoquant la gloire, «Bronze», et «Braise» ou flamme (le début de ce poème fait songer à Mallarmé), inspire au poète, malgré sa lucidité et sa modestie (Mes Splendeurs, sont Ménagerie), une foi dans sa survie spirituelle, loin de toute contingence terrestre. Au dernier vers, E. D. propose, au lieu de *Daisies* (Pâquerettes), *Beetles* (Blattes), variante adoptée dans la traduction.

320. Id. Remarquable exemple de synesthésie, où se mêlent perceptions visuelles, sonores et spatiales.

325. Id. Il existe quatre autres exemplaires de ce poème. Un s'est perdu, un autre ne comporte qu'une strophe dont E. D. s'est servie, en la modifiant, pour conclure une lettre envoyée au début de l'année au révérend Edward S. Dwight après la mort de sa femme. E. D. en a joint un à sa lettre du 25 avril 1862 adressée à T.W. Higginson. Elle y a adopté les variantes indiquées dans le Cahier, en remplaçant au v. 7 : *While our two Souls* (tandis que nos deux Âmes) par *As if no Soul* (comme si aucune Âme) et au v. 10 le mot *falling [of a word]* (prononcer un mot) par le «symbole» [d'une parole]. Les tirets y ont disparu au profit d'une ponctuation plus conventionnelle. Une autre version, tirée d'un exemplaire en possession de Susan Dickinson, a été publiée en 1890, à titre posthume, dans le *Scribner's Magazine* sous le titre de *Renunciation*, une autre encore a été reproduite en fac-similé dans l'édition de 1891 des *Poèmes*. L'expérience que reflète ce poème est peut-être multiple et l'événement relaté plus imaginaire que réel, mais E. D. les transcende pour composer un poème de dimension universelle.

340. Dans le Cahier 16. Cette description angoissante peut évoquer aussi bien un état de dépression nerveuse que la mort telle que l'imagine le poète, par exemple dans le poème 591 : «J'entendis bourdonner une Mouche – à ma mort», qui est toutefois plus explicite. Le sens du v. 4 n'est pas très clair. On peut comprendre soit que «la raison s'effondre», soit que les sensations «vrillent» le cerveau. Au v. 10, E. D. a hésité entre *Brain* (Cerveau), son terme favori, et *Soul* (Âme), qu'elle a fini par adopter.

355. Dans le Cahier 17. Exemple caractéristique de la méthode employée par E. D. pour cerner une réalité. Elle la définit d'abord par ses contraires afin d'en préciser par la suite la nature.

356. Dans le Cahier 17. *Van Dieman's Land* (la Terre de Van Diemen) est l'ancien nom de la Tasmanie. Au dernier vers j'ai traduit *That will not state – it's sting* par «Dont se dérobe – le dard» afin de conserver l'allitération. Le sens exact est «qui refuse de préciser (de dire quand elle fera usage de) son dard». Une variante est proposée au v. 16 : *take* (prendre)/*taste* (goûter), adoptée ici et traduite par «mordre».

359. Id. Il existe deux autres exemplaires de ce poème. L'un est sans adresse ni signature, quoique plié comme pour être glissé dans une enveloppe. L'autre, perdu, a probablement été joint à la cinquième lettre envoyée par E. D. vers le mois d'août 1862 à T.W. Higginson qui l'a recensé parmi les poèmes reçus par lui. Le poème offre un contraste saisissant entre les actions de la vie familière relatées dans les quatre premières strophes et la fuite dans l'invisible ou le néant évoquée par les six derniers vers. L'adjectif *Cautious* (circonspect), au v. 13, peut s'appliquer aussi bien à l'oiseau qu'à la narratrice. Au v. 18, *Too silver for a seam* signifie littéralement : «dont l'argent est trop lisse pour présenter une couture».

364. Les «Révélations» (v. 11) sont une allusion à l'*Apocalypse*.

365. Dans le Cahier 18. Les rimes, dans ce poème, sont irrégulières, même celles des 2ᵉ et 4ᵉ vers. Il semble qu'E. D. ait fait plutôt rimer les derniers vers de chaque strophe (*eyes/surprise, stare/far*). Au dernier vers, le verbe *to crawl* (ramper) évoque le serpent.

369. Id. Au v. 8, on notera l'extrême contraction de la

question. *Can anybody tell* (Qui peut dire) sous-entend en effet le reste de l'interrogation (traduit ici par «où ils sont»), puisque la réponse, à la strophe suivante, au v. 9, est *in places perfecter* (en des lieux plus parfaits). On constate d'ailleurs que dans une variante, E. D. avait envisagé de compléter sa phrase. *Perfecter* au lieu de *more perfect*, selon l'usage courant, est une forme de comparatif qu'affectionne E. D. (voir aussi *Blesseder*, au v. 14). Au v. 22, la forme *themself* (pour *themselves*) et au v. 24, *ourself* (pour *ourselves*), est aussi fréquemment employée par le poète qui crée ainsi une unité plurielle ou une pluralité une. À la fin du poème, E. D. semble se rapprocher de l'attitude chrétienne traditionnelle qui considère le monde comme un lieu d'exil, et va jusqu'à qualifier la mort de «miracle», mais sa croyance est relativisée tout au long du poème par l'insistance sur le verbe *to trust*, qui implique l'option de la foi, et le dernier vers montre bien que la mort est contrainte et forcée.

372. Id. Dans la 2ᵉ strophe, E. D. a indiqué par une variante qu'elle souhaitait intervertir les v. 2 et 3. Son souhait est ici respecté.

373. Id. Le mot «conclusion», au v. 1, est à prendre à la fois dans le sens de «fin» et d'issue d'un débat ou d'un raisonnement. Au v. 2, le terme *species* (espèce) a une connotation plus vague qu'«ordre» qui suggère une hiérarchie, mais sa traduction littérale par «espèce» risquerait d'introduire une notion purement biologique, inexacte dans le contexte. Du reste, E. D. envisage dans une variante de le remplacer par *a sequel* (une suite). Ce poème illustre sa position métaphysique. Tout en affirmant sa croyance en un ordre supérieur, elle constate l'impuissance de la religion, en tout cas du dogme chrétien («Gesticulations en Chaire», «Alléluias»), comme de la philosophie.

374. Id. E. D. a détaché du poème les trois derniers vers de la quatrième strophe pour les adresser sous forme de quatrain à Samuel Bowles. Au v. 17, l'adjectif possessif *her* s'applique à l'été, là où on s'attendrait au neutre *its*. E. D. confère presque toujours à cette saison le genre féminin. Il est intéressant de noter les comparaisons qui suivent. Elles vont du simple ornement emprunté à la vie domestique (les robes des femmes) aux attributs de la religion (les «symboles»), deux ordres que relie E. D. en mettant sur le même plan le quotidien terrestre et le sacré.

381. Dans le Cahier 19. Quelques mois auparavant, E. D. avait joint ce poème à une lettre adressée à T.W. Higginson. Cette première version était divisée en trois strophes, les deux premières de huit vers chacune, la dernière de quatre vers. En établissant un rapprochement entre la poésie et la danse, E. D. rappelle leur essence jubilatoire commune, mais oppose le phénomène purement spirituel et intérieur que représente la première à l'aspect artificiel et extérieur de la seconde.

396. Dans le Cahier 20. Ce poème rappelle le jugement porté contre Shylock, dans *Le Marchand de Venise* de Shakespeare.

398. Id. L'adjectif *Crucifixal*, à l'avant-dernier vers, est un néologisme. Il appartient, de même que *Calvary* (Calvaire), à un vocabulaire utilisé par E. D. pendant ces années de crise. Il y a davantage ici que l'indifférence de la nature fréquemment dénoncée par les poètes romantiques. Celle-ci se montre sadique (elle « entasse Fleur sur Fleur/ Pour étaler plus encore une Joie/ Contemplée par sa Victime ») et agressive (les Oiseaux assènent « chaque parole/ Comme Marteaux »).

399. Id. Au v. 5, E. D. propose une variante qui modifie le sens du vers en remplaçant *Cancelled* (Annulée) par *Shifted* (Déplacée).

401. Id. Il existe deux versions précédentes. L'une a été mise au net comme en vue d'un envoi, mais est restée parmi les papiers d'E. D. Le poème s'y présente d'un seul tenant. L'autre, perdue, a probablement été jointe à la cinquième lettre d'E. D. adressée en août à T.W. Higginson qui l'a recensée parmi les poèmes dont il fut le destinataire. Les v. 7 et 8 décrivent le processus de spiritualisation ou d'abstraction propre au travail poétique, alchimie qui transmue la couleur du monde ou du réel en lumière. Mais cette lumière, E. D. le souligne, reste le produit du brasier « non consacré », le poète n'étant lui-même que le lieu et l'outil de la transmutation. L'adjectif *designated*, à l'avant-dernier vers, semble néanmoins suggérer un choix, une élection, et conférer au poète une fonction quasi sacrée. À noter que le minerai est doté (v. 6) du genre féminin.

403. Id. Une autre version, sans adresse ni signature, a peut-être été envoyée au préalable à Susan Dickinson. La disposition des vers y est beaucoup moins conventionnelle, comme si E. D. avait voulu se livrer à une expérimentation poétique. Le poème est d'un seul tenant, et dans chaque strophe, le premier vers est divisé en deux, la seconde moitié figurant en retrait, comme ci-dessous :

> *I reason –*
> *Earth is short –*

E. D. a opéré quelques modifications : au v. 5, *we should die* (on devrait mourir) a été remplacé par *we could die* (on pourrait mourir), et au v. 7 *could not* (ne pourrait), remplacé par *cannot* (ne peut). Le texte antérieur comporte de nombreux mots en italique et beaucoup plus de tirets.

407. Version postérieure de deux ans à celle qui figure dans le Cahier 20. E. D. a opéré quelques modifications, remplaçant au v. 11 *moonless* (sans lune) par *unarmed* (sans armes) ; au v. 17 *The Prudent* (Les Prudents) par *The Body* (Le Corps) et au v. 20 *More near* (Plus proche) par *Or More* (ou Plus encore). E. D. est souvent revenue sur la peur qu'elle avait d'être habitée par un double inconnu, lequel peut être assimilé à l'inconscient.

409. Dans le Cahier 20. Au début de 1864, E. D. a recopié la première strophe comme pour l'envoyer à un correspondant, en supprimant presque tous les tirets, mais sans adopter les variantes indiquées dans le Cahier. *Valves*, au v. 11, signifie « soupape », « clapet », mais j'ai préféré conserver le mot « valves » qui évoque en outre un coquillage.

411. Id. Le poème — l'un des plus exaltés et des plus mystiques d'E. D. — se présente comme une série d'exclamations, d'affirmations vigoureuses, sans que le lecteur puisse savoir au juste ce que recouvre ce « mien » triomphal. La langue française, en précisant le genre de cet adjectif possessif, indiscernable en anglais, élimine malheureusement toute hypothèse d'un signifié de genre féminin, comme la poésie, par exemple. *Steal*, au dernier vers, est traduit par « voler », car ce verbe peut à la fois signifier « se mouvoir en silence » et « dérober ». On ne peut négliger l'allusion à la perte entraînée par le passage du temps.

423. Dans le Cahier 15. Les deux premières strophes rappellent un sonnet portugais d'Elizabeth Barrett Browning.

442. Dans le Cahier 21. Il existe deux autres exemplaires perdus, dont un a été envoyé à Susan Dickinson. E. D. indique une variante au v. 6 : *hunch themselves* (se tassent)/ *pile themselves* (s'amassent), adoptée ici et traduite par « dressent leur monticule ». Cette vision toute mystique évoque les chapelles funéraires. De fait, E. D. a souvent comparé la tombe à une maisonnette (voir le poème n° 1784, « La tombe est mon petit cottage »).

446. Id. E. D. dote le poète du genre masculin : *The Poet – it is He –* (Le poète – Lui et nul autre –) (v. 11). Cependant, aux v. 1 et 2, le pronom démonstratif *This* et le pronom relatif *That* sont neutres et indiquent une entité asexuée, se situant au-dessus ou au-delà du personnel et du subjectif. Toujours au v. 1, le verbe est à l'imparfait, comme si E. D. prononçait l'éloge funèbre d'un de ses pairs, le sien peut-être aussi par la même occasion. À noter la double antiphrase : « sens surprenant » et « signes ordinaires », « vaste Essence » et « espèces familières », condensé de définition de son propre art poétique. Le mot *Attar*, au v. 5, traduit par « Essence », renvoie à l'huile essentielle extraite de la fleur.

448. Id. E. D. marque bien les deux visages de la poésie qui sont à ses yeux essentiels. *Bretheren*, pluriel de *brother* (frère), au v. 8, a une connotation plus religieuse que le pluriel ordinaire, *brothers*, de ce mot. Les deux poètes se reconnaissent comme membres d'une confrérie.

453. Id. Ce poème, description d'un état de crise dont les raisons ne sont pas données, est d'une précision topographique hallucinante mais reste dans un flou temporel comme si, toute ponctuelle que fût la crise, elle ne connaissait pas de limites. Il met en scène un instant crucial de choix, suicide, sacrifice ou renoncement. Au dernier vers, le mot *God* (Dieu) a une signification élargie qui englobe la mort. *Gate* appartient néanmoins au vocabulaire religieux, car il fait référence aux « portes » du paradis. Ce texte interprète d'une façon personnelle et extrêmement moderne la vision théologique selon laquelle l'existence humaine est un pèlerinage, celui qu'accomplit tout chrétien sur la terre. Au v. 4, le mot *term* (terme) a un triple sens : géographique (terme du voyage), sémantique (nom donné à l'éternité) et circonstanciel.

463. Dans le Cahier 22. *Noon,* au dernier vers, est pour le poète un des symboles de l'éternité.

466. Id. Ce poème est une métaphore de la poésie. À chaque élément de la maison correspond une qualité : ouverture (croisées nombreuses), altitude (portes plus hautes), permanence (salles comme cèdres), etc.

467. Id. Le poème se présente sous une forme inédite : deux strophes de six vers, rimant de façon assez irrégulière, et un quatrain. *The Maker's Ladders* (Les Échelles du Créateur), au v. 4, rappellent l'échelle de Jacob, mais ici elles semblent inversées : au lieu de monter vers le ciel, elles descendent vers la terre et c'est bel et bien le soleil, la vie, qui fait mûrir l'âme. On notera au v. 7 l'emploi hardi de l'adjectif *Wonderful* comme substantif. Répéter le mot *thing* comme au v. 1 aurait été en effet bien plat! *Core,* au v. 12, désigne bien sûr le cœur du fruit, le cœur de l'être.

471. Id. Ce poème oppose deux situations, celle de l'aimée dont on fait la toilette après la mort, et celle de l'amante qui survit à son amour. Au v. 8, le terme *Decalogues* exprime une condamnation des lois, divines ou terrestres.

477. Id. Un exemplaire antérieur, où le poème est d'un seul tenant, a été envoyé à Susan Dickinson. Les variantes indiquées dans le Cahier marquent les hésitations d'E. D. qui semble vouloir revenir aux formulations de la première version : *nature* au lieu de *substance* (v. 5), *time* (temps) au lieu de *chance* (occasion) (v. 9), *scalps* (scalpe) au lieu de *peels* (pèle) (v. 12), *Universe* (L'Univers) au lieu de *Firmaments* (Les Firmaments) (v. 14). En conséquence, certains de ces termes ont été adoptés dans la traduction. Au v. 10, le verbe « se Rasseoir », appliqué à un liquide qui se repose et s'épure, m'a paru le terme le plus adéquat pour traduire *bubble Cool*. Que représente cet « Il » par quoi commence le poème? On peut imaginer qu'il s'agit de la mort, sachant qu'elle est toujours du genre masculin chez E. D., mais d'autres interprétations sont possibles. La cruauté est l'élément dominant de cette action qui rappelle le jeu du chat avec la souris. Dans les deux derniers vers, E. D. élargit le drame à la nature tout entière, présentée comme une victime.

479. Dans le Cahier 23. Le genre masculin dont E. D. dote la mort convient à la fausse idylle narrée dans ce poème. Aussi ai-je choisi de supprimer l'article. « Mort » devient le nom du personnage mis en scène. Car c'est bien une mise en scène sous forme de vision *post mortem* qui fait l'originalité de ce poème, proche par ailleurs de la tradition des poètes métaphysiques du XVIIe siècle et des romantiques jusqu'à Robert Browning. La dernière strophe évoque l'«illumination» qui a été celle d'E. D. lorsqu'elle a pris conscience de sa mission de poète face à la mort, de la nécessité pour elle de considérer la vie dans toutes ses phases *sub specie aeternitatis*.

495. Id. Il existe un autre exemplaire de ce poème adressé aux Holland (voir à leur propos la note sur le poème 1099).

507. De 1863, dans le Cahier 24. Au v. 6, *crowd* est à prendre au sens de «troupe de théâtre» et, plus précisément, de «figurants».

508. Id. Le texte provient d'une transcription effectuée par une assistante de Mabel Todd lors de la première édition des *Poèmes*. On ne peut qu'admirer l'extrême virtuosité des rimes, la deuxième strophe tout entière se terminant par des occlusives labiales et les six premiers vers de la troisième par des dentales. La vision de la terre comme un abîme flottant ne contredit pas la science. E. D. y ajoute un élément de circularité qui la transforme en prison.

515. Id. On peut rapprocher ce poème du poème 508.

517. Id. Au v. 1, l'adjectif *still* se rapporte à *Life*, expression qui désigne en peinture une nature morte. D'où la traduction de *still* par «morte». De même au v. 10, *that never lie* peut vouloir dire à la fois «qui ne mentent jamais» ou «qui ne restent jamais en repos». À noter au dernier vers le jeu des sonorités (le «s» sifflant et le «z», marquant le résultat destructeur de l'explosion).

519. Id. Par «Monde», au v. 1, il faut entendre plutôt «Société» et même la proche société (doux concitoyens). E. D. se pose ici en simple intermédiaire, mais sa déclaration n'est pas dépourvue de solennité et de mysticisme, puisque c'est en aveugle, dit-elle, qu'elle livre le message.

525. Dans le Cahier 28. Ce poème est l'un de ceux où E. D. prend les choses, si l'on peut dire, au pied de la lettre. L'ascension spirituelle se trouve ainsi transformée en une vraie escalade, ce qui n'enlève rien à la gravité du propos, puisque la grimpeuse, quoique ayant atteint son but, ne parvient pas néanmoins à communiquer avec celui qui faisait l'objet de sa quête.

543. Id. Au v. 13, *Bohea* (traduit ici par «Lapsong» pour les besoins de l'allitération) est un thé noir de Chine.

545. Id. Ce poème, ainsi qu'un certain nombre d'autres, fait allusion à la guerre de Sécession et prouve qu'E. D. n'y était pas étrangère.

572. Dans le Cahier 25. Il existe deux autres exemplaires, dont un est perdu. L'autre, envoyé à Susan Dickinson, ne présente que des différences mineures de ponctuation. Le vocabulaire de couleurs empruntées aux pierres précieuses, rubis, pourpre, topaze (mais toutefois associées à la guerre, comme le mousquet), est proche de celui de l'*Apocalypse*, texte biblique favori d'E. D.

573. Id. Il existe un autre exemplaire de ce poème, écrit au crayon en 1865, sans adresse, quoique signé et plié comme pour un envoi. Il se présente d'un seul tenant et on y relève quelques changements mineurs sauf au v. 18, où E. D. a remplacé *Noon* (Midi) par *Morn* (Matin). Le «il» du poème évoque un amant, mais peut aussi bien désigner la Mort, du genre masculin, rappelons-le, chez E. D., auquel cas l'«Aube», au dernier vers, désignerait la Résurrection. Il peut aussi représenter la Muse, également du genre masculin.

581. Id. Au dernier vers, *smart* implique une morsure, mais signifie aussi «malin», «retors» au sens figuré.

584. Id. Quelques variantes sont indiquées : au v. 1, E. D. donne une nuance plus impérative au rêve. Au lieu d'une affirmation, *we are dreaming* (nous rêvons), elle suggère *we should dream* (nous devrions rêver) ; au v. 15, elle se propose de remplacer *phrase in Egyptian* (phrase en Égyptien) par *latin inscription* (inscription latine). Dans ce poème à la syntaxe particulièrement heurtée et obscure, E. D. semble ne pas faire de distinction entre la vie éveillée et le rêve ou plutôt suggérer, fortement influencée en cela par Shakespeare, que le rêve contient la vie éveillée et qu'il vaut mieux ne pas essayer de s'en dégager si l'on ne veut pas mourir.

591. Dans le Cahier 26. Au v. 2, *stillness* est évidemment à prendre dans son double sens de «silence» et d'«immobilité», de même que *Heaves* (traduit ici par «Râles»), au v. 4, indique à la fois les reprises de la tempête et leur bruit. Ce poème est l'un des plus surprenants d'E. D. puisqu'elle y décrit sa propre mort. Dernier acte d'une vie, présenté comme celui d'une pièce de théâtre, avec décor, figurants, atmosphère dramatique et solennelle («quand le Roi/ Ferait son entrée»), contrastant avec le sang-froid et la lucidité teintés d'ironie de l'anti-héroïne, l'agonisante, occupée à régler ses petites affaires («Cédai la part de moi/ Transmissible»). La mouche, présente dès le premier vers, en est en fait le personnage principal, associé à la mort mais aussi symbole de la vie qui perdure. Son bourdonnement, énergique au départ, s'affaiblit au v. 13, reflétant l'approche de la mort. Il est dit «Bleu» (adjectif mis en relief au début du vers) non seulement parce que les mouches attirées par les cadavres sont de grosses mouches bleues, mais parce qu'il constitue la dernière trace de couleur visible, confondue peut-être au dernier instant avec le ciel.

598. Id. Plus radicalement encore que les disciples d'Emerson, E. D. affirme la primauté du «cerveau» (*brain*, son terme privilégié pour désigner l'esprit). L'adéquation avec le divin est affirmée dans la dernière strophe par une métaphore empruntée au langage (syllabe). Le Cerveau use du langage là où Dieu est pur son, les deux étant indissolublement liés.

621. Dans le Cahier 29. Comme la mort dans le poème 479, *Because I could not stop for Death*, le vent est personnalisé, bien que décrit comme une entité floue, musicale et passagère. Sa visite est également narrée sous la forme d'une rencontre, qui ne fait ici que creuser davantage la solitude. Il n'est pas exclu qu'il représente l'inspiration.

633. Dans le Cahier 31. Au v. 2, les «Colonnes» font songer à un édifice ou à un dais. En revanche, le mot *stitched* (cousus), au v. 1, est à prendre au sens figuré. En quelques vers, E. D. évoque un profond trouble psychique, qui se traduit par un sentiment d'irréductible solitude et de perte d'appartenance à la normalité.

640. Id. «J'ai un Livre» (v. 13) : il s'agit sans doute des *Poèmes* d'Emerson, offerts à E. D. par Benjamin Newton, clerc à l'étude de son père. Celui-ci l'initia à la littérature contemporaine et perçut très tôt sa qualité de poète.

653. Dans le Cahier 30. E. D. a employé partout le mode subjonctif afin de marquer qu'il s'agit d'une spéculation.

655. Id. Métaphore de la vie humaine, le papillon, végétal ailé («Comme Feuilles – Il Se déplie»), ne révèle son destin tragique que dans la dernière strophe, après une série d'activités plutôt frivoles, toutes amenées par «puis», «et puis». Le «Gel» représente la mort, mais à la fin du poème les mots qui appartiennent au vocabulaire religieux laissent envisager une sacralisation (abbaye) et une résurrection, le cocon étant synonyme de métamorphose.

656. Id. «Pris mon chien» (v. 1). E. D. possédait un grand chien, nommé Carlo, que lui avait offert son père. Elle écrit à T.W. Higginson dans sa lettre du 25 avril 1862 : «Vous me demandez quels sont mes Compagnons : les Collines – Monsieur – et le Couchant – et un Chien – aussi grand que moi – que mon Père m'a acheté –». C'est toute une scène qui est relatée ici, ou plutôt un conte qui pourrait s'intituler «La Jeune Fille et l'Océan», pénétré de merveilleux d'un bout à l'autre, avec cependant une étonnante sobriété dans sa mise en œuvre. On notera en particulier la vivacité des actions qui se succèdent (presque un verbe par vers). On peut déceler dans ce poème un certain érotisme, mais pareille interprétation tient beaucoup au sens que l'on donne à *Man* (Homme), au v. 9. *Man* peut renvoyer à un individu de sexe masculin mais désigne souvent chez E. D. l'être humain en général. Ici, la jeune fille solitaire est considérée par tous, êtres humains et merveilleux confondus, comme un être anormal. Quant à l'Océan, il a des connotations psychanalytiques autant qu'érotiques et représente la Mort et l'angoisse (être «en mer» revient fréquemment sous la plume d'E. D. pour désigner celle-ci), aussi bien que l'Ogre-Amant. Au v. 21, l'expression *Solid Town* (la Cité Ferme) est à entendre au sens moral aussi bien que physique.

669. Id. Les variantes indiquées montrent l'ambiguïté du poème, E. D. hésitant entre des impressions contradictoires, négatives et positives : *Decay* (Déclin) et *Array* (Déploiement), au v. 4, ou *Confirm* (s'affirment) et *Withdraw* (se retirent), au v. 10.

670. Dans le même Cahier. On notera la hardiesse du poète, qui enlève à la Crucifixion sa qualité unique ou en tout cas la relativise. L'opposition s'établit entre manifestation publique et événement secret. Au v. 7, *Persons* et *Peninsulas* sont mis sur le même plan, toute différence étant abolie entre l'être humain et la nature, souffrant de la même solitude.

684. Dans le Cahier 32. E. D. a dédoublé le premier vers de la première strophe, qui aurait été par trop haché. Au v. 4, le mot *lid* (couvercle) signifie aussi « paupière » et s'oppose aux « pieds » nus du vers suivant. Les demeures bourgeoises sont décrites dans la première strophe comme de véritables tombeaux, auxquels elles s'apparentent par le luxe, l'artificialité et l'indifférence de leurs occupants. Le vocabulaire, au v. 6 en particulier, rappelle celui du poème 124, composé quatre ans plus tôt. E. D. souligne l'absence de différence entre la mort et un certain type d'existence.

690. Id. Cette vision d'un continuum du temps et d'une absence de différence entre la vie et l'au-delà est originale et hardie pour l'époque. Au v. 4, *Latitude* possède le double sens de situation géographique et de liberté.

691. Id. La récompense suprême de l'amour, pour E. D., est la plénitude du regard — encore qu'on puisse déceler une certaine frustration dans l'adjectif *fleshless* (sans chair), au v. 5. Quatre termes au moins dans ce poème désignent l'action de voir. Ce « Mariage Nouveau –/ Par des Calvaires d'Amour – légitimé ! » (poème 325) devient la scène centrale d'un Paradis qui n'existe que pour le célébrer. Au v. 1, le mot *Parting*, traduit par « Absence », signifie littéralement « Séparation ». Aux v. 10 et 11, on relève un jeu de mots, mis en valeur par l'enjambement. À l'expression *newborn* (nouveau-nés), E. D. substitue la négative : nouveaux « non-nés », qui marque une supériorité par rapport aux précédents, en raison de l'expérience : *They had beheld* (Ils avaient contemplé). Le mot *apparelled* (v. 10) signifie à la fois vêtu, paré, mais s'applique aussi à un navire qui est équipé, appareillé.

706. Dans le Cahier 33. Nombreuses sont dans ce long poème à la fois élégiaque et passionné les allusions religieuses : l'Armoire (le tabernacle), le Sacristain, le Bol (la coupe destinée à recevoir les hosties), ressusciter, Jésus, la Grâce ; l'expression « Tu servais le Ciel » ; le Paradis, perdu et sauvé, Céleste, l'Enfer, la Prière, le Blanc Viatique qui renvoie à nouveau à l'hostie. Des commentateurs en ont déduit qu'E. D. s'adressait au révérend Charles Wadsworth, l'un des hommes qu'elle aurait aimés, en se fondant notamment sur les v. 30 et 31 : « Car Toi – tu servais le Ciel – Tu sais,/ Ou tu y aspirais – ».

710. Id. Au v. 2 : « On y entre par le Soleil » : E. D. semble attribuer à l'homme une origine non divine.

719. Dans le Cahier 35. Ce n'est pas le seul poème dans lequel E. D. se dit abriter une tombe en elle-même (cf. poème 886).

720. Id. Au v. 5, le mot *Periods* introduit une nuance temporelle. Comme il s'agit d'une répétition qui va s'amplifiant, j'ai choisi de le traduire par « Cycles ». Le poème s'achève dans l'abstrait, puisqu'il n'est plus question de *shores* (rivages), mais seulement de points limites (*Verge*, traduit ici par « Orée »). À relire le premier poème de cette anthologie, on mesure le chemin parcouru par E. D. L'éternité n'est désormais plus pour elle une « terre » hospitalière, selon la vision conventionnelle, mais un océan infini et insaisissable.

743. Dans le Cahier 36. On notera la distinction établie d'emblée par E. D. entre l'Éternité (passé) et l'Immortalité (futur). La perspective est une vision délibérément laïque et sombre (« Royaumes... Dont le Prince – n'est Fils de personne »). En réalité, la vie n'est qu'un « croissant dans la mer » menacé de tous côtés par les ténèbres (minuit) et la tempête (maelström). Ce poème est à rapprocher du poème 508 : « Une Fosse – mais le Ciel au-dessus – », à cette différence près que la vision est ici horizontale et non plus verticale.

747. Id. Au v. 3, dans *gambol* (gambade, caprice), on entend à l'arrière-plan *gamble* (pari, coup hasardé).

751. Dans le Cahier 34. Ce poème qui semble accompagner l'offrande d'un bouquet ne s'inscrit pas dans le registre de la circonstance, mais constitue plutôt une méditation sur le temps et la relativité, et s'achève sur un ton solennel.

764. Id. Ce poème a donné lieu à de multiples explications, qui insistent tantôt sur son caractère mystique, *The Owner* (le Maître, au sens de « propriétaire »), au v. 3, représentant Dieu, tantôt sur son caractère sexuel, le même terme désignant l'amant dans le vocabulaire d'E. D., ou encore sur ses connotations féministes, le Maître représentant le pouvoir patriarcal contre lequel se révolte le poète féminin, réduit au rôle d'instrument (un fusil). Le Maître, enfin, peut aussi symboliser la Muse qui saisit l'esprit du poète. La dernière strophe, en particulier, se présente comme une énigme difficile à résoudre, même si elle semble souligner la différence de nature entre l'esprit supérieur qui possède le don d'éternité et l'instrument qui possède seulement le pouvoir de tuer sans pouvoir se supprimer lui-même. On peut aussi avancer l'hypothèse que le fusil serait le langage (E. D. a souvent comparé le mot à une arme) et le Maître le poète. L'image du fusil ou du canon (*gun*) est assez fréquente chez E. D. Il ne faut pas oublier qu'elle écrit ce poème en pleine guerre de Sécession, ni par ailleurs que sa grand-mère paternelle portait le nom de Gunn. Dans une lettre à sa cousine, Louise Norcross, E. D. écrit en 1880 : « Qu'est-ce que chaque instant, sinon un fusil, inoffensif tant qu'il n'est pas chargé, mais qui part lorsqu'on le touche ? » Au dernier vers, une variante propose *art* (art) au lieu de *power* (pouvoir).

772. Id. Il existe une autre version, envoyée à Susan Dickinson la même année. Le poème y est d'un seul tenant et présente quelques légères différences avec la version du Cahier. Au v. 8, E. D. avait précédemment écrit *Spiceless Sepulchre* (Sépulcre sans Épices) au lieu de *Ceaseless Rosemary*, le mot anglais désignant le romarin, plante utilisée en parfumerie (traduit ici par « Baume »).

787. Dans le Cahier 37. Il existe deux autres exemplaires un peu antérieurs qui ont été respectivement envoyés aux cousines Norcross et à Susan Dickinson. Nouvelle évocation du soleil couchant, comparé ici à une fleur géante, et suscitant une méditation inquiète, fertile en interrogations.

789. Id. Au v. 6, le participe adjectivé *Succeeding* peut aussi avoir le sens de « succéder », mais la variante proposée (*supremer Springs* : printemps plus suprêmes) indique bien qu'il faut choisir celui de « réussir », « triompher ». Le mot *Springs* (printemps) est également ambigu puisqu'il signifie aussi « sources ». Les uns comme les autres peuvent raviver les couleurs.

798. De 1864, transcrit l'année suivante dans le *Set* (Liasse) 7. La seconde strophe envoyée à Susan Dickinson permet de dater le poème. Si à partir de 1865 E. D. cesse tout à fait de rassembler ses poèmes dans des Cahiers, ce mouvement s'esquisse pendant cette année de transition où les poèmes sont encore pour la plupart transcrits dans des Cahiers (38, 39 et 40).

800. Sur une feuille de papier. Au v. 8, le mot *Checks* désigne les billets de transport, mais le verbe *to check* signifie par ailleurs « vérifier ». On peut donc comprendre : « comme si on délivrait des attestations ».

817. Dans la Liasse 6a. La dernière strophe de ce poème a été envoyée l'année précédente à Susan Dickinson. Au v. 7, l'*experiment* (par opposition à l'expérience, qui désigne le vécu) fait allusion à la résurrection, en tout cas à un prolongement de la vie. Le mot *hound* (chien), à l'avant-dernier vers, a été repris par Martha Bianchi, nièce d'E. D., lorsqu'elle a publié en 1914 un recueil des poèmes de sa tante. Il désigne, nuance importante, un chien de chasse.

820. Dans le Cahier 40. E. D. a inséré le premier tercet dans une lettre adressée à T.W. Higginson au début de juin 1864, alors qu'elle se trouvait à Cambridge, Massachusetts, où elle était soignée pour une maladie des yeux. Cette maladie explique le ralentissement constaté dans sa production poétique.

822. Id. Il existait un autre manuscrit de ce poème, recensé par les cousines Norcross, qui s'est perdu.

830. Id. Le pronom *Him*, au dernier vers, reste ambigu. Il peut se rattacher à *Time* (Temps), deux vers plus haut, ou représenter le mort, promis peut-être à la Résurrection. Le vocabulaire de la seconde strophe est entièrement emprunté aux mathématiques.

839. Id. Une variante était proposée au v. 8 : *Turning Us – their Night* (Tournant vers Nous – leur Nuit), adoptée dans la traduction.

846. Dans le Cahier 38. Plus de dix ans après, E. D. a remanié la seconde moitié de ce poème, comme s'il devait constituer un poème en soi, et l'a envoyé à Susan Dickinson. Sur d'autres fragments de papier, d'autres variantes pour les vers 7 et 8 ont été retrouvées, le mot *necklaces* (colliers) étant successivement remplacé par *affluence* (opulence) et *Legacy* (Héritage). Comme souvent, même ce poème plein d'allégresse s'achève sur la disparition.

858. Id. On retrouve dans ce poème, comme un peu plus haut, dans le poème 830, un vocabulaire emprunté aux mathématiques. Il est à noter que l'Éternité devient simplement, au v. 2, *une* Éternité. *His*, au v. 5, renvoie à Dieu, mais ce Dieu innommé se trouve exclu du Temps, non l'inverse. Ainsi E. D. réaffirme sa foi dans la prééminence de la vie terrestre.

862. Id. Copie de la seconde strophe a été envoyée à Susan

Dickinson. Au v. 1, le mot *Lot* possède le double sens de « sort » et de « lopin de terre ».

868. Dans la Liasse 2. On note l'abondance des participes : *Hindering, Haunting, Perishing, Teazing, expiring,* E. D. cherchant les nuances capables de rendre compte de l'afflux de sensations suscitées par la beauté du couchant.

877. Dans le Cahier 39. E. D. met ici sur le même plan l'horreur de la solitude, vécue comme la conscience aiguë de soi, et l'angoisse de la mort, qui entraîne la perte de cette même conscience. L'image de couloirs et de grottes évoque l'inconscient.

LIASSES

895. De 1865, joint à une lettre adressée à T.W. Higginson au mois de janvier de l'année suivante. E. D. lui annonçait la mort de son chien Carlo et lui demandait : « Voulez-vous m'instruire à présent ? » Il existe cinq autres exemplaires de ce poème, dont un s'est perdu. La première version, de beaucoup la plus longue (28 vers au lieu de 16), date de la fin de l'été 1865. Deux autres, dont celle reproduite ici, datent du début de 1866. Enfin E. D. a repris ce poème beaucoup plus tard, en 1883, et envoyé une version sans grand changement mais en deux strophes, intitulée « Mon Grillon », à l'éditeur Thomas Niles, puis, quelques mois après, la même version en quatrains à Mabel Todd, sa future éditrice. En élaguant un texte trop détaillé et trop explicite au départ, elle a abouti à l'un de ses poèmes les plus remarquables, d'une densité quasi mallarméenne qui n'a pas été sans influencer la présente traduction. Ne s'agit-il pas là d'une sorte de Tombeau de la journée d'été ? Si l'on excepte ce remaniement majeur, les changements d'une version à l'autre sont peu importants. On notera la solennité qu'établissent d'entrée de jeu les trois rimes intérieures au v. 1. Le vocabulaire est entièrement religieux et allie un certain paganisme (*Druidic*) au rituel chrétien.

901. Dans la Liasse 5. Au v. 6, *Sheets* (traduit ici par Plans) évoque une idée de blancheur, ce terme signifiant aussi bien « feuillets » que « draps ».

918. Id. On notera à quel point l'expérience de la séparation est ici décantée, réduite à l'essentiel. Les quatre premiers vers expriment la brutalité de l'événement, tandis que les quatre suivants traduisent un certain apaisement. L'Étincelle destructrice du v. 1 est devenue « céleste » au dernier vers par la grâce de l'amour.

930. Id. La « circonférence » obtenue par le poète est à rapprocher de celle de l'oiseau, son modèle (cf. poème 1099).

935. Joint à une lettre adressée à T.W. Higginson le 9 juin 1866. Il existe quatre autres versions de ce poème, dont une s'est perdue. La plus ancienne se trouve dans la Liasse 5. C'est la plus longue : elle compte 32 vers alors que les autres n'en comptent que 16. Des années après, E. D. a repris le poème, sans le diviser en quatrains, avec l'intention de l'envoyer, mais l'a conservé dans ses papiers. Pour toutes ces versions ultérieures, E. D. a supprimé les quatre strophes médianes de la version longue.

961. Dans la Liasse 7. L'adjectif possessif *Her*, au v. 6, renvoie au jour, mis au genre féminin par E. D., ou à la vie.

966. Id. Il existe deux autres exemplaires de ce poème. Un, plus ancien, divisé en 6 vers, a été envoyé à Susan Dickinson, peut-être après la mort de sa sœur Harriet Cutler. L'autre est une copie du quatrain conservé dans la Liasse, qu'E. D. a jointe à une lettre adressée à T.W. Higginson un an plus tard, en mars 1866.

974. Adressé en 1867 à Susan Dickinson, après avoir été transcrit en 1865 dans la Liasse 7.

995. Dans la Liasse 7. Un autre exemplaire a été envoyé à Susan Dickinson. Revenant sur ses privations et deuils passés, E.D. a acquis suffisamment de distance à leur égard pour adopter un ton ironique et jouer de l'antiphrase : « N'y eût-il rien de plus vaste à observer/ Qu'un Univers hors de ses Gonds… » Même attitude réaliste un peu plus loin, dans le poème 1072. Enfin, l'épreuve apparaît rétrospectivement salutaire dans le poème 1088.

1090. Dans la Liasse 6c. Une autre version de ce poème a été envoyée à la même date à Susan Dickinson : le poème se présente d'un seul tenant et compte 9 vers. Les verbes, dans les deux derniers, sont au temps passé. Le présent adopté dans la version de la Liasse donne au poème un sens tout différent. En outre, la rime intérieure *cease, like these* – est préférable à *ceased, like These –*. Afin de reproduire cet effet, impossible à rendre tel quel en français, j'ai joué sur la variation de son entre les voyelles *u* et *o*.

1099. Id. Il existe deux autres exemplaires de ce poème, dont l'un a été adressé à Josiah Gilbert Holland, directeur du *Scribner's Monthly*, ami de la famille d'E. D. (qui a entretenu une substantielle correspondance avec sa femme, Elizabeth), et un autre, préparé comme pour un envoi, mais conservé par E. D. dans ses papiers. La première strophe de cette version est disposée en 5 vers, le premier vers étant divisé en deux.

1112. Dans la Liasse 6a. E. D. a souvent comparé la création littéraire à une production de la nature. *Italic* (italique), au v. 2, acquiert sous sa plume le sens de « particulier et remarquable ». En la comparant au vent et à la crue, dans la deuxième strophe, elle met en évidence deux qualités primordiales à ses yeux : la discrétion, et même la modestie, du travail poétique et la vivacité.

1124. De 1866, inclus dans une lettre adressée à Elizabeth Holland au début de mai. Il est précédé de cette réflexion : « Vous parlez du plaisir interdit d'être avec ceux que l'on aime. Je suppose que c'est là la permission refusée par Dieu. »

1125. Inclus dans une lettre à T.W. Higginson, datée de juin de la même année, et précédé des mots : « Vous parlez de l'Immortalité. C'est là le sujet Déluge. On m'a dit que la Rive était l'endroit le plus sûr pour un Esprit sans Nageoire. Je n'explore que peu depuis le mutisme de mon Complice [allusion à la mort de son chien Carlo], pourtant la "Beauté Infinie" – dont vous parlez vient trop près pour qu'on la cherche. Pour échapper à l'Enchantement, il faut toujours fuir. » Un autre exemplaire mis au net comme pour être également envoyé est sans doute antérieur. Il a fait l'objet d'une révision et comporte au v. 3 une variante adoptée dans le texte destiné à T.W. Higginson. Au lieu de *willl Own in Eden* (Aura part à l'Éden), E. D. avait écrit : *willl Dwell in Eden* (Habitera en Éden).

1130. Adressé à Susan Dickinson. Deux autres textes disparus, vraisemblablement antérieurs à celui-ci, l'un à l'état de projet, l'autre envoyé aux cousines Norcross, ont été retranscrits. Les différences entre ces versions et le texte reproduit sont mineures. E. D. a souvent employé la métaphore du gel pour désigner la mort. Ici, le gel est assimilé en outre au serpent, autre objet d'effroi et incarnation du mal ou du malheur. L'animal est amené dans le texte au v. 8 par le verbe «ramper». Ce poème narratif a une tonalité très moderne, avec cependant des vers dignes des grands romantiques, tels que «Et de toute sa frêle beauté elle a plié».

1137. De 1867, à l'état de projet. Une variante indiquée sur le feuillet est ici adoptée : au v. 4 *work* (travail) –/*feat* (exploit). L'«Astérisque» (dernier vers) est, selon la définition du dictionnaire américain Webster, le caractère utilisé dans l'imprimerie pour signaler l'omission de lettres ou de mots. Les métaphores sont empruntées à des métiers très concrets.

1142. Adressé à Susan Dickinson à partir d'un projet écrit sur une feuille de papier à lettres. Le poème y était disposé en quatrains. La nature fait œuvre de créateur : elle s'exprime en «mètres» et compose son grand Livre. *Revelations* est le titre anglais de l'*Apocalypse*. Aux derniers vers, l'absence entraînée par la séparation crée une présence intérieure, analogue à la «circonférence» invisible tracée par le chant de l'oiseau.

1145. De 1868, écrit au crayon sur un fragment de papier à lettres. Le mot *Company*, au v. 4, peut désigner une troupe de théâtre aussi bien que la société.

1146. Id. L'adjectif *soft*, pris ici au sens acoustique, conserve son sens premier de «doux, suave» et souligne la volupté du massacre.

1149. Id. La mémoire de l'homme est faillible, mais la nature, sous son aspect le plus immatériel (les Brises), prend le relais et conserve le souvenir des morts. Un principe spirituel règne dans l'univers.

1153. Transcrit par Mabel Todd, la première éditrice d'E. D., à partir d'une lettre, aujourd'hui perdue, adressée aux cousines Norcross, lettre qui s'employait à consoler «les chères Enfants». Après le quatrain, la lettre reprend : «Confiez-nous tout votre fardeau. Le petit panier d'Amherst n'est jamais si rempli qu'il ne puisse contenir davantage. Pas un flocon n'assaille mes oiseaux qu'il ne me glace.»

1164. De 1869, adressé à Susan Dickinson. Il existe un autre exemplaire à l'état de projet transcrit par Mabel Todd.

1166. De 1870, conservé dans les papiers d'E. D. Il existait deux autres exemplaires dont l'un, terminant une lettre adressée au printemps aux cousines Norcross, s'est perdu. L'autre version, avec une seconde strophe de cinq vers, a été envoyée à Susan Dickinson. Cette description angoissante peut évoquer un cimetière mais est plus probablement celle, fantasmée, du néant ou d'un état mental.

1171. En deux exemplaires identiques, dont l'un a été envoyé à Susan Dickinson.

1179. L'«Étranger» représente ici l'homme qui, chassé du Paradis, a perdu ses liens avec la nature et en est séparé par un rideau de malheur.

1180. Écrit pour un projet de lettre destinée à T.W. Higginson, qui rendit visite à E. D. cette année-là. Le quatrain y est suivi de ces lignes : « Les Risques de l'Immortalité font peut-être son charme – Un Plaisir garanti manque d'enchantement – ». Il existe deux autres exemplaires du poème, dont l'un a été imprimé dans des circonstances non élucidées d'après un manuscrit perdu et apparemment retrouvé dans la Correspondance de Samuel Bowles. Les quatrains suivants (1181 et 1182), se présentant également comme des aphorismes, se trouvent dans cette même lettre non envoyée.

1187-1188. Il s'agirait plutôt de deux poèmes distincts, groupés lors de la première édition. Le premier se serait arrêté après le v. 10, le second réunirait les deux dernières strophes du texte reproduit ici. Au v. 16, E. D. se proposait de remplacer *tender Carpenter* (tendre Menuisier) par *tender sovereign* (tendre souverain). On notera, comme dans le poème 1209, qu'E. D. revient souvent à cette époque sur le passé. À noter que le mot *lid*, dans la dernière strophe du poème, signifie également « paupière ».

1193. De 1871. Cette fleur, *Monotropa uniflora*, est une plante gracile des sous-bois, de teinte cireuse ou parfois rosée. Mabel Todd la peignit pour illustrer la couverture de la première édition des *Poèmes*.

1216. Sur un feuillet double daté du 5 décembre. Il existe trois autres exemplaires plus ou moins complets de ce poème. La version la plus ancienne figure dans un billet adressé à Susan Dickinson, alors en convalescence après une maladie. Elle était suivie de ces lignes : « Ton Billet était comme le Vent. La Bible choisit que tu saches définir l'Esprit. » Le poème était divisé en deux quatrains, ainsi que dans la Liasse 8a où E. D. le transcrivit un an après. En 1874, E. D. reprit le second quatrain pour terminer une lettre envoyée à T.W. Higginson. À noter que l'inspiration, sous la forme d'un vent imperceptible, est liée au froid : *cold* (froid) au v. 4, *Arctic* (Arctique) au v. 8. Ceci n'est pas sans rappeler la définition de la poésie qu'elle livra à l'homme de lettres lors de la visite qu'il lui rendit un an plus tôt : « Si je lis un livre [et] qu'il rende tout mon corps si froid qu'aucun feu ne pourra jamais me réchauffer je sais que c'est de la poésie. »

1223. Dans la Liasse 8b. Au mois de mars de l'année suivante, E. D. incorpora la seconde strophe dans une lettre de condoléances adressée à T.W. Higginson où elle fait suite à une phrase renfermant une étonnante formulation : « Je suis navrée que votre Frère soit mort. Je crains qu'il ne vous ait été cher. Je serais heureuse d'apprendre que le chagrin ne vous a pas éprouvé – »

1241. Du début de 1872, mis au net et adressé à Susan Dickinson. C'est l'un des instants fugitifs croqués avec virtuosité par le poète. La fin du poème, avec zoom sur la pomme qui joue dans le cellier, contraste avec l'activité brutale déployée au-dehors.

1243. Ce poème nous renseigne non seulement sur la méthode de travail d'E. D., sa passion du mot juste, mais aussi sur l'aspect de la création poétique mis en évidence dans les temps modernes, à savoir que l'écriture conditionne elle-même la création, ainsi que l'évoquent les v. 8, 9 et 10.

1250. Les deux premiers vers s'inspirent de la fin d'un poème de William Ellery Channing : « Si ma barque sombre, c'est vers une autre mer. »

1255. Avant de réviser son texte tel qu'il est donné ici, E. D. avait indiqué sur un brouillon une série de variantes dont elle a biffé la plupart. Le poème, qui frappe par sa modernité, trahit l'attraction profonde exercée sur elle par la mer, lieu de mouvement (Cloisons mouvantes, tumultueuses Chambres) opposé à l'inertie de la tombe.

1263. Les deux premiers vers sont devenus un des adages les plus célèbres d'E. D.

1268. Figure à la fin d'une lettre envoyée par E. D. à ses cousines Norcross, après cette réflexion : « Nous devons prendre garde à ce que nous disons. Aucun oiseau ne récupère son œuf. » C'est la première strophe d'un projet de poème écrit au crayon sur un fragment de papier à lettres. Le quatrain se poursuivait ainsi :

Infection in the sentence breeds	L'infection croît dans la phrase
And we inhale Despair	Et nous inhalons le Désespoir
At distances of Centuries	À des Siècles de distance
From the Malaria –	De la Malaria –

1273. Dans la Liasse 11. À noter qu'E. D. dote le passé du genre féminin. Ce poème, comme d'autres, témoigne de la prégnance de la mémoire chez elle.

1301. De 1873. Envoyé peut-être à Elizabeth Holland dans une lettre écrite à l'automne de cette année-là. Au dernier vers, *Evening said* est un ablatif absolu.

1305. Mis au net et signé comme en vue d'un envoi. Dans un autre exemplaire, écrit sur un bout de papier, le poème est en trois vers, les deux premiers vers du quatrain n'en formant qu'un seul.

1341. De 1874. Texte révisé à partir d'un brouillon. Un autre exemplaire a été envoyé aux cousines Norcross, mais s'est perdu. La transcription qui en a été faite présente le poème d'un seul tenant. Vers le mois d'octobre, E. D. a inclus ce poème dans une lettre à Samuel Bowles, en réponse à celle qu'il lui avait envoyée après la mort de son père, le 16 juin. Son émotion y est perceptible : « Le Papier bouge tellement, disait-elle, que je ne peux y écrire mon nom, je vous donne donc à la place le Portrait de Père. » Dans son agitation, en effet, elle a quelque peu déformé le texte, en liant des vers et intervertissant des mots. Les deux derniers vers du poème témoignent d'une formulation abstraite assez caractéristique de son écriture dans les dix dernières années de sa vie.

1353. De 1875, adressé à Susan Dickinson. Un autre exemplaire envoyé aux cousines Norcross s'est perdu. Le mot *prove* (v. 6) est à comprendre dans son sens premier d'éprouver, mettre à l'essai. E. D. introduit ici une équivalence non seulement entre poésie et amour, mais entre poésie et Dieu.

1354. Adressé à Susan Dickinson. D'un autre exemplaire

ne subsiste que la deuxième strophe, écrite au crayon sur l'envers déchiré d'une enveloppe :

Eternity will be	L'Éternité sera
Velocity or Pause	Vélocité ou Arrêt
Precisely as the Candidate	Précisément tel qu'était
Prelimanry was –	Le Candidat premier –

Le dernier vers du poème est empreint de solennité, avec la répétition du pronom *thou* (qui peut s'adresser aussi bien à un interlocuteur anonyme qu'à Susan Dickinson).

1366. E. D. manifeste ici sa prédilection pour le Couchant, car celui-ci, par sa tragique beauté, laisse espérer un sort « divin », alors que l'aurore ne fait que renouveler une vie promise à un déclin inévitable.

1382. Dans la Liasse 14. Conformément à son habitude, E. D. désigne ici le disparu par le pronom neutre *it*. L'unique variante, aux v. 7 et 8, permet de mieux comprendre l'adverbe *notwithstanding* (nonobstant). De façon plus explicite, E. D. indique en effet : *Too elate of her Multitudes/To retain Despair* (Trop réjouie par ses Multitudes/ Pour s'abandonner au Désespoir). Les métaphores de la tenaille et de la doloire, dans la dernière strophe, évoquent la fabrication d'un cercueil.

1384. Id. Le poème existe en quatre autres exemplaires, dont l'un est incomplet. Le premier, d'un seul tenant, est un brouillon écrit presque au fil de la plume sur un fragment de papier d'emballage. Les quatre derniers vers diffèrent des versions ultérieures en ce qu'elles utilisent une autre rime :

But if the Heart be lean	Mais si le Cœur est mince
The boldest mind will pine	L'esprit le plus hardi décline
Throw not to the divine	Ne jette pas au divin
Like Dog a Bone	Un Os comme à un Chien

Les autres versions, mises au net, sont identiques au texte de la Liasse. La dernière a été envoyée à T.W. Higginson en janvier 1876 avec quatre autres poèmes.

POÈMES ÉPARS

1390. De 1876, dans une lettre à T.W. Higginson. Le poème fait suite à une réflexion d'E. D. sur la mort de son père : « Quand je pense à la Vie solitaire de mon Père et à sa Mort plus solitaire encore, il y a cette réparation. »

1394. Id. Le poème succède à cette phrase : « On m'a toujours dit que la Conjecture surpassait la Découverte, mais ce devait être en manière de caricature, car ce n'est pas vrai —». Un autre manuscrit semble avoir été envoyé à Susan Dickinson. Le poème n'est pas divisé en strophes et au v. 4 E. D. a écrit : *Opon the Revery* (Pour la Rêverie) au lieu de *Opon the Passer by* (Pour le passant).

1406. Le langage de ce poème n'est pas éloigné de celui de Mallarmé, notamment dans ses *Tombeaux*.

1408. Écrit au crayon sur un double feuillet comme s'il devait être envoyé. E. D. a manifesté à maintes reprises sa fascination à l'égard d'animaux excentriques, qui renferment une part de mystère (la grenouille, le serpent, etc.). Ici, l'« Arc énigmatique » décrit par le vol de la chauve-souris « exalte le Philosophe ».

1421. De 1877. Mis au net sur une feuille de papier à lettres. Au v. 5 *Bisecting* renvoie au malheur, qui provoque littéralement une rupture dans l'être. Ainsi au v. 5 du poème 1772 : *Bisected now, by bleaker griefs* (Scindés aujourd'hui, par de pires chagrins). Voir aussi préface, p. 15.

1426. Termine une lettre envoyée à Elizabeth Holland : « Il faut que je vous montre une Abeille qui se nourrit d'un Lilas à la Fenêtre. La voilà partie ! Que sa famille va être heureuse de la revoir ! » Ce poème a été précédé d'un brouillon, écrit au crayon au revers d'un billet adressé à « Miss Émilie » (*sic*). Le mot *Fuzz*, au v. 4, évoque à la fois le pollen qui s'accroche aux pétales des fleurs et l'ivresse (d'où sa traduction par « mousseux »). On retrouve ici l'abeille ivre du poème 207.

1428. Conclut une lettre envoyée à T.W. Higginson en juin 1877, date anniversaire de la mort de son père survenue trois ans plus tôt. « Depuis la mort de mon Père, écrit-elle, toutes les choses sacrées se sont agrandies au point — qu'il était obscur de croire ». Le quatrain est constitué par la seconde strophe d'un poème antérieur qui en comportait deux et dont la première s'établit comme suit :

Lay this Laurel on the one	De ce Laurier ceignez un Être
Triumphed – and remained unknown –	Triomphant – resté inconnu –
Laurel fell your futile tree –	Laurier abats ton arbre futile –
Such a Victor cannot be –	Un tel Vainqueur ne peut être –

En étant ainsi séparé du début du poème initial, le quatrain a gagné en densité et forme une remarquable élégie. Dans une autre version antérieure mise au net, le poème compte également 8 vers, mais se présente d'un seul tenant.

1433. Transcrit par Mabel Todd à partir d'un manuscrit. Un brouillon, écrit au crayon sur un fragment de papier à lettres, fait commencer le poème, d'un seul tenant, à la dernière strophe qu'il prolonge des quatre vers suivants :

How adequate the Human Heart	Comme le Cœur humain réagit bien
To it's emergency –	À l'état de crise –
Intrenchment stimulates a friend	Le retrait stimule l'ami
And stems an enemy	Et stoppe l'ennemi

Par ailleurs, E. D. a envoyé à Susan Dickinson les deux dernières strophes de la version complète avec de légers changements, en substituant au mot *nature* son prénom :

But Susan is a stranger yet –	Mais Susan est encore une étrangère –
The ones who cite her most	Ceux qui parlent le plus d'elle
Have never scaled her Haunted House	N'ont jamais gravi sa Maison Hantée
Nor compromised her Ghost –	Ni composé avec son Spectre –

Susan Dickinson a toujours suscité l'intérêt passionné d'E. D., comme celle-ci le lui rappelait encore dans un billet en 1882 : « Chère Sue – À l'exception de Shakespeare, tu m'as apporté plus de connaissances que n'importe quel être vivant – Le déclarer en toute sincérité est une louange peu banale. » On peut voir dans ce poème une réflexion sur l'inconscient.

1448. La profession de foi en l'immortalité de l'âme, préfigurée par certains moments de vision transcendante, est claire. On notera la hardiesse de la formulation au v. 8 : « Le Corps est – une âme – ».

1454. Joint avec trois autres poèmes à une lettre à T.W. Higginson : « Je vous envoie, disait E. D., un Coup de Vent et une Épitaphe — un Mot à un Ami et un Oiseau Bleu, pour Mrs. Higginson. Excusez-les s'ils manquent de vérité. » Il existe trois autres exemplaires. Sur le plus ancien, un brouillon, le poème est d'un seul tenant et une variante indique au v. 7 : *bluest* (le plus bleu) [des tabliers]. Sur un deuxième, lui aussi à l'état de projet, E. D. a remplacé le vers entier : *Nature was in her Beryl Apron* (La Nature était en tablier de Béryl) par *Nature was in the best of humors* (La Nature était d'excellente humeur), en indiquant *opal Apron* (Tablier opale), variante adoptée par la suite. Un troisième exemplaire mis au net est disposé en quatrains comme le poème envoyé à T.W. Higginson.

1456. Adressé à Samuel Bowles. E. D. a tiré ce quatrain d'un poème à l'état de projet qui comptait deux strophes.

1460. De 1878. Envoyé à Maria Whitney, une amie de Samuel Bowles, après la mort de celui-ci le 16 janvier. La première strophe de ce poème élégiaque inverse la représentation ordinaire du ciel et de la terre. La graine vole vers la terre au lieu de s'en extraire, d'où la vigoureuse affirmation : « Le Ciel est Racine ». La distance provoquée par la disparition des êtres connus n'en est que plus grande. Déjà E. D. avait exprimé ce sentiment dans le poème 1068 : « Ô pour un Disque dans la Distance/ Entre Nous et les Morts ! »

1470. Le rapprochement s'impose avec le poème 479, *Because I could not stop for Death*, composé une quinzaine d'années plus tôt. Le nouveau poème est plus abstrait que le précédent, mais offre surtout une fin différente. Il ne s'agit plus de la découverte terrifiante de l'éternité, mais d'une réflexion sur le sort collectif de l'humanité, *Kinsmen* (Parentèle) devant être pris au sens le plus large du terme. Le mot *Troth*, au v. 10, signifie « engagement », « foi jurée ». Une variante est proposée pour les deux derniers vers : *And Pageants as impassive/ As Porcelain* (Et des Cortèges aussi impassibles/ Que Porcelaine).

1478. Poème nouvellement découvert, écrit au crayon sur une feuille de papier à lettres.

1479. Dans une lettre à Sarah Tuckerman, épouse d'un

professeur de botanique d'Amherst College, qui a noté la date. Le poème est précédé de ces lignes : « Serait-il prudent de soumettre un entretien fantomatique à une grossière vérification ? La Bible dit solennellement que "ce qui est né de l'Esprit est esprit" ».

1481. En conclusion d'une lettre de félicitations à T.W. Higginson qui venait de se fiancer après la mort de sa première femme. Il est précédé de ces mots : « Tant qu'il n'a pas aimé – nul, homme ou femme, ne peut devenir lui-même – De notre première Création nous sommes inconscients – ». Un autre exemplaire a été envoyé en réponse à Maria Whitney, qui avait suggéré que « ceux qui ont aimé Mr. Bowles sont plus proches les uns des autres ».

1489. Dernier état d'un poème composé en **1879**, envoyé à l'éditeur Thomas Niles quatre ans plus tard. On compte six autres exemplaires (dont l'un s'est perdu), s'échelonnant entre ces deux dates. Tous ont été adressés à des amis, à l'exception de l'un d'eux, retrouvé parmi les papiers d'E. D. Ce manuscrit (sans doute initial) diffère des autres au v. 2, où l'adjectif qui caractérise la roue est *delusive* (trompeuse) au lieu de *revolving* (tourbillonnante). Il comporte d'ailleurs une variante indiquant qu'E. D. était en quête d'un adjectif plus satisfaisant que celui-ci, hésitant entre *dissolving* (qui se dissout), *dissembling* (fallacieuse) et *renewing* (qui se renouvelle). E. D. envoya le texte en premier lieu à Helen Hunt Jackson, sa grande admiratrice, qui lui avait déjà demandé de composer un poème sur le loriot. « Au loriot, lui répondit-elle, vous avez suggéré que j'ajoute un Colibri. J'espère que les deux poèmes sont vrais ». Elle l'envoya par la suite aux cousines Norcross, à Sarah Tuckerman dans une lettre de vœux pour le nouvel an en 1880, puis à T.W. Higginson, sollicitant son avis pour savoir si elle pouvait le communiquer avec trois autres à une institution charitable s'occupant d'enfants à l'étranger qui avait sollicité son concours. Deux ans après, à l'automne 1882, elle l'envoya à Mabel Todd, dont elle avait fait la connaissance quelque temps plus tôt pour la remercier d'une peinture de « pipes d'Indien » (voir le poème 1193 et la note qui s'y rapporte). Les six versions sont identiques. Le texte n'est pas divisé en strophes sauf dans l'exemplaire adressé à T.W. Higginson. Ce poème était l'un des modèles favoris de l'école des Imagistes, fondée au tournant des années 1910-1920 par des poètes anglais (dont Aldous Huxley) et les poètes américains Ezra Pound et H. D. (Hilda Doolittle) séjournant alors en Angleterre. Les tenants de cette école privilégiaient le rôle de l'image et du mouvement dans le poème.

1505. Envoyé à Mabel Todd en 1883. Un exemplaire datant de cette même année 1879 a été conservé dans les papiers d'E. D. Il ne comporte pas de division en strophes dans les huit premiers vers. L'automne, notamment par sa couleur de sang, évoque la guerre et les blessures, mais le « massacre » n'est pas réel. E. D. sait que la nature ne meurt jamais et transforme le tableau en une image festive.

1506. Mis au net sur une feuille détachée d'un registre de comptes d'étudiant. Un autre exemplaire, à l'état de projet, comporte des variantes. On peut ainsi constater qu'E. D. a remplacé au v. 5 l'adjectif *sentenced [Faces]* ([Visages] condamnés) par *palsied* (paralysés) et au v. 6 l'expression *Time's Decision shook* (La décision du Temps vacillait) par *Time compassion took* (Le Temps eut pitié), ce qui donne au poème une tonalité plus émouvante. Elle est maintes fois revenue sur l'épisode déchirant et silencieux de la séparation (voir par exemple le poème 325, écrit en 1862, près de vingt ans auparavant). Au v. 4, le « Galop » (en anglais, littéralement, les « sabots de cheval ») de l'Horloge a pu être appelé par le mot *Races* (Courses) au vers précédent. Au pluriel, ce mot donne l'impression que les secondes rivalisent entre elles de vitesse. La scène conserve un caractère dramatique et quasi religieux avec l'allusion dans les deux derniers vers à l'arche de Noé et au mont Ararat, lieu sur lequel celle-ci s'est posée après le Déluge.

1515. Pour la traduction, j'ai préféré la variante *leased* indiquée par E. D. au v. 4.

1521. De 1880, envoyé à T.W. Higginson après la mort de sa petite fille Louisa, à peine âgée de deux mois. T.W. Higginson s'était en effet remarié un ou deux ans plus tôt (voir note sur le poème 1481). Un premier jet, écrit au crayon sur un fragment de papier à lettres, est divisé en quatrains. Le poème, limité aux quatre premiers vers, a été également adressé à Maria Whitney.

1522. Conclut une lettre à T.W. Higginson, toujours à propos de la mort de la petite Louisa. Le poème est précédé de ces lignes : « Ces soudaines intimités avec l'Immortalité sont espace – non Paix – comme l'Éclair à nos pieds instille un Paysage étranger... La route de votre petite fugitive doit être un tendre mystère – et pourtant ».

1524. Inclus dans une lettre à Maria Whitney (voir la note sur le poème 1460).

1532. Ces vers jetés sur un fragment de papier, qui ne semblent reliés à aucun événement particulier, sont un cri de désespoir infirmant la foi souvent proclamée du poète dans une éternité, religieuse ou non.

1536. Le poème semble inachevé. Il marque néanmoins l'importance attachée par E. D. au passé et à la mémoire pendant cette période de sa vie. Tantôt la mémoire échappe à la volonté, tantôt elle est indestructible et impitoyable : *shod with Adamant* (ferrée de dure Matière), *Iron Buds* (Bourgeons d'Acier).

1546. De 1881, écrit au crayon sur deux fragments de papier épinglés ensemble. Un autre exemplaire a été transcrit par sa cousine Frances Norcross à partir de la fin d'une lettre dans laquelle l'on peut lire : « Il est saisissant de penser que les lèvres gardiennes de pensées aussi magiques peuvent à tout moment être soumises à l'isolement de la mort. »

1558. Ce poème n'a été recensé que dernièrement.

1563. Clôt une lettre envoyée à Elizabeth Holland, qui venait de perdre son mari. Le quatrain vient après ces lignes : « Il restera toujours – tout près de nous – dans la Chambre donnant à l'Est que mon Père aimait le plus, et où j'ai dit Bonne Nuit au Docteur, en ce Matin de Novembre – Il a posé une Main sur la Tête de Vinnie et l'autre sur la mienne, et son Cœur sur le vôtre, comme nous le savions toutes deux, disant qu'il se rappellerait toujours la Lumière du Soleil sur cette Scène. » Il existe deux autres exemplaires de ce poème. De l'un, transcrit par Mabel Todd, qui s'est perdu, ne subsistent que deux vers. Un autre a été adressé à Susan Dickinson. L'« exubérance de l'Afrique » et le « calme de l'Asie » peuvent être compris comme deux aspects du Paradis, la volupté et la paix.

1572. De 1882. Au cours de l'été, E. D. a incorporé les six premiers vers, écrits sur un fragment de papier à lettres, dans une lettre à T.W. Higginson en les disposant en quatrain. Le poème, précédé de cette exclamation : « Que j'aimerais la voir ! », accompagnait un cadeau pour la naissance de sa fille.

1577. Adressé par E. D. à son neveu Ned Dickinson. Cette version a été précédée d'un poème à l'état de projet. Il consistait en trois strophes et avait pour titre « Diagnostic sur la Bible, par un Garçon ». E. D. l'a révisé et y a ajouté un dernier quatrain où le Conteur (*Teller*) était qualifié de *thrilling* (exaltant). Cet adjectif ne la satisfaisant pas, elle a indiqué rien de moins que treize variantes, dont *warbling* (roucoulant), répété deux fois. Un autre exemplaire s'est perdu, mais a été transcrit par Mabel Todd. La comparaison des divers textes montre qu'E. D. a hésité au v. 1 entre *untold* (non révélé) et *antique* (même mot) ; au v. 2 entre *unknown* (inconnus) et *faded* (éteints, c'est-à-dire dont la mémoire s'est effacée) ; au v. 5 entre *Genesis – Bethlehem's Ancestor* (La Genèse – L'Ancêtre de Bethléem) et *Eden – the ancient Homestead* (Éden – l'antique Demeure). Elle a préféré la plus ancienne origine. Le poème se termine sur une opposition entre la poésie et la morale religieuse.

1581. Au v. 7, *ignis fatuus*, littéralement « feu follet », a également le sens d'« idéal trompeur ».

1599. De 1883, écrit sur une feuille de papier à lettres qu'il partage avec un autre poème, un peu comme dans les Cahiers ou les Liasses. Un autre exemplaire a été préparé en vue d'un envoi sur un feuillet portant la mention « Prof. Tuckerman » et les mots « Veuillez accepter un Coucher de soleil », mais est resté dans les papiers d'E. D. Enfin, sur un fragment de papier d'emballage, on lit seulement le dernier vers sous la forme d'un oxymore : *A Woe of Ecstasy* (Un Malheur d'Extase).

1603. Dans une lettre à Maria Whitney, où le poème fait suite à l'évocation par E. D. de sa mère, décédée l'année précédente : « Tout est décoloré sans notre mère disparue – qui gagnait en douceur ce qu'elle perdait en force – bien que le douloureux étonnement causé par sa mort ait abrégé l'hiver ; et chaque nuit que j'atteins, j'ai plus de mal à respirer en cherchant un sens. » La seconde strophe du poème indique le travail de deuil entrepris, de reconstruction d'une image (« sculptant ce qu'elle est » et « sondant ce qu'elle fut »). Mieux vaut cependant parler d'existence « exilée » qu'alourdir l'expression par une traduction littérale comme «sans foyer dans son propre foyer» ou «sans toit sous son propre toit», d'autant que le mot français «foyer» ou «maison» n'a pas la force que possède le mot *home* pour les Anglo-Saxons.

1607. Dans un billet envoyé à Sarah Tuckerman, hésitant entre prose et vers, après deux lignes dans lesquelles E. D. fait allusion au ralentissement de son activité poétique : «Doux pied – qui vient quand on l'appelle! À présent, je ne fais qu'un Pas par Siècle –». Le mot «Pied», dans le langage d'E. D., se réfère bien évidemment au vers et à la poésie.

1611. Adressé à Susan Dickinson.

1618. Le «mocassin» est un rappel de l'Indien, guère présent dans les poèmes, mais dont l'approche silencieuse était connue. E. D. était fascinée par les orages et, d'une façon générale, les catastrophes naturelles (incendies, crues, etc.). Elles rompaient la monotonie de l'existence, mais surtout étaient un rappel constant de sa précarité.

1624. Conclut une lettre envoyée à Susan Dickinson peu après la mort de son fils Gilbert. La mort de ce neveu préféré à huit ans, des suites de la fièvre typhoïde, porta à E. D. un coup dont elle ne se releva pas. Elle le considérait un peu comme son héritier spirituel. Dans sa lettre, elle le décrit comme un être de lumière : «Ce n'était pas un Croissant que cette Créature – Son orbite était celle d'un astre Entier – […] Je le vois dans l'Étoile […] Aube et Zénith tout ensemble.» Le poème était précédé de ces lignes : «Pourquoi attendrait-il, victime seulement de la Nuit, qu'il nous a laissée – Sans spéculation, notre petit Ajax embrasse le tout –». Un an et demi plus tard, en février 1885, E. D. a inclus ce poème dans un billet adressé à T.W. Higginson, accompagnant l'envoi de la biographie de George Eliot par J.W. Cross. Il était précédé de cette phrase lapidaire : «La biographie nous convainc en premier lieu de la fuite du Biographié –».

1634. De 1884, dans une lettre adressée à Louise et Frances Norcross après la mort d'Otis Lord le 13 mars, en réponse aux condoléances de ses cousines. Le quatrain est précédé de ces lignes : «Merci, mes chères, de votre sympathie, j'ose à peine penser que j'ai perdu encore un autre ami, mais la douleur me le rappelle» et est suivi de cet aveu : «Je travaille pour chasser l'effroi, et cependant l'effroi incite au travail.»

1642. Mis au net par E. D. à partir d'un brouillon. E. D. a considérablement amélioré le poème, qui s'établissait ainsi :

A World made penniless by his departure	Un monde que son départ spolie
Of minor systems begs,	Mendie de moindres systèmes,
But Firmaments were not his fellows –	Mais les Firmaments n'étaient point ses pairs –
The stars But Dregs –	Les Astres n'étant que Lie –

1644. Id. Envoyé à Mabel Todd. Même remarque sur le travail poétique que pour le quatrain précédent. Les trois derniers vers étaient les suivants :

Retarding what we see	Retardant ce que l'on voit
By obstacles of swarthy gold	Par des obstacles d'or brun
And amber mystery –	Et un mystère d'ambre –

En s'orientant aux v. 2 et 3 vers l'oxymore *enhancing/ menaces* (exaltant par menaces), E. D. a conféré à la scène plus de mystère.

1646. Envoyé à Mabel Todd. La métaphore du commissaire-priseur pour désigner l'artisan de la séparation est inattendue, mais marque bien son caractère arbitraire. La vision est presque kafkaïenne.

1647. Mise au net d'un brouillon où le poème était disposé en trois vers. Deux ans plus tard, en 1886, E. D. a adapté ce quatrain pour l'inclure dans une lettre envoyée à T.W. Higginson après la mort d'Helen Jackson Hunt, leur amie commune. Elle a personnalisé le premier vers en substituant *Herself* (Elle) à *the Dawn* (l'Aube). Dans cette lettre, E. D. mentionne sa santé déclinante. Sans doute songeait-elle à sa propre mort lorsqu'elle écrivait : «Ne sachant quand viendra l'Aube». Les images combinent verticalité et horizontalité, ascension et traversée.

1649. Sur un petit fragment de papier où figure, raturée, la phrase : *The mower is tuning his scythe* (La faucheuse accorde sa faux).

1650. Deux autres versions, l'une envoyée à Mabel Todd, l'autre conservée dans les papiers d'E. D., ne retiennent que le premier quatrain dont les deux derniers vers diffèrent :

The pedigree of Honey	La généalogie du Miel
Does not concern the Bee –	N'importe à l'Abeille –
A Clover, any time, to him,	Un Trèfle, pour elle, en toute occasion
Is Aristocracy –	Est Aristocratie –

1652. Au v. 7, E. D. indique dans une variante : *thy sacred Prey* (ta Proie sacrée)/ *the innocence* (l'innocence), *the myriads/ Deputed to thy Den* (les myriades/ Dépêchées vers ta Tanière), donnant ainsi une portée plus générale au poème.

1665. Il existe un autre exemplaire de ce poème, mis au net comme en vue d'un envoi. Il se présente d'un seul tenant. E. D. a envoyé en outre les cinq premiers vers à Susan Dickinson, précédés de cette phrase : « Dis à la Susan qui n'oublie jamais d'être subtile que chaque Étincelle est recensée. – » Revenant sur le passé toujours présent (« et gronde encore », au v. 3), E. D. reconnaît la source de son illumination tout intérieure sous la forme d'une « Explosion silencieuse ».

1683. De 1885, billet adressé à une correspondante, mais non envoyé. Au v. 6, E. D. a indiqué une variante importante : au lieu de *that this which is begun* (ce qui a commencé), elle suggère *tragedy*, souligné deux fois.

ANNEXE : POÈMES NON DATÉS

Les poèmes ci-dessous, du **1689** au **1788** inclus, ont été transcrits pour la plupart par Susan Dickinson et quelques-uns par Mabel Todd, la première éditrice des poèmes d'E. D.

1689. « Magie », « Legs » et « mines » appartiennent au vocabulaire de la maturité d'E. D.

1693. Il existe un autre manuscrit envoyé aux cousines Norcross, mais qui s'est perdu. E. D. a souvent comparé la nature à un livre (cf. note pour le poème 1142) (première strophe) et l'a personnalisée en femme qui change de toilette avec les saisons (deuxième strophe).

1696. Ce poème se termine dans les éditions antérieures par un vers, *Finite Infinity* (Infinité finie), qui est en réalité un ajout éditorial.

1735. La «puissante face» (v. 3) : le soleil, mais l'image peut aussi désigner Dieu et son absence, ainsi que le rappelle le dernier mot, *Hell* (Enfer).

1743. Le volcan est ici clairement assimilé à l'inconscient et au royaume des passions.

1751. Pour le sens du mot *italicize* (italiciser), au v. 2, voir note pour le poème 1112. La métaphore de ce poème très épuré surprend par sa modernité. La comparaison de la raison avec une machine n'est peut-être pas originale, mais l'expression «ésotérique courroie» la renouvelle entièrement.

1772. Pour *Bisected* (traduit ici par «scindés»), voir note pour le poème 1421.

1779. À noter le jeu entre l'article *a* et *one*, plus restrictif. Le premier vers est anormalement long et on peut imaginer qu'il soit coupé en deux après «prairie».

1782. On notera la violence de la révolte exprimée aux v. 1, 2 et 9. À l'évocation de l'oiseau (le poète) succède une métaphore empruntée au langage juridique ou financier, qui plonge le lecteur dans le monde matériel, brusquement contredit par *immaterial* (sans substance) au v. 8. À noter aussi l'expression *beguiled of immortality* (leurrée d'immortalité) au v. 11. Ce poème semble être assez tardif.

1784. La tombe, assimilée à une maisonnette ou une chambre, est une image familière chez E. D. Il ne s'agit pas cependant d'un véritable foyer. La séparation des amants, rendue par *divided* (divisé) au v. 5, subsiste jusqu'à la fin des temps. On notera l'antiphrase *briefly/ A cycle* (v. 3 et 4).

1788. Attribué à E. D. et publié en 1898 dans un journal, l'*Independant*, peut-être par l'intermédiaire de sa sœur Lavinia.

TABLE DES INCIPIT

Le 1ᵉʳ chiffre indique la page, le dernier renvoie à l'édition Franklin.
La traduction des poèmes dont le titre est suivi d'un astérisque provient de l'édition des Poèmes *(Belin, 1990).*
*La traduction des poèmes dont le titre est suivi de deux astérisques provient d'*Une âme en incandescence *(José Corti, 1998).*

CAHIERS

35. *Sur cette mer enchantée – voguant en silence –* 3.
35. *Les pieds des gens rentrant à la maison* 16**.
37. *Fuit ainsi la prairie fantôme* 27.
39. *Ôtée aux hommes – ce matin –* 34.
39. *Si je devais mourir –* 36.
41. *Je ne l'ai pas encore dit à mon jardin –* 40.
41. *L'Hôte est d'or et de pourpre –* 44.
43. *Quand je compte les graines* 51.
43. *Il est des choses qui s'envolent –* 68*.
45. *Une dignité est en attente pour tous –* 77.
47. *Des pieds neufs courent dans mon jardin –* 79*.
47. *Je me cache – dans ma fleur,* 80.
47. *Âme, Joueras-tu encore ?* 89.
49. *L'Eau, s'apprend par la soif.* 93*.
49. *Chaque instant extatique* 109.
49. *Le succès semble le plus doux* 112.
51. *À l'abri dans leurs Chambres d'Albâtre –* 124*.
53. *Tout juste perdue, que je fus sauvée !* 132.
55. *Se battre haut et fort, est très brave –* 138.
55. *Elle est morte en jouant –* 141*.
57. *L'exultation est l'en-aller* 143*.
57. *Y aura-t-il pour de vrai un « matin » ?* 148.
59. *Oh ! l'Arc-en-ciel – venant de la Fête !* 162*.
61. *Je n'ai jamais vu de « Volcans »* – 165.
61. *La Cendre est le seul Secret.* 166*.

63. *Un Cerf* blessé – *bondit le plus haut* – 181.
65. *Le Soleil se courbait – se courbait – très bas!* 182.
65. *Épouse – au Point du jour – je serai* – 185.
67. *Par le Col Étroit de la Souffrance* 187*.
67. *« Matin » – signifie « Traite » – pour le Fermier* – 191*.
69. *Titre divin – que le mien!* 194*.
69. *La Victoire vient tard* – 195*.
71. *Viens lentement – Éden!* 205*.
71. *Je goûte une liqueur jamais brassée* – 207*.
73. *Si je ne suis plus en vie,* 210*.
73. *Je saurai pourquoi – à la fin du Temps* – 215.
75. *Sur cette longue tempête l'Arc-en-ciel s'est levé* – 216.
75. *La rumeur de l'Abeille* 217*.
77. *Quelle Horreur après coup – si c'était nous* – 243*.
79. *J'ai vu un Ciel, telle une Tente* – 257*.
79. *Une Pendule s'est arrêtée* – 259*.
81. *J'aurais été trop heureuse, je le vois* – 283**.
83. *Lâchée dans l'Arpent d'Éther!* 286.
83. *Enfin j'ai pu entendre son nom* – 292**.
85. *Voilà – la terre – que baigne le Couchant* – 297**.
87. *Elle est comme la Lumière* – 302*.
87. *Le Rêve le plus proche – recule – irréalisé* – 304*.
89. *C'était – disais-je – chose solennelle* – 307**.
89. *Elle passe des Balais multicolores* – 318*.
91. *De Bronze – et Braise* – 319*.
93. *Certaine clarté Oblique,* 320*.
93. *Vint un Jour – au cœur de l'Été* – 325*.
97. *De Ceux qu'on lui arrache, l'Âme est proche* 337*.
97. *J'aime un regard d'Agonie,* 339**.
99. *Je perçus des Funérailles, dans mon Cerveau,* 340*.
101. *Combien obscurs les Hommes, les Pléiades* 342*.
101. *Ce n'était pas la Mort, car j'étais debout* 355*.
103. *Si tu devais venir à l'Automne,* 356*.
105. *Peut-être étais-je trop gourmande* – 358*.
105. *Un Oiseau, avança dans l'Allée* – 359*.
107. *L'Âme connaît des moments de Garrot* – 360*.
109. *Comme des Fleurs, ayant ouï parler de Rosées,* 361*.
111. *Je sais un lieu où l'Été lutte* 363**
111. *Aussi loin de la pitié, que la plainte* – 364*.
113. *Il existe, je le sais.* 365*.
113. *Ces Êtres de beauté – fictifs* – 369**.
115. *À une grande douleur, succède un calme solennel* – 372*.
117. *Ce Monde n'est pas conclusion.* 373*.
119. *Ce sera l'Été – tôt ou tard.* 374**.
121. *Je ne sais pas danser sur mes Orteils* – 381.
121. *Vider mon Cœur, de Toi* – 393.
123. *J'ai bu une Gorgée de Vie* – 396**.
123. *Le Matin après le Malheur* – 398**.
125. *En allée – au Jugement* – 399*.
125. *Oses-tu voir une Âme en « Incandescence »?* 401**.
127. *Je me dis : la Terre est brève* – 403*.

129. *Pour être Hanté – nul besoin de Chambre –* 407*.
129. *L'Âme choisit sa Compagnie –* 409*.
131. *Mien – par le Droit de la Blanche Élection!* 411**.
131. *Les Mois ont une fin – les Ans – un nœud –* 416*.
133. *La Nuit du premier Jour était venue –* 423**.
135. *Je te vois mieux – dans la Nuit –* 442*.
135. *Cela eût affamé un Moucheron –* 444*.
137. *C'était un Poète –* 446*.
139. *Je mourus pour la Beauté – mais à peine* 448*.
139. *Notre voyage était avancé –* 453*.
141. *Un long – long Sommeil –* 463*.
141. *Son – nom – est «Automne» –* 465**.
143. *J'habite le Possible –* 466*.
143. *Dans l'Âme qu'il est Solennel* 467*.
145. *Faire la Toilette – après que la Mort* 471**.
145. *Il tripote votre Âme* 477*.
147. *Pour Mort ne pouvant m'arrêter –* 479*.
149. *Pressentiment – cette Ombre longue – sur le Gazon –* 487.
149. *Le Monde – a un goût de Poussière* 491
151. *La Journée s'est déshabillée –* 495.
151. *Je vivais de Terreur –* 498.
153. *Comme Puissants Feux de Rampe – brûlait* 507**.
153. *Une Fosse – mais le Ciel au-dessus –* 508*.
155. *L'Araignée en d'invisibles Mains* 513*.
155. *Il est une douleur – si absolue –* 515*.
157. *Morte – une Vie – de Volcan –* 517*.
157. *Ceci est ma lettre au Monde* 519*.
159. *Mon heure était venue de Prier –* 525*.
161. *Je serais peut-être plus seule* 535*.
161. *Il faut un Malheur –* 538*.
163. *Pour Qui, un Module comme la Mort?* 543*.
163. *Ils tombaient comme des Flocons –* 545**.
165. *Je me souciais peu – de Murs –* 554*.
167. *Notre plus Beau Moment, s'il durait –* 560*.
167. *Le Cerveau, dans son Sillon* 563*.
169. *J'essayais d'imaginer Solitude pire* 570*.
169. *Le Jour vint lentement – jusqu'à Cinq heures –* 572**.
171. *Cela se fit en silence –* 573**.
173. *J'allai au Paradis –* 577*.
173. *Bien Sûr – que je priais –* 581*.
173. *Nous rêvons – et c'est bien de rêver –* 584*.
177. *On m'appela à la Fenêtre, pour* 589*.
177. *J'entendis bourdonner une Mouche – à ma mort –* 591*.
179. *Le Cerveau – est plus spacieux que le Ciel –* 598*.
179. *Quand les Cloches ne sonnent plus – l'Église – commence –* 601.
181. *C'était tiède – au début – comme Nous –* 614*.
181. *Le Vent – heurta comme un Homme las –* 621*.
183. *Nulle Issue – les Cieux étaient cousus –* 633*.
185. *Cela me frappait – chaque Jour –* 636*.
185. *La Mort donne un sens à l'Objet* 640**.

187. *Pour boucher un Trou* 647.
187. *Aucune Foule jamais rassemblée* 653**.
189. *Comme Feuilles – Il Se déplie* – 655*.
191. *Je partis Tôt – Pris mon Chien* – 656*.
193. *Le Couchant à nos yeux* 669*.
193. *On ne cite – qu'une Crucifixion* – 670*.
195. *Douces – sûres – Demeures* – 684**.
197. *L'À-jamais – est fait d'Aujourd'huis* – 690*.
197. *Longue l'Absence – mais enfin le temps* 691**.
199. *Je ne puis vivre avec Toi* – 706*.
203. *Le Destin est la Demeure sans Porte* – 710*.
203. *S'Il était en vie – oserai-je demander* – 719.
205. *Comme si la Mer s'écartait* 720*.
205. *Derrière Moi – à pic, l'Éternité* – 743*.
207. *Il est aisé d'inventer une Vie* – 747*.
209. *Précieuse pour Moi – Elle le sera quand même* – 751*.
209. *Je n'avais pas le temps de Haïr* – 763**.
211. *Immobile ma Vie – Fusil Chargé* – 764*.
213. *Les Huiles essentielles – s'extraient* – 772*.
213. *La Vie, la Mort, et les Géants* – 777**.
215. *Quatre Arbres – dans un Arpent solitaire* – 778*.
215. *Le Renoncement – est une Vertu poignante* – 782**.

217. *Énoncée l'Éclosion sur la Montagne* – 787*.
219. *Hormis la Mort, tout s'adapte* 789*.
219. *Les Veines d'autres Fleurs* 798*.
219. *Je n'ai jamais vu de Lande.* 800*.
221. *Cette Conscience qui perçoit* 817.
223. *Mes seules nouvelles* 820*.
223. *C'était la Mi-été, quand Ils moururent* – 822.
223. *La proximité de l'Énormité* – 824.
225. *Les Admirations – et les Mépris – du temps* – 830.
225. *D'ici la Mort – étroit l'Amour* – 831*.
227. *La Douleur – dilate le Temps* – 833*.
227. *Couleur – Caste – Confession* – 836.
229. *Inaccomplis pour l'Observation* – 839.
229. *Une Goutte tomba sur le Pommier* – 846**.
231. *Qui connaît des Géants, avec leurs Inférieurs* 848**.
233. *Le temps me semble si vaste que faute* 858**.
233. *Sur la Désolation de mon Lot* 862.
233. *Plus beau de s'Abolir – le Jour* 868*.
235. *Solitaire Jubilation* – 873*.
235. *La Solitude qu'On n'ose sonder* – 877*.
237. *Endeuillée de tout, j'allais* – 886**.
237. *Étroit Domaine – le Cercueil,* 890*.

430

LIASSES

243. *Plus éloignée dans l'Été que l'Oiseau* 895*.
245. *Le lien précis de l'Âme* 901.
245. *D'Étincelles notre rencontre – Silex* 918*.
245. *Les Poètes allument des Lampes –* 930*.
247. *Un Alentour d'Argent* 931.
247. *Ils ont sondé Notre Horizon –* 934*.
247. *Imperceptiblement, l'Été* 935*.
249. *Un Papillon de cette couleur* 944.
249. *La bonne Volonté d'une Fleur* 954.
251. *Le Cœur a d'étroites Rives* 960*.
251. *Quand On a renoncé à Sa vie* 961.
253. *Un coup Mortel est un coup Vital pour Certains* 966.
253. *Le Mont était assis sur la Plaine* 970.
253. *Le plus vaste Incendie* 974*.
255. *Manquer de Tout, M'a empêchée* 995*.
255. *La Perspective, par-delà la Tombe* 1001.
255. *Il n'est pas de Silence sur Terre – aussi silencieux* 1004.
257. *S'effondrer n'est pas le Fait d'un instant* 1010.
257. *Superflu serait le Soleil* 1013*.
259. *Il est une Zone aux Années égales* 1020.
259. *Les Collines en syllabes Pourpres* 1026.
259. *Mourir – sans le Mourir* 1027.
261. *Comme le Maelström Affamé gobe les Flottes* 1064*.
261. *La Crise est un Cheveu* 1067.
263. *Plus bas que la Lumière, plus bas,* 1068*.

265. *Toujours j'ai ressenti une perte –* 1072*.
265. *Ci-gît une Fleur –* 1073.
265. *Pour aider nos Côtés plus Sombres* 1087.
267. *J'ai lâché mon Cerveau – Mon Âme est gourde –* 1088*.
269. *Ces Cendres placides furent Dames, Messieurs,* 1090*.
269. *L'amour devient trop petit, comme le reste* 1094.
269. *À Trois heures et Demie, un unique Oiseau* 1099*.
271. *Le Remue-Ménage* 1108*.
271. *Ceci est une Fleur du Cerveau –* 1112.
273. *C'est une honorable Pensée* 1115*.
273. *Ne juge pas si lointain ce qui peut s'atteindre* 1124.
273. *Le Paradis est au Choix –* 1125.
275. *Le Gel de la Mort était sur la Vitre –* 1130.
277. *Trop glacé est ceci* 1137*.
277. *L'Éclair est une jaune Fourchette* 1140*.
277. *Le murmure des Abeilles, s'est tu* 1142.
279. *Dans ton long Paradis de Lumière* 1145.
279. *Sourd comme le massacre de Soleils* 1146.
279. *Un siècle écoulé* 1149*.
281. *Le jour le plus long fixé par Dieu* 1153.
281. *Le Jour se fit court, de près cerné* 1164*.
283. *De grandes Rues de silence s'ouvraient* 1166*.
283. *Les Faubourgs d'un Secret* 1171.
283. *Où tout Oiseau a l'audace d'aller,* 1179.

431

285. *L'Énigme qu'on devine* 1180.
285. *L'Expérience nous escorte en dernier –* 1181.
285. *Trop heureux, le Temps se dissout* 1182.
285. *Nous nous présentons* 1184*.
287. *Un grand Espoir s'écroula* 1187*.
287. *Blanche comme Pipe d'Indien* 1193.
289. *J'ai pu moi-même survivre à la Nuit* 1209*.
289. *Un Vent qui se levait* 1216*.
289. *Immortel est un mot vaste* 1223.
291. *Les Monts se dressaient dans la Brume –* 1225*.
291. *Quelque part sur la Terre universelle* 1226.
293. *Je n'oserais pas être aussi triste* 1233.
293. *Comme Crins d'Acier* 1241*.
295. *Vais-je te prendre? dit le Poète* 1243.
295. *Les Nuages se mirent Dos à dos* 1246.
297. *Si je n'avais vu le Soleil* 1249.
297. *Si ma Barque sombre* 1250.
297. *Le Courage incarné* 1255*.
299. *Dis toute la vérité mais obliquement –* 1263.
299. *Un mot jeté sur une page* 1268.
299. *Un Être bien curieux que le Passé –* 1273*.
301. *Quand la Mémoire est pleine* 1301.
301. *Le Papillon en glorieuse Poussière* 1305.
301. *Ci-gît dans la Nature – nous suffise* 1309*.
303. *Comme dans l'Automne l'Été glisse* 1341.
303. *Ni avec un Gourdin, on ne brise le Cœur* 1349.
305. *S'amasser à terme comme la Foudre* 1353*.
305. *Chaque Jour a deux Longueurs –* 1354.
307. *J'aime mieux me souvenir d'un Couchant* 1366.
307. *Ne plus manquer à personne –* 1382*.
309. *Du Cœur, l'Esprit se nourrit* 1384.

POÈMES ÉPARS

313. *Ôtez tout – reste* 1390.
313. *Le long soupir de la Grenouille* 1394.
313. *Combien solide doit sembler l'éternité* 1397.
315. *La vanité des choses Terrestres* 1400.
315. *Des Années de séparation – ne peuvent créer* 1405.
317. *Glorifie-le – c'est mort –* 1406.
317. *La Chauve-souris est bistre, avec des Ailes ridées –* 1408*.
319. *Combien importe le moment présent* 1420.
319. *De l'existence du Paradis* 1421.
319. *Les Abeilles sont Brunes – Sanglées d'Or –* 1426.
321. *De ce Laurier ceignez un Être* 1428.
321. *Qu'un puits recèle de mystère!* 1433*.
323. *Doux scepticisme du Cœur –* 1438*.
323. *Avec des Ailes de Dédain* 1448.
325. *On aurait dit au bruit que les rues couraient* 1454.
325. *Si lèvre mortelle devinait* 1456.

325. *Plus distants que le Ciel* 1460.
327. *Mort est le souple Soupirant* 1470.
327. *Étoiles et Lune éclairaient le Chemin* – 1474*.
329. *Une note d'Un Oiseau* 1478.
329. *N'approche pas trop près de la Maison d'une Rose* – 1479*.
329. *Nous ne savions pas que nous allions vivre* – 1481*.
331. *Un Trajet d'Évanescence,* 1489*.
331. *Leur Barricade contre le Ciel* 1505*.
333. *Nous parlions l'un de l'autre l'un avec l'autre* 1506*.
333. *Aliéné de la Beauté – nul ne peut l'être* – 1515.
333. *Le Visage gisant dans l'Évanescence* 1521.
335. *Une Fossette dans la Tombe* 1522.
335. *Si la douce Ténèbre où ils demeurent* 1524.
335. *Plus que la Tombe se dérobe à moi* – 1532.
337. *On ne peut faire pousser la Souvenance* 1536.
337. *On ne sait jamais qu'on part – quand on part* – 1546.
337. *Le Sang est plus voyant que le Souffle* 1558.
337. *Nul adverse Frisson d'Automne* 1563.
339. *Viens, montre ta Gorge de Durham* 1572.
339. *La Bible est un Volume antique* – 1577.

341. *Ceux qui – jadis mouraient,* 1581*.
341. *Un Sloop d'Ambre glisse au loin* 1599.
341. *Vers l'est clair elle vole,* 1603*.
343. *Que lent est le Vent – que lente est la Mer* – 1607.
343. *Par dons modestes et mots entravés* 1611*.
343. *Vint un vent comme un Clairon* – 1618*.
345. *Va-t'en à ton Rendez-vous de Clarté,* 1624.
345. *Chaque être perdu emporte une part de nous;* 1634.
347. *Un Monde que ce départ spolie* 1642.
347. *Le Soleil couchant voile, et révèle* – 1644.
347. *Le Commissaire-priseur de l'Adieu* 1646.
347. *Ne sachant quand viendra l'Aube,* 1647.
349. *Au Cordial Tombeau je t'arrache* 1649.
349. *La généalogie du Miel* 1650*.
349. *Comme de la Terre le Ballon léger* 1651.
351. *Oh Futur! lieu secret de paix* 1652.
351. *Qu'on me rende donc à la Mort* – 1653.
351. *Ne me parlez pas des Arbres de l'Été* 1655*.
353. *Le plus lointain Tonnerre que j'aie perçu* 1665.
355. *Pourquoi nous hâter – oui Pourquoi* 1683*.

ANNEXE : POÈMES NON DATÉS

359. *Dire la Beauté serait affadir* 1689*.
359. *L'été commence à avoir cet air* 1693.

361. *Il est une solitude de l'espace* 1696*.
361. *Le Soleil s'est retiré dans un nuage* 1709.

363. *L'Hiver pourvu qu'on le cultive* 1720.
363. *Sur le cours fantasque du Temps* 1721*.
363. *Une – Chape de Plomb sur le ciel* 1735.
365. *Sur mon volcan l'Herbe croît* 1743*.
365. *Si l'avare longueur de la vie* 1751*.
365. *Dieu est en vérité un Dieu jaloux –* 1752.
367. *Qu'elle ne reviendra jamais plus* 1761*.
367. *Adouci par le velours lustré du Temps,* 1772*.
367. *Pour faire une prairie il faut du trèfle et une abeille,* 1779*.
369. *Comment le rouge-gorge ose-t-il chanter* 1782.
369. *La mort est pareille à l'insecte* 1783.
371. *La tombe est mon petit cottage,* 1784*.
371. *La gloire est une abeille.* 1788.

Préface de Claire Malroux	7
Note liminaire	31
CAHIERS	33
LIASSES	241
POÈMES ÉPARS	311
ANNEXE : POÈMES NON DATÉS	357

DOSSIER

Chronologie	375
Bibliographie sommaire	379
Notes	384
Table des incipit	427

*Le domaine anglo-saxon
en Poésie/Gallimard*

Wystan Hugh AUDEN. *Poésies choisies.* Préface de Guy Goffette. Introduction de Claude Guillot. Traduction de Jean Lambert.

Emily BRONTË. *Poèmes (1836-1846).* Présentation, choix et traduction de Pierre Leyris. Édition bilingue.

Elizabeth BROWNING. *Sonnets portugais* et autres poèmes. Présentation et traduction de Lauraine Jungelson. Édition bilingue.

Samuel Taylor COLERIDGE. *La Ballade du Vieux Marin* (poèmes et prose). Présentation, choix et traduction de Jacques Darras. Édition bilingue.

Emily DICKINSON. *Quatrains et autres poèmes brefs.* Présentation et traduction de Claire Malroux. Édition bilingue.

Emily DICKINSON. *Car l'adieu, c'est la nuit.* Présentation, choix et traduction de Claire Malroux. Édition bilingue.

John DONNE. *Poèmes.* Préface de Jean-Roger Poisson. Traduction de Jean Fuzier et Yves Denis. Édition bilingue.

William FAULKNER. *Le Faune de marbre. Un rameau vert.* Traductions de René-Noël Raimbault et Alain Suied. Postface de Michel Gresset.

John KEATS. *Poèmes et poésies.* Édition présentée et annotée par Marc Porée. Choix et traduction de Paul Gallimard.

David Herbert LAWRENCE. *Poèmes.* Présentation, choix et traduction de Lorand Gaspar et Sarah Clair. Édition bilingue.

Herman MELVILLE. *Poèmes de guerre* suivis d'un *Supplément.* Présentation et traductions de Pierre Leyris et Philippe Jaworski. Édition bilingue.

John MILTON. *Le Paradis perdu.* Édition présentée et annotée par Robert Ellrodt. Traduction de Chateaubriand.

Sylvia PLATH. *Arbres d'hiver* précédé de *La Traversée.* Présentation de Sylvie Doizelet. Traductions de Françoise Morvan et Valérie Rouzeau. Édition bilingue.

Edgar Allan POE. *Poèmes* suivis de *La Genèse d'un poème.* Préface de Jean-Louis Curtis. Traductions de Stéphane Mallarmé et Charles Baudelaire.

William SHAKESPEARE. *Les Sonnets* précédés de *Vénus et Adonis* et du *Viol de Lucrèce.* Présentation et traduction d'Yves Bonnefoy.

William SHAKESPEARE. *Sonnets.* Préface et traduction de Pierre Jean Jouve.

Dylan THOMAS. *Vision et Prière* et autres poèmes. Présentation et traduction d'Alain Suied.

Kenneth WHITE. *Un monde ouvert* (anthologie personnelle). Préface de Gilles Plazy. Traductions de Marie-Claude White, Patrick Guyon, Philippe Jaworski et Pierre Leyris.

Walt WHITMAN. *Feuilles d'herbe.* Traduction intégrale et présentation de Jacques Darras.

William WORDSWORTH. *Poèmes.* Présentation, choix et traduction de François-René Daillie. Édition bilingue.

William Butler YEATS. *Quarante-cinq poèmes* suivis de *La Résurrection.* Préface, choix et traduction d'Yves Bonnefoy. Édition bilingue.

Fleuve profond, sombre rivière. Les « Negro Spirituals ». Présentation et traduction de Marguerite Yourcenar.

DERNIÈRES PARUTIONS

220. André Frénaud — *Les Rois mages.*
221. Jacques Réda — *Amen. Récitatif. La tourne.*
222. Daniel Boulanger — *Retouches.*
223. Alain Bosquet — *Un jour après la vie.*
224. Henri Michaux — *Connaissance par les gouffres.*
225. Boris Pasternak — *Ma sœur la vie* et autres poèmes.
226. Georges Perros — *Une vie ordinaire.*
227. Jacques Roubaud — *∈.*
228. Henri Michaux — *Épreuves, exorcismes.*
229. Georges Séféris — *Poèmes,* suivi de *Trois poèmes secrets.*
230. Pierre Reverdy — *Plupart du temps.*
231. *** — *Chansonnier révolutionnaire.*
232. *** — *Anthologie de la poésie lyrique française des XIIe et XIIIe siècles.*
233. Daniel Boulanger — *Tchadiennes.*
234. René Char — *Éloge d'une Soupçonnée.*
235. Henri Michaux — *La vie dans les plis.*
236. Robert Sabatier — *Les Châteaux de millions d'années.*
237. Norge — *Poésies 1923-1988.*
238. Octavio Paz — *Le Feu de chaque jour.*
239. Claude Roy — *À la lisière du temps.*
240. Edmond Jabès — *Le Seuil Le Sable.*
241. Pierre Louÿs — *Les Chansons de Bilitis.*
242. Miguel Angel Asturias — *Poèmes indiens.*

243. Georg Trakl	*Crépuscule et déclin.*
244. Henri Michaux	*Misérable miracle.*
245. Guillevic	*Étier suivi de Autres.*
246. Adonis	*Mémoire du vent.*
247. Max Jacob	*Poèmes de Morven le Gaëlique.*
248. Dylan Thomas	*Vision et Prière.*
249. ***	*Chansons françaises de la Renaissance.*
250. Eugenio Montale	*Poèmes choisis (1916-1980).*
251. Herman Melville	*Poèmes de guerre.*
252. André du Bouchet	*Dans la chaleur vacante.*
253. Gaspara Stampa	*Poèmes.*
254. Daniel Boulanger	*Intailles.*
255. Martial	*Épigrammes.*
256. Michel-Ange	*Poèmes.*
257. John Donne	*Poèmes.*
258. Henri Michaux	*Face aux verrous.*
259. William Faulkner	*Le Faune de marbre. Un rameau vert.*
260. Walt Whitman	*Poèmes.*
261. Stéphane Mallarmé	*Poésies.*
262. Yves Bonnefoy	*Rue Traversière.*
263. ***	*Anthologie de la poésie française du XIXe siècle, II.*
264. Hugo von Hofmannsthal	*Lettre de Lord Chandos.*
265. Paul Valéry	*Ego scriptor.*
266. Goethe	*Élégie de Marienbad.*
267. Lorand Gaspar	*Égée. Judée.*
268. Jacques Réda	*Les Ruines de Paris.*
269. Jude Stéfan	*À la Vieille Parque.*
270. Rainer Maria Rilke	*Lettres à un jeune poète.*
271. Pierre Torreilles	*Denudare.*
272. Friedrich Hölderlin	*Odes. Élégies. Hymnes.*
273. W. B. Yeats	*Quarante-cinq poèmes.*
274. Bernard Noël	*La Chute des temps.*
275. ***	*Anthologie de la poésie russe.*
276. André Chénier	*Poésies.*

277. Philippe Jaccottet	*À la lumière d'hiver.*
278. Daniel Boulanger	*Hôtel de l'image.*
279. Charles Leconte de Lisle	*Poèmes antiques.*
280. Alexandre Pouchkine	*Poésies.*
281. Elizabeth Browning	*Sonnets portugais.*
282. Henri Michaux	*L'Infini turbulent.*
283. Rainer Maria Rilke	*Élégies de Duino. Sonnets à Orphée.*
284. Maurice Blanchard	*Les Barricades mystérieuses.*
285. Omar Khayam	*Rubayat.*
286. Agrippa d'Aubigné	*Les Tragiques.*
287. Jean Cassou	*Trente-trois sonnets composés au secret.*
288. ***	*La planche de vivre.*
289. Pierre Jean Jouve	*Dans les années profondes.*
290. John Milton	*Le Paradis perdu.*
291. Pablo Neruda	*La Centaine d'amour.*
292. Yves Bonnefoy	*Ce qui fut sans lumière.*
293. Pier Paolo Pasolini	*Poèmes de jeunesse.*
294. Jacques Audiberti	*Ange aux entrailles.*
295. Henri Pichette	*Apoèmes.*
296. Stéphane Mallarmé	*Vers de circonstance.*
297. John Keats	*Poèmes et poésies.*
298. Paul Claudel	*Cent phrases pour éventails.*
299. Louis Calaferte	*Rag-time.*
300. André Breton	*Poisson soluble.*
301. David Herbert Lawrence	*Poèmes.*
302. ***	*Les Poètes du Chat Noir.*
303. Joachim Du Bellay	*Divers Jeux rustiques.*
304. Juvénal	*Satires.*
305. Odysseus Elytis	*Axion Esti.*
306. Nuno Júdice	*Un chant dans l'épaisseur du temps.*
307. Pentti Holappa	*Les Mots longs.*
308. Max Elskamp	*La Chanson de la rue Saint-Paul.*
309. ***	*Anthologie de la poésie religieuse française.*

310. René Char	*En trente-trois morceaux.*
311. Friedrich Nietzsche	*Poèmes. Dithyrambes pour Dionysos.*
312. Daniel Boulanger	*Les Dessous du ciel.*
313. Yves Bonnefoy	*La Vie errante. Remarques sur le dessin.*
314. Jean de la Croix	*Nuit obscure. Cantique spirituel.*
315. Saint-Pol-Roux	*La Rose et les Épines du chemin.*
316. ***	*Anthologie de la poésie française du XVIIIe siècle.*
317. Philippe Jaccottet	*Paysages avec figures absentes.*
318. Heinrich Heine	*Nouveaux poèmes.*
319. Henri Michaux	*L'Espace du dedans.*
320. Pablo Neruda	*Vingt poèmes d'amour. Les Vers du capitaine.*
321. José Ángel Valente	*Trois leçons de ténèbres.*
322. Yves Bonnefoy	*L'Arrière-pays.*
323. André du Bouchet	*l'ajour.*
324. André Hardellet	*La Cité Montgol.*
325. António Ramos Rosa	*Le cycle du cheval.*
326. Paul Celan	*Choix de poèmes.*
327. Nâzim Hikmet	*Il neige dans la nuit.*
328. René Char	*Commune présence.*
329. Gaston Miron	*L'homme rapaillé.*
330. André Breton	*Signe ascendant.*
331. Michel Deguy	*Gisants.*
332. Jean Genet	*Le condamné à mort.*
333. O. V. de L. Milosz	*La Berline arrêtée dans la nuit.*
334. ***	*Anthologie du sonnet français de Marot à Malherbe.*
335. Jean Racine	*Cantiques spirituels.*
336. Jean-Pierre Duprey	*Derrière son double.*
337. Paul Claudel	*Bréviaire poétique.*
338. Marina Tsvétaïéva	*Le ciel brûle* suivi de *Tentative de jalousie.*
339. Sylvia Plath	*Arbres d'hiver* précédé de *La Traversée.*

340. Jacques Dupin	*Le corps clairvoyant.*
341. Vladimír Holan	*Une nuit avec Hamlet.*
342. Pierre Reverdy	*Main d'œuvre.*
343. Mahmoud Darwich	*La terre nous est étroite.*
344. ***	*Anthologie de la poésie française du XXe siècle, I.*
345. ***	*Anthologie de la poésie française du XXe siècle, II.*
346. Pierre Oster	*Paysage du Tout.*
347. Édouard Glissant	*Pays rêvé, pays réel.*
348. Emily Dickinson	*Quatrains et autres poèmes brefs.*
349. Henri Michaux	*Qui je fus* précédé de *Les Rêves et la Jambe.*
350. Guy Goffette	*Éloge pour une cuisine de province* suivi de *La vie promise.*
351. Paul Valéry	*Poésie perdue.*
352. ***	*Anthologie de la poésie yiddish.*
353. ***	*Anthologie de la poésie grecque contemporaine.*
354. Yannis Ritsos	*Le mur dans le miroir.*
355. Jean-Pierre Verheggen	*Ridiculum vitae* précédé de *Artaud Rimbur.*
356. André Velter	*L'Arbre-Seul.*
357. Guillevic	*Art poétique* précédé de *Paroi* et suivi de *Le Chant.*
358. Jacques Réda	*Hors les murs.*
359. William Wordsworth	*Poèmes.*
360. Christian Bobin	*L'Enchantement simple.*
361. Henry J.-M. Levet	*Cartes Postales.*
362. Denis Roche	*Éros énergumène.*
363. Georges Schehadé	*Les Poésies*, édition augmentée.
364. Ghérasim Luca	*Héros-Limite* suivi de *Le Chant de la carpe* et de *Paralipomènes.*
365. Charles d'Orléans	*En la forêt de longue attente.*
366. Jacques Roubaud	*Quelque chose noir.*
367. Victor Hugo	*La Légende des siècles.*
368. Adonis	*Chants de Mihyar le Damascène* suivi de *Singuliers.*

369.	***	*Haiku*. Anthologie du poème court japonais.
370.	Gérard Macé	*Bois dormant.*
371.	Victor Hugo	*L'Art d'être grand-père.*
372.	Walt Whitman	*Feuilles d'herbe.*
373.	***	*Anthologie de la poésie tchèque contemporaine.*
374.	Théophile de Viau	*Après m'avoir fait tant mourir.*
375.	René Char	*Le Marteau sans maître* suivi de *Moulin premier.*
376.	Aragon	*Le Fou d'Elsa.*
377.	Gustave Roud	*Air de la solitude.*
378.	Catherine Pozzi	*Très haut amour.*
379.	Pierre Reverdy	*Sable mouvant.*
380.	Valère Novarina	*Le Drame de la vie.*
381.	***	*Les Poètes du Grand Jeu.*
382.	Alexandre Blok	*Le Monde terrible.*
383.	Philippe Jaccottet	*Cahier de verdure* suivi de *Après beaucoup d'années.*
384.	Yves Bonnefoy	*Les planches courbes.*
385.	Antonin Artaud	*Pour en finir avec le jugement de dieu.*
386.	Constantin Cavafis	*En attendant les barbares.*
387.	Stéphane Mallarmé	*Igitur. Divagations. Un coup de dés.*
388.	***	*Anthologie de la poésie portugaise contemporaine.*
389.	Marie Noël	*Les Chants de la Merci.*
390.	Lorand Gaspar	*Patmos et autres poèmes.*
391.	Michel Butor	*Anthologie nomade.*
392.	***	*Anthologie de la poésie lyrique latine de la Renaissance.*
393.	***	*Anthologie de la poésie française du XVIe siècle.*
394.	Pablo Neruda	*La rose détachée.*
395.	Eugénio de Andrade	*Matière solaire.*
396.	Pierre Albert-Birot	*Poèmes à l'autre moi.*

397. Tomas Tranströmer	*Baltiques.*
398. Lionel Ray	*Comme un château défait.*
399. Horace	*Odes.*
400. Henri Michaux	*Poteaux d'angle.*
401. W. H. Auden	*Poésies choisies.*
402. Alain Jouffroy	*C'est aujourd'hui toujours.*
403. François Cheng	*À l'orient de tout.*
404. Armen Lubin	*Le passager clandestin.*
405. Sapphô	*Odes et fragments.*
406. Mario Luzi	*Prémices du désert.*
407. Alphonse Allais	*Par les bois du Djinn.*
408. Jean-Paul de Dadelsen	*Jonas* suivi des *Ponts de Budapest.*
409. Gérard de Nerval	*Les Chimères,* suivi de *La Bohême galante, Petits châteaux de Bohême.*
410. Carlos Drummond de Andrade	*La machine du monde* et autres poèmes.
411. Jorge Luis Borges	*L'or des tigres.*
412. Jean-Michel Maulpoix	*Une histoire de bleu.*
413. Gérard de Nerval	*Lénore* et autres poésies allemandes.
414. Vladimir Maïakovski	*À pleine voix.*
415. Charles Baudelaire	*Le Spleen de Paris.*
416. Antonin Artaud	*Suppôts et Suppliciations.*
417. André Frénaud	*Nul ne s'égare* précédé de *Hæres.*
418. Jacques Roubaud	*La forme d'une ville change plus vite, hélas, que le cœur des humains.*
419. Georges Bataille	*L'Archangélique.*
420. Bernard Noël	*Extraits du corps.*
421. Blaise Cendrars	*Du monde entier au cœur du monde* (Poésies complètes).
422. ***	*Les Poètes du Tango.*
423. Michel Deguy	*Donnant Donnant (*Poèmes 1960-1980).
424. Ludovic Janvier	*La mer à boire.*
425. Kenneth White	*Un monde ouvert.*

426. Anna Akhmatova — *Requiem, Poème sans héros* et autres poèmes.
427. Tahar Ben Jelloun — *Le Discours du chameau* suivi de *Jénine* et autres poèmes.
428. *** — *L'horizon est en feu.* Cinq poètes russes du XXe siècle.
429. André Velter — *L'amour extrême* et autres poèmes pour Chantal Mauduit.
430. René Char — *Lettera amorosa.*
431. Guy Goffette — *Le pêcheur d'eau.*
432. Guillevic — *Possibles futurs.*

*Ce volume,
le quatre cent trente-cinquième
de la collection Poésie,
composé par Interligne
a été achevé d'imprimer sur les presses
de l'imprimerie Bussière à Saint-Amand (Cher),
le 30 octobre 2007.
Dépôt légal : octobre 2007.
Numéro d'imprimeur : 073624/1.*
ISBN 978-2-07-034759-9./Imprimé en France.

152427